大学生（第二版）
科技创新教育

主编 ○ 郑晓燕

西南财经大学出版社
Southwestern University of Finance & Economics Press

山东省基于"四位一体"理念的创业教育创新实验区系列教材

编 委 会

总 序

　　人才培养质量是大学的生命线，人才培养模式改革是大学发展永恒的主题。作为一所地方性、应用型本科院校，人才培养的优势和特色，决定着学校的发展方向、前途和命运。自 2007 年 3 月起，德州学院组织全体教授认真学习并研究了《教育部、财政部实施高等学校本科教学质量与教学改革工程的意见》和《教育部关于进一步深化本科教学改革，全面提高教学质量的若干意见》两个重要文件，先后出台了《德州学院关于深化教学改革，全面提高教学质量的意见》、《德州学院关于人才培养模式改革的实施意见》和《德州学院人才培养模式创新实验区建设与管理办法》（试行）三个执行文件。2009 年年初，德州学院决定集全校之力，开展经管类创业型人才培养模式创新实验区建设工作。

　　德州学院于 2011 年 3 月 17 日制定了《关于培养创新性应用型人才的实施意见》，提出了创新性应用型人才的教育改革思路。2011 年 10 月，德州学院决定以经管类创业型人才培养模式创新实验区建设为试点，集全校之力，开展创新创业型人才培养模式创新工作。同时明确经管类创业型人才培养模式创新实验区的任务：扎实开展经管类创业型人才培养模式的理论研究和实践探索，总结培养创新性应用型人才的经验和教训，为创建山东省应用型人才培养特色名校提供理论支撑和工作经验。

　　从国家与山东省经济发展战略来看，目前急需培养经管类创新性应用型人才。目前，我国经济正在从工业化初期向工业化中后期转变，以培养基础扎实的专业型人才为主要目标的人才培养模式暴露出了不能满足社会多元化需求的缺陷，造成了大量经管类学生就业困难。经管类人才培养模式的改革，首先需要转变教育理念。教育不能局限于知识的传授，教师的作用应该是培养学生的自学能力，注重发掘学生的特长，形成良好的个性品质，要树立培养学生创新与创业精神的教育理念。其次要调整培养目标。应该以适应地方经济和社会发展变化的岗位工作需要为导向，把培养目标转向知识面宽、能力强、素质高、适应能力强的复合型创业人才上来；同时，把质量标准从单纯的学术专业水平标准变成了社会适应性标准。最后要改变培养方式。要与社会对接和交流，要从封闭式走向开放式。同时，应该加快素质教育和能力培养内容与方法的改革的步伐，全面提升学生的社会适应能力和在不同环境下的应变能力，把学生培养成为具有较强的创新意识、长于行动、敢担风险、勇担责任、百折不挠的创新创业型人才。

人才培养方案的改革是人才培养模式改革的首要工作。创新实验区课题工作小组对德州学院经管类创业型人才培养目标从政治方向、知识结构、应用能力、综合素质、就业岗位、办学定位、办学特色七个方面进行了综合描述，从经管类人才培养的知识结构、能力结构和综合素质三个方面进行了规格设计，针对每一项规格制定了相应的课程、实验、实习实训、专业创新设计、科技文化竞赛等教学环节培养方案，构建形成了以能力为主干、创新为核心，知识、能力和素质和谐统一的理论教学体系、实践教学体系和创新创业教学体系。

　　人才培养内容与方法的改革是人才培养模式改革的核心内容。创新实验区课题工作小组提出，要以经管类创业型人才培养模式创新系列教材编写与使用为突破口，利用3~5年时间初步实现课堂教学从知识传授向能力培养的转型。这标志着德州学院人才培养模式改革进入核心和攻坚阶段，既是良好的机遇，更面临巨大的挑战。

　　这套经管类创业型人才培养模式创新实验区系列教材编写基于以下逻辑过程：德州学院经济管理学院率先完成了创新性应用型人才培养理论教学体系、实践教学体系和创新创业教学体系的框架构建。其中，理论课程内容的创新在理论教学体系改革中居于核心和统领地位。该人才培养内容与方法的创新把专业课程划分为核心课程、主干课程、特色课程和一般课程四类，采取不同的建设方案与建设措施，其中，核心课程建设按照每个专业遴选3~5门课程作为专业核心课程进行团队建设。例如，会计学专业确定了管理学、初级会计、中级财务会计、财务管理和审计学五门专业核心课程。每一门核心课程按照强化专业知识、培养实践能力和提高教学素质的要求，划分为经典课程教材选用、案例与实训教程设计和教师教学指导设计三个环节进行建设。而特色课程也是在培养知识、能力、素质和创新精神四位一体的创业型人才培养中专门开设的课程，其目的是增强创业型人才培养的针对性和可操作性。

　　这套经管类创业型人才培养模式创新实验区系列教材凝聚了大家的智慧和心血，又恰逢我校把创新性应用型人才培养定为学校的三大重点工作之一。希望这套教材能为德州学院的人才培养模式创新及应用型人才培养工作探索出一条成功的道路。

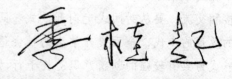

2014 年 5 月

前　言

　　当今世界，创新已成为国家竞争力的核心要素，科技创新已成为当代的主旋律。创新性人才的培养更是重中之重。而高等学校承担着为国家培养创新性人才的重任，因此，培养在校大学生的科技创新能力不仅是国家的需要，也是社会发展的需要和时代的主题。当今社会，作为一名优秀人才，科技创新能力是其必备的素质。德州学院经济管理学院自2008年以来，结合专业特色在创新性应用型人才培养模式改革中进行了一些有益的探索，特别是在以大学生科技创新教育为引领的知识结构、能力结构和综合素质等方面，通过组织参加各级各类大学生科技竞赛活动及学术交流活动，大胆实践，取得了一些成绩。为了更好地推进大学生科技创新工作的开展，同时不断总结成功的经验，我们决定编写一本以大学生科技创新教育理论为引领，以更加贴近大学生从事科技创新活动的兴趣爱好为切入点，兼具理论指导与案例分析，力图使在校大学生通过学习，全面了解高校大学生在校期间能够从事的科技创新活动，为他们积极参与、大胆实践提供有价值的参考，更重要的目的是为推动高校人才培养模式改革，进而培养社会急需的创新性应用型人才，提升大学生的综合素质打下坚实的基础。

　　从目前国内高校大学生科技创新活动的开展情况来看，由入学本科生主动承担并积极参与的科技创新及科研项目还不是很多。这一方面是因为大学生的主要精力是学习课程理论知识，科技创新活动大部分是在课余时间参加；另一方面则是因为他们的科研及科技创新能力没有真正地培养和激发起来。近几年来，在全国"挑战杯"等大学生科技竞赛活动中，虽然也有大学生的创新作品脱颖而出，有的甚至被某公司或企业买断，产生了实际的经济效益，但参与人数和在校生数相比明显偏少。这一方面是因为他们缺乏较为系统的科技创新指导，另一方面是由于很多大学生缺乏长久坚持的意志品质，因而难以获得良好的效果。当然，我们也欣喜地看到，已有越来越多的高等学校认识到科技创新教育的重要性，很多学校也成立了专门的机构进行管理。当代大学生科技创新活动正在逐渐发展成为他们的群体自觉，并且越来越为社会重视，吸引了越来越多的企业参与。

　　总的来说，我国大学生科技创新活动的开展还有待进一步深入，高校应通过科技创新教育和不同类型的科技创新活动的开展，加强对大学生创造性思维的培养和训练，以提高大学生的创新意识、创新能力和创业精神，这也正是提升在校大学生综合素质的重要内容和举措。

本书是郑晓燕教授主持的山东省教育科学"十二五"规划项目"基于创业精神与创业能力培养的高校创业教育模式研究"（项目编号：2013GG015）的教学研究成果之一。同时，也是山东省基于"四位一体"理念的大学生创业教育创新实验区系列教材之一。

　　本书的整体结构与内容：

　　本书是我们编写组在认真总结目前我国大学生科技创新教育的现状及经验教训的基础上，借鉴国内外大学生科技创新教育的一些研究成果，同时结合我们在从事大学生科技创新教育工作中的有益尝试，编写的一部较为系统地进行大学生科技创新教育的教材。本教材旨在进一步推动在校大学生科技创新活动的开展、普及工作。本教材内容主要包括理论探讨、政策解读、理念提升、分类指导及案例分析等内容，既有理论上对大学生科技创新活动的全方位、多角度的解读，又有操作性较强的实战案例分析，对在校大学生从事科技创新活动具有较强的指导作用。

　　本教材主要分为理论篇和案例篇两大部分共十二章的内容。

　　理论篇共分五章。第一章主要介绍创新教育及大学生科技创新教育的概念及国内外大学生科技创新教育的发展历程，深入分析我国大学生科技创新教育发展现状和存在的问题。本章特别提出了适应时代发展需求的以人为本全面发展的理念、人文精神的理念、创业就业的理念等大学生科技创新教育理念。第二章重点介绍了大学生科技创新教育与素质教育的关系，全面分析了大学生科技创新教育在素质教育中的地位与作用以及未来社会对大学生素质的要求。第三章主要就大学生科技创新教育在创新性应用型人才培养中的重要作用、社会发展对创新性应用型人才的需求等方面进行了全面阐述。第四章从大学生科技创新活动的组织与管理的角度介绍高校对大学生从事科技创新活动的组织管理流程，以便大家了解和积极参与。第五章根据竞赛的学科性质重点介绍大学生科技创新活动及竞赛的分类；同时，对科技创新活动与竞赛中的知识点进行讲解和指导。

　　案例篇共分七章。主要内容是大学生科技创新活动案例与评析。重点选取了具有代表性的全国大学生科技竞赛活动中的获奖案例；同时就案例进行极具指导意义的分析。竞赛案例的选取充分考虑在校大学生所学不同学科的借鉴价值，因此，案例涉及学科广泛，以便于文科、理科、工科等不同学科的在校大学生能够普遍参与进来，通过学习使大家的科技创新能力有一个较大的提升。

　　本书由郑晓燕负责全书写作框架、章节的拟定和审核工作，并负责全书总纂及编写组织工作。具体分工如下：理论篇由杨颖、武兵（第一章），彭萍（第二章），任天晓（第三章），刘士全、郑晓燕、任天晓（第四章、第五章）等负责；案例篇由郑晓燕、张锋（第六章），郑晓燕、任天晓（第七章），郑晓燕、杨淑萍（第八章），郑晓燕、潘光杰（第九章），吕志轩（第十章），相子国、刘士全（第十一章），毛丽君（第十二章）等负责。

本书在第一次出版之后，得到了许多高校师生及读者的认可和肯定。在广泛征求意见的基础上，我们又对该书进行了认真的修订和完善。

我们深知，由于水平所限，真正编写出让老师们满意，让学生欢迎，让不同需求的读者认可的教材，我们还需在倾听大家声音的基础上不断学习、积累。在此，也恳请大家多多批评、指正。

郑晓燕

2014 年 5 月

目 录

理论篇

案例篇

理论篇

　　本部分共分五章，主要从理论的层面向大家介绍大学生科技创新教育在国内外的发展历程及现状。书中特别提出了以人为本全面发展的理念、人文精神的理念、创业就业的理念等大学生科技创新的全新教育理念；同时，对大学生科技创新教育在新时期创新性应用型人才培养中的重要作用进行讲解，以此引起高校教师及在校大学生的高度重视。另外，在本部分还针对目前在校大学生对科技创新活动基础知识掌握的欠缺，有针对性地对科技创新活动中分量较重的竞赛部分按学科性质进行分类与指导，以便于同学们学以致用。

第一章　大学生科技创新教育

第一节　大学生科技创新教育概述

一、大学生科技创新教育的概念

（一）创新教育的概念

党的十七大报告明确提出"提高自主创新能力、建设创新型国家"是我国的发展战略核心之一，而培养大批创新型人才则是实现这一发展战略的根本保障。这就对教育特别是高等教育提出了如何开展创新教育的新命题。2006 年全国科学技术大会上，胡锦涛同志明确指出："科技竞争成为国际综合国力竞争的焦点。当今时代，谁在知识和科技创新方面占据优势，谁就能够在发展上掌握主动。"这无疑说明，科技创新成为未来社会发展的主要动力，成为国际社会竞争制胜的关键力量。科技创新是创新主体经过不断的实践活动而形成的最终结果，创新主体决定了科技创新的结果，而科技创新的主体是人。因此，人才是实施科技创新的第一原动力，人的素质和能力是决定科技创新水平的关键变量。而人的素质和能力的培养关键在教育，因此，科技创新教育成为当前我国教育发展的趋势。近年来，教育部相继推出并实施的教育振兴行动计划、高等学校教学质量与教学改革工程和国家大学生创新性实验计划等政策的出台，也证实了科技创新教育是今后教育发展和改革的主流。高等教育作为为科技创新活动输送直接参与人才的培养主体，科技创新教育的开展就显得更为重要。正是基于以上社会发展的现实和高等教育发展的迫切需要，大学生科技创新教育在近年来越来越受到教育界的重视，在实践领域中也做出了许多尝试，形成了一定的理论成果。通过对已有成果研究的脉络进行梳理，我们发现，对大学生科技创新教育的研究基础是创新教育。因此，我们首先对创新教育的概念进行探讨，进而提出大学生科技创新教育的概念。

国内较早对创新教育开展研究的是张立昌。他通过对创新、教育创新和创新教育三个概念的辨析，从教育学和教育哲学的角度对创新教育现有逻辑范式进行了分析和讨论，对传统教育理念下衍生出的"社会→人→教育"的逻辑推断进行了修正，补充提出了"人→社会→教育"的逻辑模式，提出了以下关于"创新教育"的定义：创新教育是指利用遗传与环境的积极影响，发挥教育的主导作用，充分调动学生认识与实践的主观能动性，注重学生的主体创新意识、创新精神、创新技能的唤醒和开发培育，形成创新人格，以满足学生主体充分发展和适应未来社会需要的教育。

在张立昌之后，大部分研究接受了张立昌的主要思想，因而对创新教育概念的解释也基本趋于一致。近年来，随着社会发展的变化，不断给创新教育补充了新的内容，但基本概念范畴没有发生变化。如方华和黄小峰（2008）[2] 提出创新教育是把创新这一概念具体应用在教育领域。它是指运用创新理论、遵循创新活动的规律和学生创新素质形成的规律，以发掘人的创造潜能、弘扬人的主体精神、促进人的个性和发展为宗旨，以培养学生具有一定的创新意识、创新思维、创新方法、创新能力以及创新人格为基本价值取向，并且不断运用新知识、新技术、新思想、新材料，迅速转化为以生产力为目标的一种新型教育理论与模式。创新教育简而言之，就是以培养创新型人才为主要目标的教育，它是 21 世纪教育发展的主流，也是能够展现人类最高本质的理想化教育。

比较张立昌、方华和黄小峰所提出的这两个不同的概念，我们可以看出：创新教育的实质和创新教育的内涵的观点基本一致，都明确了创新教育的核心是创新人格的形成，而不是单纯创新技能的培养；同时，都特别突出了个体差异性在创新教育中的重要性和特殊性，强调促进个性化发展是创新教育的一大显著特征。两个概念都提出，创新教育的最终目标是人的全面发展。但是，这两个概念也有不同之处。首先，张立昌将创新教育界定为一个系统，强调了系统要素的完整性，特别强调了制度环境和情景设定的重要性；而方华和黄小峰将创新教育界定为一种教育模式和理念，虽然也重视教师的引导作用，但没有提及制度的搭建，相对而言，这一概念的内涵和外延较之于张立昌的概念略显不足。其次，在方华和黄小峰的概念中强调了实践性和成果的转化，这体现了创新教育服务于社会的功能和价值，这一点在张立昌的概念中没有提到。

通过以上分析我们认为：创新教育应是一个教育系统，它以实现创新主体的全面发展为最终目标，以社会发展需求为外部条件，需要辅之以配套的制度保障，致力于培养创新主体的创新人格、创新精神和创新技能。因此，本书提出以下创新教育的定义：创新教育是指运用创新理论，遵循创新活动的规律和学生创新素质形成的规律，利用遗传与环境的积极影响，以发掘人的创造潜能、弘扬人的主体精神、促进人的个性和谐发展为宗旨，在有效制度保障和激励机制环境下，培养学生创新技能、创新精神，形成创新人格，并不断将创新成果转化为生产力的一种教育系统。

（二）大学生科技创新教育

基于以上对创新教育的分析和探讨，我们将研究的对象定位在大学生这一特殊的群体，对大学生科技创新教育的概念进行探讨。

随着高等教育由精英教育向大众教育转变以及教育部教育政策对创新教育的重视，大学生科技创新教育在近年来越来越受到教育管理者的关注，形成了一定的研究成果。

但是，教育界对大学生科技创新教育并没有形成一个统一明确的概念，已有文献中，较为明确的界定大学生科技创新教育的有二。其一来自于卫玉彩、赵振军和张树彬（2006）[3]。他们对大学生科技创新教育给出了以下概念：大学生科技创新教育是指在国家有关部门和学校的有关组织引导下，依靠教师对大学生的科技创新活动给予指导和帮助。大学生科技创新教育的主体是包括本专科生、硕士生和博士生在内的大学生群体，其本质是一种创新实践活动，目的是提高大学生科技创新能力。其二来自于王扬、孙振佳和郝春景（2009）。他们则认为，科技创新教育是指通过学术科技活动着重培养学生创造力的教育，是反映时代精神的一种新的教育思想、教育理念，是奠定文化创新、技术创新等的基础性工程。从已有的这些概念看，表述较为通俗，更多地注重了大学生科技创新教育的外在表现形式，对其实质的认识不够深入。

结合创新教育概念，我们认为，大学生科技创新教育是创新教育在高等教育这一特殊层面的具体体现，自然不能脱离创新教育的本质。因此，大学生科技创新教育的实质仍在于人的全面发展，即大学生和对大学生科技创新开展指导的教师的全面发展。因此，大学生科技创新教育的实质是创新教育主体的全面发展、主动性的激发、个性化的尊重和完善。其教育的核心首先是大学生科技创新人格的形成，其次是科技创新精神的培养，最后是科技创新能力的形成。

大学生科技创新教育的实施需要通过一定载体，而当前能表现出的实施载体主要是不同类型的科技创新活动，这种活动具有非常显著的实践性。因此，创新实践活动并不是大学生科技创新教育的实质，而是开展大学生科技创新教育的载体。

大学生科技创新教育作为创新教育范畴下的一个分支，应该是一个完整的教育系统。这一系统由科技创新教育主体、科技创新教育理念、科技创新教育载体等要素构成，教育思想和教育理念仅是系统中的一个要素，不代表大学生科技创新教育的全部。

以上分析表明：已有的大学生科技创新教育的概念具有一定的片面性，没有反映创新教育的实质，对大学生科技创新教育的内涵和外延界定不够准确。有鉴于此，我们根据对创新教育的分析，并结合已有文献观点，提出以下大学生科技创新教育的概念。

大学生科技创新教育是指在国家有关部门和高校的有关组织引导下，通过教师指导大学生开展科技创新活动以达到培养创新主体的创新技能、激发创新精神、形成创新人格的目的，最终实现创新主体全面发展的目标，并将创新成果积极转化为实际生产力的一种创新教育系统。

二、大学生科技创新教育的特点

根据我们对大学生科技创新教育概念的界定和对其内涵、外延的分析，本书概括出大学生科技创新教育的五大特点。

（一）大学生科技创新教育主体的层次性、差异性和客体的差异性

大学生科技创新教育的主体有两部分：一是直接开展科技创新活动、接受科技创新教育的大学生；二是实施教育的老师。这两类群体都具有层次性和差异性。

就直接开展科技创新实践活动的大学生而言，层次性首先体现在学历上，其次体现在年级上；差异性则首先表现在因遗传因素的不同所形成的不同的智商和性格上，其次则表现在后天环境尤其是教育环境的差异上。

就实施科技创新教育的教师而言，同样存在层次性和差异性。层次性不仅体现在教师自身的学历层次、年龄层次，而且包括了所在院校层次对其教育管理和教育水平的影响而形成的不同的层次性。而差异性同样源自于教师自身遗传、后天接受教育、教育背景等因素而形成的不同的个体差异，也有是否开展过科技创新教育的实践经历的差异造成的教师在科技创新教育能力、教育理念等方面的差异。

就客体（即创新主体所在的高校）而言，不同地域人文环境、社会环境、经济环境的不同会对创新主体产生较大的影响，从而使得大学生的科技创新能力和教师的科技创新教育能力大不相同。此外，不同学校的科研水平、管理水平和对大学生科技创新教育的认识存在较大的差异性，这些差异也对大学生科技创新能力和教师的科技创新教育能力产生重要影响。而且，文科院校和理科院校之间，理科院校和工科院校之间的差异，也是影响大学生科技创新能力和教师的科技创新教育能力的一个重要因素。这些因素共同构成了大学生科技创新教育客体的主要内容，也使得大学生科技创新教育的客体差异性更加显著。

（二）大学生科技创新教育范围的宽广性和内容的丰富性

随着社会的发展、教育理念的改变和知识经济的不断发展，人们对大学生科技创新教育的认识不断加深，参与大学生科技创新教育的群体也不断拓宽，大学生科技创新教育逐步从校园向社会延伸，日渐成为整个社会科技创新的一部分。因此，科技创新教育的空间逐步呈现出由单一的校园向校园、企业和社会全面辐射的态势，科技创新教育的范围越来越宽广。在范围不断拓宽的同时，科技创新教育的内容也日渐丰富。从学科上不再大量倾注于自然科学和理论研究，社会科学尤其是解决当前经济生活中实际问题的应用科学的创新项目不断增加，创新成果不断涌现；从形式上也不再局限于学术讲座、学术交流，从而扩大到科学研究、发明制作、撰写学术论文、开展调研、撰写创业计划书并进而延伸到科技咨询、技术开发等科技成果的推广应用方面，使科技创新教育的内涵越来越丰富，也创造了更高的经济与社会价值。

（三）大学生科技创新教育目的具有系统性、层次性和多样性

在大学生科技创新教育的概念中，我们明确指出大学生科技创新教育的目的具有多样性，主要包括创新主体创新人格的形成、创新精神的培养、创新技能的培养以及

全面和谐的发展。这四个目的构成一个完整的大学生科技创新教育目标体系。这一目标体系分为两个层次：第一层次是理想目标层次，即长远目标是创新主体全面和谐的发展；第二层次是现实目标层次，即当前目标。现实目标层次是当前大学生科技创新教育的重点，其中创新人格的形成是核心，创新精神的培养是创新人格形成的主观条件，创新能力是创新人格形成的客观条件，二者有机结合，共同促进创新人格的形成。只有创新精神但缺乏实际操作的创新技能只能是空中楼阁，不切实际；只有创新技能但缺乏创新精神，就不能形成持之以恒、迎难而上、不屈不挠的品质，容易半途而废。只有二者兼具才能形成创新人格，也才能有未来的发展和终极目标的实现。

（四）大学生科技创新教育载体具有实践性

大学生科技创新教育实施的主要载体是科技创新活动，具体表现为开展科学研究、发表学术报告、开展社会现象调研、撰写学术论文等一系列活动。这些活动最显著的特点是要求大学生必须亲自参与和开展相关实践活动，才能实现预期的目标。而教师的教育不是理论知识的讲授，而是为学生创造科技创新的环境，引导学生发现问题、解决问题。这些问题一般对教师而言，也没有正确的答案或明确的解决方案，需要教师在指导学生的过程中，与学生共同寻求解决方案。这使实施科技创新教育的教师主体和开展创新活动的大学生主体必须通过实践活动实现最终目标；这使得科技创新教育的实施不再局限于教室和课堂，而是更多地投身于实验室和企业实践。

（五）大学生科技创新教育的发展离不开外部环境的支持

大学生科技创新教育作为一个教育系统必然受到所处环境的影响，同时又能反作用于环境，促进环境优化。因此，如果作为高校这一主要的大学生科技创新教育系统的外部环境为大学生科技创新教育提供有力的资金支持、制度保障和科学管理与引导，就是为大学生科技创新教育输入负熵，就会促进大学生科技创新教育整体目标更快的实现；同时，高校也将培养出更多优秀人才，获得社会的认可，提升学校声誉。由此可以看出，大学生科技创新教育的开展需要高校及相关环境的有力支持。

二、国内外高校的大学生科技创新教育

（一）国外大学生科技创新教育发展历程

由于西方国家较早进入工业化时代，工业经济发展的现实需要使得科技革命进展迅速，知识创新不断涌现，也因此西方的教育家、经济学家较早地认识到科技创新、知识创新在科技、经济发展以及资本对外扩张中的重要作用而较早地开展了科技创新教育。全面考察西方大学生科技创新教育的发展历程，本书将其发展过程大体划分为以下几个阶段：

第一阶段，萌芽期（12 世纪至 19 世纪末）

国外科技创新教育最早可以追溯到 12 世纪以后。当时欧洲陆续创办了一批大学，这是西方国家大学生科技创新教育的萌芽，而文艺复兴运动则进一步推动了大学教育的发展，也推动了大学生科技创新教育前进的步伐。但不可否认的是，这一阶段主要是借助于大学服务于社会、开展科学研究的功能实施大学生科技创新教育，与我们所定义的大学生科技创新教育仍有一定的差距，但为此后的大学生科技创新教育奠定了基础。

第二阶段，发展期（19 世纪末至 20 世纪 60 年代）

19 世纪末 20 世纪初，美国率先提出的以开发和激励学生创造潜力的创造性教育受到大学教育的重视后，这一教育理念很快扩展到西方各国以及日本、东欧和苏联，并在此后成为一股世界教育领域的潮流。美国作为这一时期的典型代表，1947 年在哈佛大学最早开始创新教育，斯坦福大学则于 1949 年开始了创新教育，百森商学院则于 1967 年开设了"集中于创业教育"的创业课程。这一时期所开展的大学生科技创新教育虽然在概念上并不同于科技创新教育，但从其开展的教育内容、采用的教育理念及实施的载体而言已经具备了大学生科技创新教育的实质，也有效地推动了国外大学生科技创新教育的发展。

第三阶段，完善期（20 世纪 70 年代后）

自 20 世纪 70 年代以来，国外大学出现了创新教育发展和改革的浪潮，成为 20 世纪规模最大的高等教育改革，被誉为"一次如哥白尼把天体的中心从地球转移到太阳那样的革命"。世界各国都将培养创新精神和创新能力放在其高等教育改革的首位。从 20 世纪 70 年代起美国分别采取在许多大学开设培养大学生创造能力和方法的系列课程与一系列专门训练（如学科研究方法论、创造技能、智力与创造力训练等）及在一些大学设立创新中心指导学生的创造发明活动等方式开展大学生科技创新教育；而苏联则通过在全国建立 100 多所创造发明学院来组织大学生和青年技术工作者学习发明创造的基本原理和方法，并开展技术革新实验；欧洲共同体则通过创办"欧洲高等学校研究生院"的方式，通过接纳欧洲共同体各国富有创造力的大学生到校深造，整合各国资源从事科学研究和科学发现工作。尽管各国所采取的具体措施各不相同，但都有效地推进了大学生科技创新教育的纵深发展。

进入 20 世纪 90 年代后，开展大学生科技创新教育的国家越来越多。据联合国教科文组织的统计，1993 年全世界就有 98 个国家开展了高等教育改革，积极进行大学生科技创新教育的探索。发达国家如英、法、日、新加坡等国也抢先出台教育发展规划，掀起新一轮世界范围的教育改革浪潮。其中最引人注目的当属美国的"2061 计划"（2061 年是哈雷彗星下一次回归地球附近的年份），该计划的目标是用一代人的时间从根本上改变美国的教育体制，造就一代具有高度科学素养的国民。韩国政府在 1995 年教育改革方案中提出，教育必须从以知识记忆为主向以培养创造力为主转变，大学教育必须从传播现有知识和外来知识向科技、文化创造的方向转变。日本经济团体联合会于 1996 年提出"培养具有创造精神的人才"的教育方向，1998 年日本国会通过了《大学技术转移促进法》以及《青年自立挑战计划》的政策性文件，倡导高校开展创新教育，并相应举办了从大学到国家层次的各种创业竞赛，而且通过把创业竞赛中的经验加以总结提炼融入到高校开设的创新教育"综合课程"中。创新竞赛和课程体系建设的有机结合，有效地推动了大学生科技创新教育的开展。

从国外大学生科技创新教育发展过程不难看出，国外的大学生科技创新教育是在政府高度重视和大力支持下展开的，政府为大学生科技创新教育提供了有力的物质保障。国外的大学生科技创新教育秉持了以人为本的主流价值观，以创新精神的培养为主要目标。其教育内容具有系统化、综合化的特点，其教育方法灵活多样，师资力量雄厚。大学生科技创新教育与人才培养紧密融合，互相促进，与创业教育有机融合，充分体现了创新教育的本质。

（二）我国大学生科技创新教育的发展历程

与国外大学生科技创新教育的发展比较而言，我国大学生科技创新教育起步较晚，最早始于 20 世纪 70 年代末。发展至今，我国大学生科技创新教育基本上经历了启动、正规和深化三个发展阶段。

在启动阶段，即 1977—1988 年期间，大学生科技创新教育处于萌芽阶段，借助于高校这一媒体，发挥其科研、服务社会的功能；主要依托学生社团，开展各种有益的文化、娱乐和体育活动。因此，这一阶段的大学生科技创新教育的载体主要是以校园文化为主体内容的文体活动，教育的重心也在于通过活动的开展开阔大学生视野，陶冶大学生情操，促进大学生身心发展。

随着我国改革开放的不断深入、科技和经济迅速发展和开展大学生科技创新教育的环境日趋成熟，相关理论研究初见成效。我国大学生科技创新教育步入了正规化阶段，即 1989—1999 年。这一阶段的起点是 1989 年下半年召开的第一届"挑战杯"大学生课外科技活动成果展览暨技术交流会。在团中央的支持下，由清华大学、北京大学等 31 所高校联合举办的大学生课外科技活动成果展览暨技术交流会标志着我国大学生科技创新教育迈向比较系统的轨道，步入正轨阶段。这一阶段中，大学生科技创新教育秉承"崇尚科学、坚持真理、勤奋学习、迎接挑战"的宗旨，注重于发掘和培养一批在学术科技上有潜力的创新人才。

进入 1999 年，我国已经步入了社会主义市场经济改革的快车道，创新在经济发展中的作用日渐凸显，我国的大学生科技创新教育也向更高的层面发展。1999 年由共青团中央、中国科学技术协会（以下简称"中国科协"）、中华全国学生联合会（以下简称"全国学联"）主办，在全国范围内开展的首届"挑战杯"中国大学生创业计划大赛标志着我国大学生科技创新教育又迈上了一个新台阶，进入深化发展阶段。此时的大学生科技创新教育已不再是学生个人的行为，而是以社会发展需求、科技发展需要为背景，跨学科合作的团队之间的综合较量；已不再简单地由教师对学生开展的关于已掌握知识的训练或考试，而是以市场经济为背景的创业准备和推动科学技术向现实生产力转化的实践尝试。而在 2007 年，党的十七大报告中胡锦涛总书记所提出的"促进以创业带动就业"、"完善支持自主创业、自谋职业政策，加强就业观念教育，使更多劳动者成为创业者"的明确要求，将我国的大学生科技创新教育推向了创新教育与创业教育有效融合的更高层面。在这样的教育理念的指导下，以"挑战杯"赛事为主要载体的我国大学生科技创新教育活动得到全面开展。继 1999 年的第一届比赛，2000 年由共青团中央、中国科协和全国学联主办，上海交通大学承办了第二届"挑战杯"中国大学生创业计划竞赛。自 2002 年起，教育部也成为主办单位之一。"挑战杯"大学生创业计划大赛和课外学术作品两项竞赛在此后如期成功举办，吸引了全国高校积极参与；进而带动了全国高校大学生开展创新项目、创业作品研究的热潮，产生了良好的社会影响。这种社会影响力也引起了教育部的高度关注。2000 年 1 月 5 日，教育部出台了《教育部关于贯彻落实〈中共中央、国务院关于加强技术创新，发展高科技，实现产业化的决定〉的若干意见》。在该意见中明确规定："允许大学生、研究生（包括硕士、博士研究生）休学保留学籍创办高新技术企业，增强提高学生创业意识和实践能力。"这也为大学生科技创新教育的进一步发展和深入提供了有力的制度和政策保障。

步入 21 世纪后，迅猛发展的网络科技技术和网络革命为大学生科技创新教育带来了更为优化的发展环境和新的动力，更催生出一批依靠创新开展自主创业的成功人士。他们的成功激发了大学生开展科技创新的热情，也拉近了创新教育与创业教育的关系；同时，国家政策也开始明显表现出将科技创新教育与创业教育紧密结合的趋向。2002 年，国家教育部将清华大学、中国人民大学、北京航空航天大学、武汉大学、上海交通大学、西安交通大学、黑龙江大学、南京经济学院（现为南京财经大学）、西北工业大学 9 所院校确定为开展创业教育的试点院校，并于 4 月在北京召开了由国内 9 所著名高校参加的"创业教育"试点工作座谈会；同年 8 月，教育部委托北京航空航天大学举办了高等学校创业教育研讨会，来自全国 37 所院校和河南省教育厅的 60 余名与会代表参加了此次会议。2003 年下半年教育部举办了第一期创业教育骨干教师培训，来自全国 100 多所高校的 200 名教师参加了培训。这些举措有力地推动了我国大学生科技创新教育与创业教育的有机融合，更体现了时代发展的需要，也恰好与国外大学生科技创新教育的发展特点相吻合。

截至当前，我国大学生科技创新教育进入了高速发展时期，在"挑战杯"的引领下，其他各种创新活动竞赛迅速发展。尤其是近年来，越来越多的专业协会也积极参与其中，组织了不同学科、不同领域内的各类创业计划、商业技能、数学建模等相关赛事，极大地丰富了大学生科技创新教育的载体，也有效地带动了大学生科技创新教育的全面铺开。而自 2009 年开始的全国大学生电子商务"创新、创意及创业"挑战赛

（以下简称"三创赛"）则更有效地将大学生科技创新教育与创业教育融合在一起。该赛事是由教育部高等学校电子商务专业教学指导委员会面向全国高校（含港、澳、台地区）举办的大学生竞赛项目，是教育部、财政部"高等学校本科教学质量与教学改革工程"重点支持项目。首届"三创赛"在教育部高等教育司、国家发展和改革委员会高技术产业司、工业和信息化部信息化推进司、商务部信息化司、科技部高新技术发展及产业化司、共青团中央学生工作部等部委的指导下进行，也得到地方政府和广大企事业单位的积极支持和热烈响应。2010年6月，由教育部高等学校电子商务专业教学指导委员会主办、西安交通大学承办的第二届"三创赛"正式启动，通过全国各省（直辖市或自治区）分区选拔赛和大区推荐，于2010年12月在西安举行总决赛。该届比赛全国共有3900支优秀团队报名参赛，最终共评选出20个特等奖、40个一等奖、80个二等奖以及120个三等奖。此次比赛中，参赛项目的新颖性、广泛性，参赛队伍的成熟度，参赛裁判的专家化都使得"三创赛"从第一届的探索走向成熟，激发了更多大学生创新、创业的激情。许多项目在赛后直接被阿里巴巴这样的企业所采纳，创造了真实的经济价值。可以说，"三创赛"的开展将我国的大学生科技创新教育推向更高的发展阶段，有力地推动了创新教育与创业教育的有机融合。

回顾过去30余年的发展历程，我国的大学生科技创新教育稳步推进，取得了丰硕的成果，但与国外的发展水平比较而言，我们仍旧存在许多问题。

（三）我国大学生科技创新教育发展现状

我国大学生科技创新教育经历了启动、正规和深化三个阶段，在30多年的发展历程中由最初的懵懂摸索到目前的基本规范，可谓进展迅速；尤其是进入21世纪后，在外部环境的推动下，大学生科技创新教育已脱离个体行为而初步转向有组织、规范化的团队合作，相关理论研究和实践探索成果日渐丰富。主要表现出以下显著特点：

1. 起步虽晚但发展速度较快

我国的大学生科技创新教育始于20世纪70年代末，与国外始于12世纪相比较而言起步较晚，但在起步后的短短10年间有了迅猛发展。在政府的大力推动和引导下，随着我国经济、文化和科技突飞猛进的发展和改革开放步伐的不断加快，我国的大学生科技创新教育用30余年的时间追上了国外经历9个世纪的历程形成的发展水平。虽然我国当前的发展水平与国外比较而言仍存在一定的差距，但从我们短短30余年的发展时间看，毫无疑问，我国大学生科技创新教育进展迅速。

2. 大学生科技创新教育的目的较多定位于学生综合能力和创新精神的培养

从大学生科技创新教育的发展历程尤其是近年来的发展情况可以看出，创新教育与创业教育的关系日益密切，尤其是在实践中，部分高校直接采用"创业教育"这一名词。因此，在考察大学生科技创新教育目的时，我们同时考察了高校开展大学生科技创新教育和大学生创业教育目的的定位。其中，华中科技大学调查研究中心2008年对武汉 10 所高校关于高校创业教育的抽样调查结果显示：被调查的 10 所高校中，30.8%的高校都将培养创业精神或者综合能力作为创业教育的主要目的。而对大学生科技创新教育目的的界定，大部分高校选择了将培养大学生的综合能力或创新精神作为首要目标。结合相关学者对大学生科技创新教育概念的界定和内涵的剖析，我们可以明显看出，创新精神的培养和综合能力或综合素质的形成是当前关于大学生科技创新教育目的较为一致的观点，这与国外更注重创新人格的形成及人的全面发展的目的界定有所不同。

3. 大学生科技创新教育的对象主要是本科生

对创新教育对象进行分析时，华中科技大学调查研究中心采用了与目的定位分析相同的分析方法，关注了创新教育与创业教育两个方面。在创业教育方面，华中科技大学调查研究中心 2008 年开展的关于高校创业教育对象的抽样调查结果显示，各高校创业教育的实施对象 100%是本科生，其中大二的学生占 14.3%，大三的学生占 28.6%，各年级均有的占 57.1%。这一调查显示出，目前我国的大学生创业教育的对象主要集中于本科生，硕士生、博士生并不多见。从我国大学生科技创新教育的标志性赛事"挑战杯"作品的完成人来看，也主要是高年级的本科生。显然，大学生科技创新教育的对象主要是本科生。

4. 开设的课程涉及内容广泛

国外大学生科技创新教育的课程设置，其内容综合化、分类科学化，已形成较为完善的课程体系。考察我国高校大学生科技创新教育的课程设置情况，应该说在借鉴和探索的基础上，我国的部分高校已设立了专门的创新创业教学项目。以清华大学为例，针对不同层次的学生开设了不同的课程，对 MBA 学生开设了创新与创业方向，设有创业管理、创新管理、创业与企业家精神、创业投资、项目管理、研发管理、组织变革、新创企业财务八门课程，而对全校本科生则开设了创业管理、创新管理等课程；安徽工业大学则在其开办的"创新能力试点班"上开设了围绕创新创业理论、实务、实践三方面的课程；华东师范大学开设有创业教育课；哈尔滨工程大学开设有创业理论、创业实务和创业实践课；北京航空航天大学创业管理培训学院开设有创业管理课程、创业企业设立及研发等课程；西南科技大学开设有创新教育与实践、创新设计选修课、创造性思维及训练选修课程。从开设的课程看，创新教育相关的课程已初步形成体系；而从课程修读性质看，主要设置为选修课，修读课时大部分在 20～40 学时；考察课程采用的教材发现，目前大学生科技创新教育的教材不多，自编的教材更是少见。

5. 初步建立了创新教育与创业教育相关的实践教学机构

目前，各高校在开展创新、创业教育的实践中，通过摸索已建立了一些创新、创业方面的实践教学机构。第一种形式是建立创新创业中心。如重庆工商大学、大连理工大学、重庆大学、国防科技大学、河海大学、东北林业大学、湖南大学、西北农林科技大学、西北工业大学、东南大学、山东大学、吉林大学、南京理工大学、浙江大学等都建立此类机构，称为研究生创新创业中心或研究生创新中心或研究生创新实验中心。第二种形式是建立创业者协会。这种形式在高校中较为多见，清华大学、海南大学、吉林化工学院、南京航空航天大学、汕头大学、同济大学、江西理工大学、武汉大学、厦门大学、北京电力学院、西北民族大学、山东大学、山西农业大学、西安交通大学、集美大学、北京科技大学、华中科技大学、华南热带农业大学、北京工业大学、东北财经大学、中南财经政法大学、湘潭大学、山东财经学院、武汉科技大学、北京林业大学、中科院研究生院等100多所院校都建立了创业者协会。还有部分院校则建立了专门的创新创业教学机构，如北京航空航天大学创业管理培训学院、黑龙江大学创业教育学院、大连海事大学创新教育中心、厦门大学埃塞克斯创业教育中心等。这些实践教学机构的建立，为科技创新教育的开展创造了广阔的空间和操作的平台，有效地推动了大学生科技创新教育的深入。

6. 大学生科技创新教育的载体以各类竞赛为主

考察各高校开展大学生科技创新教育的方式和主要活动形式可以明显看出，大学生科技创新教育均以参加科技文化竞赛为主。如在华中科技大学调查研究中心2008年对于高校创业教育方式的调查中，以课程学习方式和专题讲座方式开展的创新教育比例均为42.86%，而以创业计划竞赛方式开展的创新教育比例为57.14%，以实际创业活动开展的创业教育比例为21.4%。由此可以明显看出，创业计划竞赛成为当前我国高校开展创新教育的主要载体。

(四) 我国大学生科技创新教育存在的问题

我国大学生科技创新教育虽然取得了一定的成绩，并且受到了社会的关注，但是由于教育体制、科技体制以及经济体制的束缚，我国大学生科技创新教育依然存在着一些不可回避的问题。

1. 大学生科技创新教育目的界定存在偏差

目前，我国大学生科技创新教育的主要目的是学生创新精神或创新能力的培养。这与本书所提出的大学生科技创新教育的概念和本质不符。大学生科技创新教育的真正目标应该是创新人格的形成，但目前实施的主体对教育目的的定位仅体现了大学生科技创新教育的外在形式，没有体现其本质。

2. 对大学生科技创新教育的价值存在认识上的偏差

就大学生科技创新教育的本质而言，科技创新教育的真正价值在于实现人的全面和谐发展，形成大学生的创新人格，不断形成的成果和由于实施创新教育而为实施主体主要是高校带来的良好的声誉和更多的社会认可是附带产生的良性效应。而在当前更多的高校开展科技创新活动进而实施科技创新教育的过程中，却出现了价值观的本末倒置，争取产生更多的学术成果、获得更多的奖励从而扩大学校的声誉和社会认可，进而带来更多的招生数量和资金支持成为许多高校对大学生科技创新教育价值的界定。由于大学生科技创新活动成果的三大表现形式是论文、鉴定和获奖，于是追求论文数量、计较鉴定评价、追求科技奖励成为大学生科技创新活动的实施效果的衡量标准，成为衡量和奖励指导教师的评价标准，从而使论文、鉴定和获奖几乎成为科技创新教育的全部内容。这使得科技创新教育成为单一而不系统的短期过程，助长了大学生对科技创新活动的功利性追求，诱发了教师重结果轻过程、重眼前轻长远的指导理念，影响了大学生科技创新教育向更高层次的发展。

3. 参与科技创新教育的大学生不具有普遍性

尽管从取得成果的相关数据中我们可以看到，参与大学生科技创新活动的人数越来越多，层次也在不断地扩展，但与我国庞大的在校大学生数量和高校数量比较而言，仍属凤毛麟角。就参与学生的学历层次而言，本科生偏多而硕士生、博士生少；就参与的院校而言，较多的集中于国内知名高校、综合类院校，一般高校、单科性高校、民办高校和专科院校几乎是门外观看。尽管近年来中国香港、中国台湾和国外院校也已参与到我国的大学生科技创新活动中，但总体而言，只是少数，我国的大学生科技创新教育的国际化水平较低。

4. 缺乏相应的经费和物质支持

大学生科技创新教育的开展依托于科技创新活动，而开展科技创新活动需要相应的财力投入和必需的物质条件，尤其是自然科学领域和技术领域的创新更是需要大量的实验条件，这对处于消费者角色的大学生而言是他们开展创新活动的巨大障碍，从而使得家庭财力雄厚的个别学生成为自然科学领域和技术领域内开展创新的一股主要力量，而绝大多数出身普通经济条件家庭或贫困家庭的学生则由于经济条件的限制而选择在花钱少的人文社会科学领域内开展科技创新。据不完全统计，目前对大学生的科技创新项目进行资助的院校还不到全国高校总数的1/3，很多有创意的科技创新项目因得不到资金的支持而无法开展或半途而废。

5. 大学生科技创新教育的管理体制和激励机制有待健全

国外的大学生科技创新教育的发展很大程度上得益于政府的引导和规范化管理以及有效的激励机制的建立。而目前全国对于大学生科技创新教育的开展尚没有成立统一的领导和管理机构，没有形成系统化和规范化的组织管理体系，没有为高校与社会的合作提供有效的渠道。更为关键的是，目前重视传统物质精神奖励，以论文发表、获奖、申请专利、转化效益等为评价标准激励机制，忽视了课程、学分和学生评价、教师评价各因素之间的关系，一定程度上诱发了功利性，可能使大学生科技创新教育偏离正轨。

6. 大学生科技创新教育与人才培养模式缺乏有效融合

我国当前开展科技创新教育多将其置于学生管理之下，因此，与人才培养模式改革相分离，大部分高校虽然也在课程设置、课程内容改革和教学方法的改革方面做出了一定的尝试，但多是出于应付比赛或某一项目需要而开展，并没有从人才培养模式改革的整体框架角度进行系统设计和规划管理，因而没有实现科技创新教育与人才培养模式改革的有效融合。德州学院经济管理系在这方面做出了大胆的尝试，将大学生科技创新教育与人才培养模式改革有机结合，实践教学课程设置、教学方法的改革和学分设置等方面体现了大学生科技创新教育的内容和要求，取得了显著的成果。

四、大学生科技创新教育发展趋势

展望未来，我们面临着知识经济的挑战，面临着来自国际政治、经济和科技各方面的冲击，这些现实无不反映出未来发展对"创新"的迫切要求。这就意味着大学生科技创新教育必将成为未来高等教育发展和改革的主要方向，创新教育将成为我国未来教育发展的主旋律，大学生科技创新教育也将在更广泛的范围里、更广阔的空间中蓬勃展开。

从社会、科技和经济发展的需求与创新的本质看，未来的大学生科技创新教育将会更加凸显对人的个性发展的尊重，表现出更高的开放性。这种开放性首先在于教育理念的开放，在于师生关系的开放性与和谐性。在此基础上，它具体表现在教育内容、教育方法、教育空间和教育过程的开放性。只有营造了这样的开放性的环境才能充分发挥大学生的个性差异，充分释放其思想中的创新点和火花，真正体现创新对个性化的尊重和差异性的发挥，引导产生更多的创新成果。

未来大学生科技创新教育的价值取向必将建立在人的全面发展的基础上，充分体现对学生负责，对国家负责的历史责任感。因此，创新教育不再是对结果的追求，而是对创新精神激发和创新人格形成的过程激励，急功近利的短期行为将被抛弃。大学生科技创新教育将以战略层面的系统设计理念展开，既重视当前创新教育成果的形成，又重视人才创新能力和创新人格的形成。

未来大学生科技创新教育将更加凸显创业的要求，更加注重创新成果的社会价值。创业教育是创新教育更高层次的体现，而从当前我国经济发展的现实看，对具有创新和创业精神、敢冒风险的企业家需求巨大，这在客观上将极大地推动创新教育向创业教育的转化和融合。这也意味着未来社会不仅需要在科技领域的不断创新，更需要创业家整合资源创造更高的价值。所以，大学生科技创新教育将在继续加大自然科学领域创新力度的同时，更为关注人文社会领域和经济领域的创业教育，呈现出更为丰富的教育内容。

随着信息技术在全球范围内的发展，社会发展和生活方式产生了革命性的变化，这种变化使得未来的大学生科技创新教育难以脱离信息化和网络的影响。因此，未来的大学生科技创新教育将会是真正意义上的数字教育。只有具备了数字教育的特点，才能培养出更多符合时代发展要求的优秀创新人才，才能保证成果的创新性和有效性，充分体现时代发展的特色和主旋律。

第二节　大学生科技创新教育理念

胡锦涛总书记在党的十七大报告中明确指出，"提高自主创新能力，建设创新型国家。这是国家发展战略的核心，是提高综合国力的关键。要坚持走中国特色自主创新道路，把增强自主创新能力贯彻到现代化建设各个方面"。这一论述对于中华民族的伟大复兴，对于社会主义现代化建设举足轻重。而高校作为知识密集、人才荟萃之地，自然对增强自主创新能力、建设创新型国家有着不可推卸的责任和义务。科技创新工作开展得如何，特别是其开展的深度和广度已经成为衡量高校科研、教育、管理水平的重要标志，更是大学生综合素质的集中体现。

21世纪是知识大爆炸的时代，更是科技发展、全面创新的时代。知识经济和信息时代的到来，既对当代大学生的创新能力提出了严峻的挑战，又为当代大学生创新能力的培养提供了宝贵的契机。大力开展大学生科技创新教育，努力培养广大青年学生的创新意识、科技能力和创业精神，造就一批适应未来社会发展的高素质人才，已经成为新世纪实现中华民族伟大复兴的时代要求。大学生科技创新教育作为高校大学科技创新体系乃至国家创新体系的重要组成部分，肩负着培养大学生科技创新能力、建设创新型国家的重要使命。高等院校作为高等教育的重要部门，必须从国家政策和学校办学定位的实际出发，承担起大学生科技创新教育的职责，在转变原有传统教育理念的基础上，坚持"以人为本、不断创新"的原则，深入发掘适应时代发展需求的大学生科技创新教育理念，并通过采取多渠道、多层次的教育方式和方法不断推动大学生创新教育更快、更好地发展。

一、以人为本、全面发展的理念

大学生科技创新教育是以培养学生的创新精神、创新思维和创新能力为基本价值取向的一种教育形式，如何使学生增强科技创新的思想意识，提高科技创新的参与能力，从而树立科学的世界观、价值观，是高等院校开展和实施科技创新教育的基本前提与基础。学生作为科技创新工作的重要参与者，不仅是学校教与学的主要对象，更是任何教育理念、教育实施和教育成果的重要体现者。如果大学生科技创新教育的开展离开了学生这一教育主体的参与及其能动性的充分发挥，其结果必将成为纸上谈兵。所以，"以人为本、全面发展"的教育理念是高等院校实施大学生科技创新教育应该首先确立并坚持的基本要求。

（一）"以人为本"的含义

"以人为本"的思想最早可以追溯到古希腊时期，其科学内涵需要从两个方面来把握。首先是"人"的概念。"人"在哲学上，常常和两样东西相对应，一个是神，一个是物，人是相对于神和物而言的。因此，提出"以人为本"，要么是相对于以神为本，要么是相对于以物为本。大致说来，西方早期的人本思想，主要是相对于神本思想，主张用人性反对神性，用人权反对神权，强调把人的价值放到首位。普罗泰戈拉曾经提出"人是万物的尺度"的论点。这一命题标志着当时的智者派把哲学研究的对象由自然或神等物质转向了人。"以人为本"这一理念在中国的思想发展史上也是源远流长。古代中国历史上的人本思想，主要强调的是人贵于物，即"天地万物，唯人为贵"。《论语》记载，马棚失火，孔子问伤了人吗而不问马。说明在孔子看来，人比马重要。其次是"本"的概念。"本"在哲学上可以有两种释义，一种是世界的"本原"，一种是事物的"根本"。"以人为本"的"本"，不是"本原"的"本"，而是"根本"的"本"，它是与"末"相对的。"以人为本"是哲学价值论概念，不是哲学本体论概念。提出"以人为本"的理念，不是要对"什么是世界的本原"、"人、神、物之间，谁产生谁，谁是第一性、谁是第二性"等问题进行回答，而是对"在我们生活的这个世界上，什么最重要、什么最根本、什么最值得我们关注"进行解释。也就是说，与神、物进行比较，人更重要、更根本，任何国家、任何组织、任何人都不能本末倒置，不能舍本逐末。如我们大家所熟知的"制定国策要以人为本"、"百年大计，教育为本；教育大计，教师为本"以及"学校教育，学生为本"等人性化的国家政策，都是从"根本"这个意义上诠释和使用"本"这个概念的。

在两千多年前的春秋时期，齐国政治家管子就明确提出了"以人为本"的思想，"夫霸王之所始也，以人为本，本治则国固"。孔子说，"仁者爱人"；孟子说，"民为贵，君为轻，社稷次之"。老子道法自然、天人合一的辩证思想，都体现了对人的作用和价值的重视与肯定，以及人与自然协调发展的思想。在现代社会，无论是西方还是中国，作为发展观的一个重要方面，"以人为本"的思想主要是相对于"以物为上"的思想而提出来的客观性理论。

高校的"以人为本"简单地说就是一切以学生为出发点，一切以学生创新能力的提高作为最终目的。它具有三个方面的基本含义：一是高校的"以人为本"是对当代大学生在今后社会发展过程中起主体作用的肯定。二是高校的"以人为本"是社会需求的价值取向，强调的是尊重人、理解人、解放人和塑造人四个方面。尊重人就是尊重学生在创新过程中的独立人格；理解人就是明确学生在创新能力培养过程中的需求、能力差异和权利；解放人就是不断冲破各种束缚人的思想意识形态，使每个学生的创新潜能得到充分发挥；塑造人就是既要把学生塑造成提高的主体，更要把学生塑造成创新的主体。三是高校的"以人为本"是一种思维方式，它要求我们在分析问题、思考问题和解决问题时，既要坚持运用社会和历史发展的尺度，更要明确人在社会发展中的创新因素，要时刻关注学生成长的环境，使其成为社会创新发展的主体。

（二）"全面发展"的含义

"全面发展"的本质是人的全面发展，是指人的体力和智力的充分发展与人在德、智、体、美各方面的和谐发展。其含义与片面发展、畸形发展相对。人类很早就萌芽了对人的完美、和谐发展的追求；但是，马克思主义诞生以前的思想家、教育家们由于各自所处时代和阶级的局限，都未能正确揭示人的全面发展的本质。直到19世纪中叶，马克思和恩格斯才在继承和发展前人思想的基础上，首先对这一问题作了科学的历史分析，创立了科学的人的全面发展学说。他们在指出人的发展与社会发展的一致性的同时，强调了人的全面发展只有在合理的社会制度下才能完全彻底地实现，他们认为造就全面发展的人的唯一方法是教育与生产劳动相结合。根据马克思主义的有关论述，人的全面发展应包括人的本质的全面发展、人的需要的全面发展和人的素质的全面发展。人的全面发展的本质在于人的社会属性和社会关系、社会性需要和精神需要、社会素质和能力素质的全面发展。

2010年，我国教育部颁布的《国家中长期教育改革和发展规划纲要（2010—2020年）》提出了"优先发展、育人为本、改革创新、促进公平、提高质量"的二十字工作方针，并指出"全面实施素质教育必须坚持全面发展"的重要理念。与此同时，该纲要还指出我国高等教育承担着培养高级专门人才、发展科学技术文化的重大任务，其中心内容就是培养具有一定专业素质和创新能力的全面发展的社会人才，进一步促进我国社会主义现代化建设的全面发展。当前，高校全面发展的最终落脚点即为学生的全面发展，而学生全面发展的落脚点即为提高学生的综合素质和创新能力，其首要条件是课堂教育形式的不断创新和学生创新能力的最终形成。面对我国现有国情和高校教育资源的相对匮乏，高校培养全面发展的创新性人才的责任任重而道远。因此，开展具有一定特色的高等教育，特别是具有培养创新性人才特色的高等教育，从而全面提高高等教育质量是摆在高等教育面前的一项重要任务，更是建设高等教育强国的一项基本要求。

（三）"以人为本、全面发展"的大学生科技创新教育理念

"以人为本、全面发展"教育理念的核心本质是为人的本性发展、全面成才服务。教育基本要素就是以人为中心、以人为根本、以人为动力、以人为目的、以人为标志。这包含的基本内容有三点：一是把人看成教育的目的而不是手段，把人的个性发展当成教育工作，特别是高等教育工作的唯一出发点和终身目标；二是把人看成具体的教育对象而不是抽象的事物，要真正培养出活生生的"一个人"，而不是具有共同特性的产品，每个人都应被看成这个世界上独一无二的个体，看成一个具有独特个性的对象；三是把人当成教育的能动者而不是被动者，每一个受教育的个体都应该具有自己的意识、思想、行为和特定的学习、生活方式。

党的十七大报告明确提出，我国的发展战略核心是提高自主创新能力、建设创新

型国家。培养大批创新型人才是实现这一发展战略的根本保障。近年来，教育部相继推出并实施了教育振兴行动计划、高等学校教学质量与教学改革工程和国家大学生创新性实验计划。其中，国家大学生创新性实验计划指出："计划的实施，旨在探索并建立以问题和课题为核心的教学模式，倡导以本科学生为主体的创新性实验改革，调动学生的主动性、积极性，激发学生的创新思维和创新意识，使之逐渐掌握思考问题、解决问题的方法以及提高创新实践的能力。""以人为本、全面发展"的大学生科技创新教育理念正是在这一要求下的高等学校"以人为本"教育理念的再提升，是高校开展大学生科技创新活动的有效指导思想。其意义在于：高等院校要以提升学生的科技创新意识为中心，以提高科技创新实践能力为根本，以培养社会主义合格建设者为目标，不断完善大学生科技创新工作。

作为高等教育理念的重要组成部分，"以人为本、全面发展"的大学生科技创新教育理念要在明确学校职责的前提下，突出教育的两个方面，即教师与学生两个不同的层次。在高校加入人学生科技创新培养力度的今天，作为教育的主体，教师要从个人专业及能力方面不断提高大学生科技创新的认知程度，培养参与和组织各级各类大学生科技创新活动的能力，从根本上体现教者有思想、有实力的基本需求。此外，作为科技创新活动的主体，大学生要从思想上明确"全民科技创新水平的提高要以大学生科技创新水平的提高为基础"这句话的根本含义，明确中华民族的未来将掌握在具有较强科技创新能力的新一代建设者的手上。积极参加各类大学生科技创新教育活动，不断培养科技创新能力和水平，将会为锻炼个人综合素质、提升社会竞争力打下坚实而有力的基础。

（四）实施"以人为本、全面发展"的大学生科技创新教育理念的原则

结合高等教育发展规律以及提高大学生科技创新能力的要求，高等院校开展大学生科技创新教育工作中实施"以人为本、全面发展"的教育理念，应该遵循和贯彻以下四个原则：

1. 尊重和宽容的原则

尊重和宽容是高等院校实施大学生科技创新教育的基础和前提。没有尊重就无法谈及教育。科学的学生观时刻可以从师生的融洽关系中鲜明地表现出来。教师作为教育的实施者在教育过程中对学生的情感、态度以及由此产生的一切教育行为，都可以成为其学生观的具体反映。开展大学生科技创新教育首先要尊重学生的主体地位。大学生作为一个有独立人格的人，理应得到教师充分的尊重，尊重学生就是要尊重学生的存在价值和人格尊严，尊重学生的思想情感和行为方式，尊重学生的心灵感受；学生只有得到人格尊重和必要的信任，才有可能主动进入"角色"，积极参与大学生科技创新教育的过程，并愿意接受教师的教育和影响。从教育理论和实践两方面看，没有尊重就没有教育。美国心理学家罗杰斯提出：人际关系的三要素，即真诚、接受和理

解。他认为，在教育中，如果人际关系是以真实、互相尊重和理解为特点的，那么学生个人或小组，就会离开僵化走向灵活，离开依赖走向自主，离开戒备走向自我，离开被预设走向一种不能预料的创造性。尊重学生反映了教育民主的一种价值，理应体现在大学生科技创新教育的方方面面。

宽容地开展大学生科技创新教育可以使教育者更好地着眼于大学生未来的发展。高校的每一名教育者都应该允许学生在开展创新活动中犯错误，并积极地为他们进行教育指导，从而逐步提升创造力。当代大学生是个性张扬的一代，更是需要不断实践而积累经验的一代，这就决定了在开展大学生科技创新活动中，其对创新活动的理解可能具有这样或那样的片面思想，会产生不可避免的错误，教育者理性地对待学生的过失，放弃一味地批评与冷漠，往往会取得更为理想的教育效果。宽容不是错爱，更不是溺爱。一名教师在开展大学生科技创新教育的过程中正确地面对学生思维上和个性上的差异，充分认识学生的不足和发展需求，努力缓解学生由于错误而产生的个人内疚、惭愧和不安，从而使其正确转变创新观念，形成健全的人格意识。爱因斯坦中学时就曾因爱捣乱而被慕尼黑高级中学开除，他的父亲向校长询问什么职业适合爱因斯坦，校长随口说道："这已无关紧要了，因为他将一事无成。"可事实证明那位校长犯了一个极大的错误。可以肯定地讲，每一个学生都是一个有待开发的科技创新领域。作为教育者，一定要用积极乐观的眼光和态度来欣赏学生的个性，开发学生的创新思维，为其一生的辉煌和潜能拓展提供良好的教育支点。

2. 民主和平等的原则

民主和平等的原则是高等院校实施大学生科技创新教育的重要条件，没有教育民主就没有学生行为意识的自由发展，也难以形成学生的创新思维，无法培养学生的创新精神。"师道尊严"理念下的传统教育模式将学生定位于教育的客体，学生只能服从和接受教师的权威，无条件地听从教师的指令。在这种传统的教育理念与角色定位下，学生不能质疑学习的内容，更不能质疑教师的教育能力，创新教育更深地受到教师所讲的局限，这无疑扼杀了学生自主学习的动力和创新思维的形成。大学生科技创新教育的特点表明，大学生创新思维的形成源自于多种思想的交锋和不同理念的碰撞，客观上要求学生敢于对现有知识产生思维联想，并在分析、研讨和质疑中产生新的主体思想与火花。这就需要每一个大学生科技创新教育的参与者，无论是教育的对象还是学习的对象，都拥有平等的地位。因此，基于"以人为本、全面发展"理念的大学生科技创新教育要求本着民主、平等的原则，让广大教师以真诚的态度与每一个学生进行平等地交往和交流，并在民主、和谐和融洽的氛围中，与学生共同探讨专业理论，共同发展进步，共同提高创新教育的质量，从而为学生创造更多自主发展的空间，让他们真正在知识的海洋中自由徜徉，最大限度地激发每一名大学生的积极性、主动性和创造性，使其成为具备创新精神的全面发展的优秀人才。

3. 教育主体原则

增强教育主体意识是高等院校实施大学生科技创新教育的关键环节。大学生科技创新教育的根本目的是培养学生的科技创新意识、创新思维、创新能力和创新人格，促进学生的全面发展。而要实现这一目的，只有通过学生积极参与，在主体意识强大的基础上才能得以完成；如果离开了学生主体性的发展，大学生科技创新教育就失去了依托和生命力。正如罗杰斯所说的，"让学生自己选择自己的方向，参与发现自己的学习资源，阐述自己的问题，决定自己的行动路线"。因此，大学生科技创新教育的最终效果如何，不在于教师教了什么、教了多少，而在于学生学了什么、做了多少。这就需要首先把学生看成一个具有自尊心、有爱好、有追求和个性差异的独立个体。这种强烈的自我意识使其对不同的教育内容、教育方法甚至不同的教育者，能动地做出不同的反映和选择，一旦认识到教育任务、内容等的意义和重要性，他们就会以主人翁的态度将教育要求变为自我需要。显然，在大学生科技创新教育的实施过程中，没有学生的愿望、动机、兴趣和需要，没有学生的主观努力和积极参与，任何教育要求都将落空。其次以发展的眼光看待学生。学生的自我评价、自我监督、自我教育和思维批判水平会随着年龄的增长、知识经验的积累、认识能力的发展而不断增强，客观上要求教育者必须以全面发展的眼光、用信任而非怀疑的态度、用鼓励而非抑制的手段来对待自己的教育对象。着眼于学生的未来发展，引导和培养学生的独立性和主体创新意识，最大限度地挖掘每一个学生的科技创新潜能，以积极的姿态期待他们、赏识他们，帮助他们找到各自发展的最佳路径。

4. 个性差异原则

注重学生的个性差异是高等院校实施大学生科技创新教育的重要保障。现代教育理论认为，大学生由于遗传素质、生理特点、兴趣爱好、思维方式、个性倾向、意志品质、气质类型等的不同，对同一事物在理解的角度和深度上存在着明显的差异。针对学生的个别差异性，因材施教，扬长避短，即可造就一大批不同类型、各种规格、充分发展的人才。德国著名教育家第斯多惠也说过："应当考虑到孩子天性的差异，并且促进其独特的发展。不能也不应使一切人都成为一模一样的人，并教给一模一样的东西。"这都表明高等院校实施大学生科技创新教育必须承认大学生的个性差异。与此同时，教育对象的差异性同样也决定着教育目标的多层次性和教育评价的多样性。高校教育工作者必须根据学生的个性需求和特点分别采取不同的创新教育目标、教育内容和教育方法，使每个受教育者都能获得同他自身素质相一致的创新教育，都能在自己原有的基础上得到全面地提高和发展，并且在某些专业领域、某些实践环境下展现出个人的特长。高等院校还要逐步改变单一的分数评价机制，建立多样化的教育评价体系和综合素质评价体系，对大学生科技创新教育和大学生创新活动的开展起到积极的导向作用，为培养具有一定特长的合格的复合型人才提供一个更为广阔的舞台。

在大学生科技创新教育中实施"以人为本、全面发展"的理念，不仅是国家教育方针的有力实施，更是充分体现学生自我价值的有效机制。而科技创新教育目标客观上要求尊重学生的个性和差异，引导学生全面发展，最终形成创新人格。因此，高等院校和所有教育工作者只有自觉树立"以人为本、全面发展"的教育观，坚持培养"专才、全才、通才"的工作目标，才能不断端正和创新教育理念，为未来社会培养所需要的各种创新性应用型人才提供坚实的理论基础和实践保证。

二、人文精神的理念

人文精神是指人类文明的创新思维、创造精神、道德精神及人与自然的和谐精神，其核心是关爱。人文精神是一种普遍的人类自我关怀，表现为对人的尊严、价值、命运的维护和关切，对人类遗留下来的各种精神文化现象的高度珍视，对一种全面发展的理想人格的肯定和塑造。人文精神教育则是培养人文精神和人文素质，也即将人类优秀的文化成果、人文科学知识通过知识传授、环境熏陶，使之内化为学生做人的基本品质和基本态度，内化为学生的人格、气质和修养，成为学生相对稳定的内在品格。

(一)"人文精神"的含义

人文精神通常是指人文主义、人本主义和人道主义。人文精神是对古希腊罗马文明的传承，而使人文精神具有真正含义的是在文艺复兴时期。有些学者认为文艺复兴在复兴古希腊罗马的文化，而有些学者认为文艺复兴的人文主义者是在借古喻今，重点在于今。文艺复兴期间的人文精神思潮有三个方面的思想：一是关心人，重视人的价值，反对神学对人性的压抑；二是张扬人的理性，反对神学对理性的贬低；三是主张灵肉和谐、立足于尘世生活的超越性精神追求，反对神学的灵肉对立、用天国生活否定尘世生活。而古希腊时期的人文精神有三个层次的基本内涵：一是人性。对人的幸福和尊严的追求，是广义的人道主义精神。二是理性。对真理的追求，是广义的科学精神。三是超越性。对生活意义的追求。简单地说，人文精神就是指关心人，尤其是关心人的精神生活；尊重人的价值，尤其是尊重人作为精神存在的价值。古希腊的人文精神强调人的德性具有至高无上的价值，而文艺复兴时期、近代和现代的人文主义更强调人的自由，反对权威和反对压迫人的自由，成为人文精神自诞生起就不可推卸的历史使命。

人文精神是文艺复兴时期的世界观，是人们沟通古今的桥梁。人文精神带领人们摆脱中世纪的阴霾，摆脱神学束缚、禁欲主义和隐逸的生活，将人们引向世俗生活，从而寻求现世的幸福，充分调动人的主动性，追求人的理性、自由、价值和尊严。自古以来中国早就有"人文"一词。"人文"与"天文"相对应，出自《易经》中的"文明以止，人文也。观乎天文，以察时变；观乎人文，以化成天下"。其基本含义是"文明以止"，强调人要遵从礼仪，行为止其所当止。19世纪以后，在中西文化交流中，人文精神才传到中国。中国的"人文精神者"在强调人性的解放和自由，鼓励人们在学习知识认识世界、打破权威的同时，更强调家庭和谐、修身养性，并重视个人道德修养和群体利益。

当前社会，人文精神不仅是构成中华民族文化个性的核心内容，更是衡量中华民族现阶段文明程度的重要尺度。高等教育中的人文精神不仅对社会主义精神文明的发展起到积极的推动作用，更对社会主义物质文明和文化文明的建设起到至关重要的作用。

（二）"人文精神"教育

西方人文精神源于古希腊以教育为本的思想，通过教育，使人从自然的状态中脱离出来，并发现自身的人性，成为有文化的人，进而成为真正意义上自由的人和完美的人。"人文精神"一词本身含有"教育"、"教化"、"开化"之意。罗马人认为自己是有教化、有人性的民族，即文明的人。因此，人文精神与教育传统有关且含有三层意义：一是人文教育。虽然不同时期的学者对人文主义有不尽相同的认识，但他们都认为人文主义是一种全面教育或完人教育，并成为了我们追求的目标。二是"泛爱人类"的意思。三是指有别于神学的世俗学问。它包括语法、修辞、历史、文学、逻辑、数学、道德、哲学等。可以看出，人文精神教育是与人文精神相伴而生、一脉相承的。人文精神教育是人文精神传播自己思想的最主要的途径。

人文精神教育至今经历了三个阶段：萌芽阶段、形成阶段和发展阶段。古希腊罗马文明是人文主义教育的发源地，其中以雅典和斯巴达教育为代表。斯巴达实行的是军事国民教育，教育内容以体育和军事训练为主。而雅典实行的是公民教育，目的是培养具有理智、智慧和公正高等品质的合格公民，教育内容主要有读、写、算、音乐、唱歌、朗诵等。在古希腊罗马时期，人文主义教育就明确地要求把人作为自然的存在来看待。培养人性、培养健全人格的人本主义价值倾向已露端倪，在教育的实践中开始突出人的主体地位，把人的全面协调发展视为教育的最高目的。中世纪是一个"黑暗"的时代，整个欧洲都笼罩在神学的教义之下，神性高于人性，人毫无主动性可言。文艺复兴时期，人们发现原来古希腊罗马人的生活是如此的文明，人们开始拷问"神学本位"，开始接受人本位，呼唤人的主体性，对大自然美感和世俗生活予以追求。培养身心和谐发展的教育目标也渐渐从理念层面推向实践层面。在教学方法上，要做到体育和智育并重，反对体罚、灌输和死记硬背的教学方式，主张自然教育、快乐教育，老师要认识到学生是创造的主体，有血有肉有自己的个性，要尊重学生以促进他们学习的积极性和主动性，把他们培养成身心全面发展的、具有理性和自由的人。

随着社会的不断进步，人文精神教育在经历了历史起伏后再次走向成熟。当今高校人文主义教育将人文精神教育重新建立在哲学、心理学和伦理学基础之上，使人文精神教育更加科学化。随着人们对人的认识的不断深入，有血有肉、有情感的人被教育者所认可。这也促进了人文精神教育目标的再次升级，即要培养有理想、有情感、有个性、有创造性的人的教育目标。这正是当前高校开展大学生创新教育的需要，更是高校人文精神教育适应时代发展的必然。高校提倡以人文精神教育为原则的大学生科技创新教育，必须强调把人的文化生命和人的文化世界灌输于学生的价值取向和创新意识，使学生在理想信念的追求中不断完善自我素质、创新自我思维、拓展自我能力、提升自我修养，最大化地实现自我价值。

（三）实施"人文精神"教育的意义

1. "人文精神"教育是人类自身发展的必然要求

就人的发展而言，人文精神和人文知识的普及扮演着比掌握科技更为重要的角色。人文是人了解自身、反观心灵的一面镜子，而科学技术是人们征服世界的工具。其目的是开创新的生活，创造物质财富，使人摆脱繁重的劳役，享受正常的生活。科技创新为人文精神的渗透与发扬开辟了必要的空间。在现实社会中，对贫困的担忧使人们更注重能带来眼前物质利益的科技发展，而忽视了关注人的心灵和关怀人生的人文熏陶。只有加强人文精神教育，提高人文素养，才能使科学与人文相互融合，建立起积极的人生理想和信念，具备开阔的胸襟和独立分析能力，能以宏观和跨文化、跨学科的角度审视人生和多元发展的社会现象；只有提高人文素养，才能转移人们的视线，提高生活品味，追求有价值、有意义的人生，而不是成为一味关注功利、关注物质利益的畸形发展的人。

2. "人文精神"教育是知识经济时代世界各国人才竞争的必然需要

随着经济全球化的不断发展，国际的经济竞争、科技竞争、综合国力的竞争从根本上都体现了人才的竞争，归根到底还是教育的竞争。谁拥有人才，特别是具有科学素质和人文素养的高素质人才，谁就能把握知识经济带来的机遇。放眼国内现状，在知识经济时代下，高等学校要注重对学生社会责任感、事业心、竞争意识、开拓精神和创新能力的培养，这些都要求我们的高等院校在发展科学技术教育的同时，必须大力加强大学生的人文精神教育，提高他们的人文素养，完善他们的知识结构和能力结构，从而培养出适应知识经济社会需求的复合型、智能型、外向型和创新型人才。我国教育部在 1999 年特别制定了《关于加强大学生文化素质教育的若干意见》，明确提出文化素质教育的意义和工作重点，同时也对高校开展人文精神教育提出了客观要求，即通过对理工科学生加强文学、历史、哲学、艺术等人文社会科学方面的教育和通过对文科学生加强自然科学的教育，以提高全体大学生的文化品位、审美情趣、人文素养和科学素养。

（四）"人文精神"理念在大学生科技创新教育中的作用

人文精神的缺乏已经成为当代国际社会的一个普遍现象，其根源在于物质生活与精神生活的不均衡发展。近代以来的西方社会由于片面追求物质生产的发展，使教育中的商业主义、技术至上主义和职业主义泛滥。在功利性教育理念的驱使下，人们更重视对经济价值的教育，而忽视了对人文价值的教育。在实现了物质生活的丰裕之后，人们反而感到精神贫乏和空虚。随着物质生活水平的不断提高，道德水准下降、个人主义膨胀、社会责任感消退等一系列社会问题也随之而来。总之，在这个日益技术化、物质化和非精神化的时代里，人文精神的缺失、价值理性的偏差，已引起有识之士的深深忧虑。有鉴于此，美国、日本等资本主义国家提出了重视人文精神教育的思想，并采取了一系列措施。我国的各级各类教育机构近些年也发现了各种程度的忽视人文精神教育的现象。许多高等院校已经从原有的过分强调培养专门人才，忽视全面的素质教育尤其是人文精神教育的定位中转变过来，高度重视人文精神教育，积极开展创新教育特别是科技创新教育，并将人文精神教育贯穿于科技创新教育的全过程，帮助学生塑造富有人文关怀意识的健全人格，从而推动我国教育改革不断向纵深发展，实现适应知识经济时代的要求。

1. "人文精神"理念是大学生科技创新教育内容的有力支撑

大学生科技创新教育的理念是培养全面发展的高素质的人，即培养具备深厚专业知识和技能，同时又有深切的人文关怀意识和崇高的人文精神的合格社会主义建设者和接班人，而后者正是传统教育易被忽视的内容。大学生科技创新教育的重点着眼于加强学生人文素质与人文精神的培养，立足于通过人文科学的教育，学生得以树立正确的学习观、人才观、创新观和价值观。科技创新教育虽然也重视文化知识的传授，但更关注创新意识和创新思维的培养。只有在强烈的创新意识的引导下，大学生才可能产生创新动机，树立创新目标，激发自身的聪明才智和创新热情。创新意识与创新思维的培养，主要是通过人文精神的深厚积淀实现的。

2. "人文精神"理念决定着大学生科技创新教育的价值取向，决定着创新教育的成败

人的本质在于由各种社会关系综合作用而形成的人的社会性。因此，人的素质本质上也是社会性的，它不是由技术水平、专业技能等非人文素质直接决定，而是由世界观、人生观和价值观等人文素质直接决定的。人文精神就是反映一个人综合素质的价值尺度，科技创新教育可以使这种价值内化为人格气质与素养。人文精神的价值首先体现在它能为个人的行为确立正确的方向，使人的创造行为产生高效率的创造成果。人文精神促使人们永远不满足现状，永远不停地提出问题、反思问题，自觉唤起对新思想、新事物的追求；人文精神为科学启示方向，使科学创造产生推动社会进步的积极成果。有了价值定位，创造主体的动力和动机表现出建设性的激发状态，并通过吸收人文知识、追求人文理想来提高人文素质。而一定的人文知识、人文精神的储备，就会产生提高人文素养的层次的需要，产生创造行为，净化和美化人的灵魂，使人在审美的愉悦中增强心智，完善人格，提高创新成效，这是人文精神独到的价值。许多科学家以他们特有的人格魅力征服了千百万人，除了他们的创造行为和创新成果以外，最令人着迷的，恐怕还是他们身上的人文关怀意识。总之，人文精神的价值意义与创

新教育的价值取向是完全统一的。

3. "人文精神"理念有利于大学生的创新情感和创新人格的培养

教育的宗旨是培养具有健康人格的人，科技创新教育尤其注重培养具有全面创新素质和富有人文精神的创新人才。心理学研究表明，创造性思维与创新过程不单纯是一个智力活动过程，它还须以创新情感为动力。创造性思维离不开"情商"、"德商"等非智力因素，其主要内涵就是人格，就是人文精神。远大的理想、坚定的信念、诚挚的热情和强烈的创新激情，可以使人表现出活跃、持久、高效的创造状态。除创新情感外，个性在创新人格的形成和创新活动中也有着重要的作用，个性的差异在一定程度上决定着创新成果的不同。创新个性一般是指有胆识、有恒心、一丝不苟、心胸旷达等良好的人格特征，它可以使创造主体始终保持一种积极、求实、稳健和向上的创新状态。

无论从培养人文精神的角度，还是从培养创新性应用型人才的角度，高校的大学生科技创新教育应该是一项长期坚持的系统工程，其根本是"育人"，其最终目的是完善人、丰富人。爱因斯坦认为，青年人接受学校教育的目的是成为一个和谐的人，而不是专家，仅仅用专业知识育人是不够的。通过专业教育，人可能会变成"有用的机器"，但不能成为一个和谐发展的人。他还认为，学校教育应该培养人对价值的热诚的感情。这里所说的"价值"，即"人文价值"、"人文精神"和"人文关怀"。如果缺乏这些东西，人即使受过很好的学习训练，那他也不可能是一个全面的人。我们提倡大学生科技创新教育，重视人文精神的价值意义，目的只有一个，那就是培养出来的应该是心理健康的、能力全面的、科学素质与人文素质兼备的人。

三、创业就业的理念

胡锦涛在党的十七大报告中明确提出了"实施扩大就业的发展战略，促进以创业带动就业"和"完善支持自主创业、自谋职业政策，加强就业观念教育，使更多劳动者成为创业者"的发展要求，所以，怎样通过创业教育有效地激励一个国家的创业活动是摆在我国高校面前的一个重要问题。积极开展大学生科技创新活动，探索和建立社会实践与专业学习相结合，专业理论与服务社会相结合，科技创新与择业、创业、就业相结合的管理体制，使创业就业教育不仅仅成为教育形式和教育内容的变革，更成为教育功能的重新定位，成为带有全局性、结构性的教育创新和科技创新教育发展的价值追求，成为一种与时俱进的时代精神。培养以创新性应用型创业人才为价值取向的新的教育思想和教育理念，是对教育本质及教育规律的全新诠释，更是对高等教育工作的有效指引。

（一）"创业"的含义

"创业"一词在我国可以追溯到千年以前，含义较多。上海辞书出版社出版的《辞海》（1986 年版）将其界定为"创业，创立基业"。这里的"创业"是指广义的事业的基础、根基，既可以理解为帝王之业、霸王之业，也可以理解为百姓的家业和家产。《孟子·梁惠王下》有："君子创业垂统，可为继也。"诸葛亮的《出师表》中曰，"先帝创业未半，而中道崩殂"，这里的"创业"即指开拓、创造新的业绩，恰好与"守成"相对应，"守成"是指保持前人已有的成就和业绩。"创业"一词在英文中主要有两种表述方式，一是 Venture，二是 Entrepreneurship。Venture 一词的最初意义是"冒险"，但在企业创业领域，它的实际意义并不仅仅是单纯的"冒险"，还有"冒险创建企业"的含义；Entrepreneurship 则主要用于表示静态的"创业状态"或"创业活动"，是从"企业家"、"创业家"角度来理解"创业"的。随着科技进步和企业兴衰更替的加速，"创业活动"日益发挥着越来越重要的作用，Entrepreneurship 才逐步被赋予"企业家活动"这一新的内涵。

"创业"因受性质、类别、范围、过程和阶段等因素的影响，在内涵方面有着一定区别和差异。当前，我国学者的研究认为"创业"有三个层次的概念：狭义的创业、次广义的创业和广义的创业。狭义的创业概念为"创建一个新企业的过程"。次广义的创业概念是"通过企业创造事业的过程"，包括两个层次的内容，即创建新企业和企业内部创业。广义的创业概念为"创造新的事业的过程"，即所有创造新的事业的过程都是创业，既包括营利性组织也包括非营利性组织；既包括官方设置的部门和机构也不排斥非政府组织；既包括大型的事业也包括小规模的事业甚至"家业"。

"创业"是一个跨越多个学科领域的复杂过程，不同学科都从其特定的研究视角，运用本领域的概念和术语对其进行观察和研究，这些学科包括经济学、心理学、社会学、人类学和管理学等，而各个学科领域又衍生出了不同的创业研究方向。创业简单地说就是创立基业，即开拓创造业绩和成就。大学生创业是指大学生中的创业者在校期间或毕业离校时发现机会、整合各种资源独立开创新企业、提供新产品或新服务，最终实现自身创业目的的一系列活动。创业必须要付出时间和努力，承担相应的财务的风险、精神的压力和社会的风险，最终获得金钱的回报、个人的满足和独立自主。应当注意到，"创业"这个词的外延现在已有很大的扩展，它可以发生在各种企业和其他组织的各个发展阶段，即创业可以出现在新企业或老企业，大企业或小企业，私人企业、非盈利组织或公共部门，也可以出现在各个地区和每个人的所有发展阶段。

不少人把创业等同于创建新企业，这种认识是片面的。创业是一种思考、推理和行动的方式，它为机会所驱动，需要在方法上全盘考虑并拥有较高的领导能力。创业的本质在于把握机会，创造性地整合资源。创业精神是创业的源泉。创业是具有企业家精神的个体与有价值的商业机会的结合，是开创新事业。创业行为普遍存在于各种组织和各种经营活动中，运用创业精神开展目前的工作，这是取得成绩和进步的前提。企业家是那些在不确定的环境下承担风险并进行决策的人，创业型企业家则比其他人更加多地改变着人们的生活、工作、学习、娱乐和领导方式。

（二）创业教育

创业教育与大学生科技创新教育一样是以培养创新精神和创新能力为基本价值取向，以培养创新性人才为主要目标的教育。它是素质教育的延伸，是全面发展学生智慧品质的教育，是全面发展学生个性品质的教育，是更加注重人的主体精神、以人为本的教育。

创业教育理念首先在西方发达国家形成，西方发达国家的教育也较多地重视个体独立性、主动性和创造性的培养，社会生活中的创业意识和实践能力也比较强。创业教育的概念来源于西方，于20世纪80年代末期传入中国。1989年，联合国教科文组织在北京召开"面向21世纪教育国际研讨会"，会议上首次提出Enterprise Education（即事业心和开拓教育，后被译为创业教育）概念，并对其进行了如下定义："创业教育，广义上来说是指培养具有开创性的个人，它对于拿薪水的人同样重要，因为用人机构或个人除了要求受雇者在事业上有所成就外，还越来越重视受雇者的首创、冒险精神，创业和独立工作能力以及技术、社交、管理技能。"在随后的几年中，联合国教科文组织又多次通过政策性文件对创业教育进行了完整性定义，并进一步强调创业教育和培养创业能力的重要性，明确高等教育应重点培养学生的创业技能与主动精神，使毕业生成为合格求职者的同时，更成为工作岗位的创造者。我国于1999年1月公布的《面向21世纪教育振兴计划》正式确立了创业教育的理念，该计划提出了要"加强对教师和学生的创业教育，鼓励他们自主创办高新技术企业"。1999年，共青团中央牵头中国科协、教育部、全国学联共同主办了首届"挑战杯"全国大学生创业计划大赛，并在全国广泛开展，截至2010年大赛已经成功举办七届，社会反响巨大。2010年10月，由德州学院经济管理系教师郑晓燕指导、姜彤等同学共同完成的科技创新作品《"有你我心喜"（University）校园网络商城创业计划书》荣获第七届"挑战杯"中国大学生创业计划竞赛银奖，实现了德州学院在国家级大学生"挑战杯"竞赛活动中的历史性突破。这正是德州学院开展以面向创业就业为理念的大学生科技创新教育的最好体现。2000年1月，教育部出台有关规定：大学生、研究生（包括硕士研究生和博士研究生）可以休学保留学籍创办高新技术企业。2002年年初，教育部高等教育司在中国人民大学等9所高校试点创业教育。

当前，创业教育已经得到了全世界的高度重视。美国著名的创业教育研究机构考夫曼基金会对创业教育给出了一个操作性较强的定义，即创业教育是一个过程，它向被教育者传授一种概念与技能以识别那些被别人忽视了的机会，以及当别人犹豫不决时他们有足够的洞察力与自信心付诸行动；教育内容包括在风险面前的机会识别与在资源整合的前提下创办一个企业，也包括对企业管理过程的介绍，比如商业计划、市场营销等。在国内，创业教育从广义上讲是培养具有开创性的个人，是通过相关的课程体系整体提高学生的综合素质和创业能力，使其具有首创精神、冒险精神、创业能力、独立工作能力以及技术、社交和管理技能；从狭义上讲，大学里的创业教育主要针对大学生创业，培养学生创办企业的能力，又被称为创业素质教育。

总之，大学生的创业就业教育是高等院校在将学生培养成具有一定科学文化知识和职业技能的青年的同时，更注重培养和提高大学生的创业意识、创新精神、创业心理品质和创业技能的教育。创业教育将使具备创业意识、创业精神和创业技能的大学生走上自主创业之路，创造新的就业岗位和社会财富，也将最终促使他们成为社会所需的创新型和开拓型人才。对高等教育而言，创业教育就是在大学素质教育的基础上融入创业素质的基本要求，成为具有独特功能和体系的教育。其目的旨在提高学生创新精神和创造能力的基础上，增强其自我创业的意识和能力。其实质就是要培养学生形成创业意识，掌握基本技能，形成创业初步能力。

(三) 在大学生科技创新教育中培养创业就业理念的途径

将创业就业理念融入到大学生科技创新教育中，是提高大学生社会竞争力的有效手段，同时也为大学生更好地认识就业形势、培养创业就业技能打下了良好的基础。高校应该认真利用各类课堂教学手段、充分调动社会各界的力量参与到以创业就业为理念的大学生科技创新教育活动中，为进一步提高学生创新技能、适应社会发展的能力打下良好的基础。

1. 发挥各类课堂在高校创业就业教育中的作用

高校开展以创业就业为理念的大学生科技创新教育离不开课堂的教育，但是高校的课堂教育绝不能仅仅拘泥于课堂知识的传授，而应构建起比传统的学科课程、活动课程和环境课程三种基本类型更能提高学生综合素质创业就业能力的新型教学模式。首先，高校要通过课堂教学渗透和传授创业就业知识。课堂教学是培养学生创业就业观念和方法的重要途径，在课堂上进行创业型就业教育，有助于学生尽早树立正确的职业发展观、择业价值观和创业就业观；同时，加大选修课的比例，让学生明白学习的目的，明确职业目标，从而激发学生自主学习的热情。其次，高校要利用学生社团的作用，营造创业就业的社团文化氛围。高校要以创业就业社团为教育载体建立第二课堂，在校园内营造创业型就业、创造性就业的浓郁文化氛围，让学生通过参加各种活动，锻炼自身的人际交往、口头表达、组织管理、领导决策等能力，从而提高社会竞争力。最后，高校还要通过社会实践，拓展大学生创业就业能力的实训渠道。教育的实现，仅靠第一课堂和第二课堂的知识是远远不够的，高校应把课堂教学与社会实践相结合，走校企合作之路，通过第三课堂——社会实践，开展大学生创业就业能力的教育。在准就业的实践中，培养学生的岗位创业精神和能力，让学生体验创业的快感，磨炼其创业的意志，让学生更接近社会、了解社会，不断端正自己的就业观念，从而激发他们对各自所学专业的兴趣，使他们学到很多"课堂上学不到的东西"。

2. 构建高校创业就业教育的服务保障体系

严峻的就业形势，要求在中国特色的社会主义制度管理下的高校，必须构建科学的创业型就业服务保障体系，调动全社会力量为大学生提供全方位的创业型就业指导，促使大学生充分就业，实现高等院校的健康持续发展。一是高校要完善创业就业的领导机制。在坚持党中央提出的就业中心工作思想的同时，建立"校为主导、系为主体、齐抓共管、全员参与"的灵活高效的就业服务体系，落实"一把手"工程，真正做到"机构到位、人员到位、经费到位"。二是高校要确立正确的创业就业工作理念。高校作为创业就业教育的实施主体，要树立创业型就业指导理念，并倡导"以服务为主"的创业就业工作模式。即从创业和就业两个方面，开展形式多样的大学生职业生涯规划和创业就业教育，帮助学生有一个理性的自我认识、清晰的自我定位，从而合力规划今后的人生。与此同时，高校教育工作者要将原有的以最后帮扶为主的就业指导观念转变为从学生入学就开始的创业就业指导，而且要通过完善的创业就业指导帮助大学生认识自己、认识社会、做好创业规划。三是高校要自行开发创业就业服务项目。当前，毕业生在创业型就业和创造性就业过程中的主要缺陷就是缺乏工作经验和创业体验，许多用人单位因而将应届毕业生拒之门外。但如果大学生参与了高校的创业就业项目，通过与用人单位零距离接触，既锻炼了自己的素质，又展示了自己的才能，还能为自己的就业与创业积累宝贵的经验，从而受到用人单位的青睐，竞争优势将十分明显。四是高校要找准大学生创业就业服务体系的切入点。从高校自身而言，高校创业型就业教育应该面向市场，尤其是劳动力市场和人力资源市场。这就决定了高校的创业就业教育的第一个切入点——面向市场并进入市场。从高校外部环境而言，高校应该积极主动与政府部门合作，在充分发挥高校及学术机构的前瞻性作用的同时，把握劳动力市场趋势和职业发展特点，"说服"政府部门创造良好的创业就业环境，从金融支持、政府政策、教育和培训、商业环境和专业基础设施、国内市场开放程度、有形基础设施的可得性、文化及社会规范等方面进行环境创造。

3. 社会各界为创业就业提供支持和帮助

当前，就业问题已经引起了社会各界的广泛关注，为了让社会各界对创业教育和就业教育有一个充分的认识，全社会应该共同关注和支持创业就业工程。一是政府营造良好的环境。国家先后出台各级政策给予大学生创业就业优惠，重点涉及融资、税收、创业培训和创业指导等方面，为大学生创业型就业营造良好的环境；并通过对小企业创造和发展方面的鼓励，大力发展信息产业、文化产业、教育与培训产业、研究与发展产业、医疗服务产业、咨询产业等。二是支持各类家庭型创业。近年来，国家通过优惠政策扶植、创业项目支持、创业培训促进和服务体系支撑等措施培育家庭型创业组织，进一步推进了创业服务系统的家庭型创业活动并取得较好的经济效益和社会效益。为进一步整合创业服务资源，为大学生提供高质量、全方位的创业服务，高校可以成立创业服务指导中心，组织社会机构开展创业指导、创业培训、项目征集评估、项目转化、创业扶持、创业沙龙、跟踪指导等工作。总之，创业就业是整个社会就业工程中最积极的一部分，更是高校解决就业困难的长效途径和教育模式。社会各界都应关心和支持就业工程，为创业者营造一个良好的环境。

第二章　大学生科技创新教育与素质教育

第一节　大学生素质教育概述

应当怎样去解释素质教育的内涵呢？教育学家、心理学家和广大教育工作者分别从不同的角度，对此做出了多种多样的解释。事实上，这是一个约定俗成的概念，是在全面贯彻党的教育方针，随着社会发展对人才的需求应运而生的，是从中国教育的实践之中提炼和总结出来的。

一、大学生素质教育的概念

素质教育的理论基础就是马克思关于人的全面发展学说。从马克思主义人的全面发展观可以看出，"人发展的理想素质包括三个方面的规定：一是指人身心潜能的充分发挥；二是指人对象性关系的全面生成；三是指个人社会关系（主要指人的社会交往）的高度丰富"。素质教育的内涵和外延恰恰与马克思主义的这一学说相符合。因此，所谓"素质教育"，就是以提高人的全面素质为主的一种教育活动。这种教育包括两个层次：一是国民素质教育，这是一种基础层次的活动；二是专门人才素质教育，这是一种基于基础层次的发展层次的活动。

（一）大学生素质教育的含义

"素质教育"一词，是在 20 世纪 80 年代中期开始在教育界流行起来的。随着中共中央、国务院《中国教育改革和发展纲要》的颁布，教育界对素质教育更加关注，进而对素质教育理论逐步进行了深入探讨。关于素质教育含义问题，人们提出了诸多有益的观点：有的属于词语定义；有的属于哲学定义；有的强调以人的发展为出发点；有的同时强调人的发展和社会发展；有的强调公民素质；有的强调先天与后天相结合；有的把各种素质平列；有的试图划分素质层次；还有的强调通过科学途径充分发挥天赋。尽管这些定义在表述上有所不同，但它们有共同点，即基本上都强调全面提高学生的基本素质，适应社会发展和人的发展需要，强调充分开发智慧潜能和个性发展。因此，可以进一步对素质教育做如下理解：素质教育是按照党的教育方针而提出的一种全新的教育思想，是以提高国民素质为目标，以人的发展为动力，采取有效、人为的调控方式，在个体与社会发展方向协调一致的基础上，促使受教育者自身个性得以充分发展。

素质教育作为一种具有时代特征的教育思想，可以用于指导各级各类教育中的人才培养，但是各级各类教育中实施素质教育各有侧重，各有独特内涵。培养和造就高素质人才，是高等教育的终极目的，也是高等学校的根本任务。高等教育从本质上说是完全意义上的"人的教育"，即培养真正适应未来挑战的人才。

大学生素质教育就是通过教育不断将外在知识和能力转化为大学生的素质，从而提高大学生的创新精神和实践能力，以适应和促进社会的发展。主要包括思想道德素质教育、人文素质教育、业务素质教育和身体心理素质教育四个方面。

（二）大学生素质教育的本质

李岚清指出："素质教育从本质来说，就是以提高国民素质为目标的教育"。素质教育应该"使学生在德、智、体等方面得到全面协调发展"。教育部总督学柳斌同志强调指出："我们提出的素质教育是与应试教育相对立的，它是以全面提高公民思想道德、科学文化和身体、心理、劳动技能素质，培养能力、发展个性为目的的基础教育。"相对于应试教育来说，素质教育是符合教育规律的更高层次、更高水平、更高质量的教育。相对于目前我国的教育状况来说，素质教育是基础教育摆脱应试教育，使青少年全面发展的一个改革方向。柳斌同志还特别指出："我觉得素质教育的第一要义是面向全体学生；素质教育的第二要义就是要德、智、体、美全面发展；素质教育的第三要义是让学生主动发展，只有让学生主动发展，人才规格才会有多样性。"柳斌同志的这一概括既从理论上把握住了素质教育的本质，又从实践上指出了可操作性的目标。

大学生素质教育的实质就是促进每个大学生全面主动发展，促进每个大学生个性的养成，是一种真正面对所有大学生的教育，是一种国民教育。大学生素质教育就是要面向全体大学生，这既不同于面向中小学生的素质教育，也不同于面向全体公民的素质教育，更不是所谓的"精英"教育。要创造一种适合大学生的教育，而不是挑选适合教育的大学生。大学生素质教育的内容具有全面性，其目标就是提高大学生素质。所以，在大学生素质教育中，凡是有助于发展学生身心素质的科目、活动都应受到高度重视。大学生素质教育是以高尚的人格主体精神为核心，注重创新能力的培养，强调潜能开发、心理品质培养和社会文化素养训练的整体教育。大学生素质教育强调教育者应发挥创造精神，从学校实际出发设计并组织科学的教育活动，促进大学生在自主活动中将外部教育影响主动内化为自己稳定的身心素质，因此大学生素质教育首先要让学生主动发展。外因是事物变化的条件，内因是事物变化的基础和根本，外因只有通过内因才能发挥作用。如果都是机械地被动发展，而没有主动发展，就不可能

"不拘一格降人才"。因此，只有主动发展，学生才有创造性；学生有创造性，培养的人才能多样化。同时，大学生素质教育还要发展大学生的个性。就是要因材施教，不能用一个模式来束缚学生的发展。个性发展的核心是发展创造性，没有创造性和革新能力就不可能培养大学生的个性。实施素质教育，就是要求教育者积极利用和创造一切有利的外部条件，发扬积极因素，克服消极因素，使大学生能够主动地将人类积累起来的科学的、道德的、审美的、劳动的文化成果内化为自身的素养，使身心潜能都呈现出一种生动活泼的姿态。

二、大学生素质教育的特点

当代大学生素质教育是一种具有鲜明时代特征的，以提高人才素质为重要内容和目的的新型教育理念。在这种理念下的新型人才观，强调以提高人的思想道德素质为根本，以提高科学文化素质为基础，全面提高人才的整体素质。从这个意义上去认识，我们可以看到，当代大学生素质教育存在以下特点：

（一）大学生素质教育的延续性

素质教育作为一种教育思想，贯穿学生学习的全过程。即贯穿幼儿教育、中小学教育、职业教育、成人教育、高等教育等各级各类教育，应当体现在学校教育、家庭教育和社会教育等各个方面。在不同阶段和不同方面应当有不同的内容和重点，相互配合，全面推进。在不同地区还应体现地区的特点，尤其是少数民族地区的特点。因此，大学生素质教育是建立在中学素质教育基础上的高等素质教育。我们知道，教育是有连续性的，如果中学生的素质不高，即使进入高等教育，也并不意味着他有高的素质，相反，这样的生源进入高等学校后，高校素质教育肩负的任务将会更重。如果中学输送的生源素质较高，那么到了大学，将有可能得到更大的发展和提高。显然，中学素质教育与大学生素质教育密切相关。另外，大学是人生的起跑线，大学毕业即意味着学生步入社会。随着社会的高速发展，"活到老，学到老"的终身学习思想已成为现实。所以，大学生在高校接受的素质教育，将是他们今后步入社会、参与竞争、开始终身教育的基石。

（二）大学生素质教育的系统性

大学生素质教育是一个系统工程，其系统性包括两个方面：一方面是整个社会系统。即素质教育需要学校、家庭和社会共同开展实施，是系统工程，涉及教育的体制改革、观念更新、学校内部管理、社会的宣传导向、社会的综合治理等，是全局性、政策性和社会性的教育改革，关系到国家的兴衰、民族的富强。另一方面，针对大学生素质教育的对象——大学生的教育具有全面性和综合性。一个系统具有不同要素，每一个要素起着不同的作用，系统不是每个要素的简单相加，而是通过各组成部分或各层次的充分协调和连接，提高系统的有序性和整体的运行效果。素质教育着重强调受教育者在德、智、体、美、劳诸方面的全面和谐发展，让受教育者具有 21 世纪社会发展所要求的包含思想品德、知识技能、身体心理诸方面要求的素质。例如，有国外专家在 1984 年就提出了七条 21 世纪人才的素质要求：①积极进取，开拓精神；②崇高的品质和对人类的责任感；③在急剧的变化和竞争中有较强的适应能力；④有宽厚、扎实的基础知识和基本技能；⑤学会学习，适应科学技术领域的综合化；⑥有多种个性和特长；⑦具有与他人协作和进行国际交往的能力。这一特性不仅和全面发展教育具有一致性，也是对全面发展教育的完善和认识的进一步深化，充分体现了跨世纪人才的素质结构。大学生素质教育也以此区别于只注重智育、忽视其他几方面的教育，只注重知识传授、忽视能力培养和训练的"应试教育"。大学生素质教育是一个系统工程，需要大学生在德、智、体、美、劳各方面同时发展，目的是促进人的全面发展。马克思曾明确指出，个人的全面发展正是共产主义者所向往的。

（三）大学生素质教育的创新性

20 世纪以来，人类社会步入了全面创新的新时代。科学技术的突飞猛进，使人类的创造提高到崭新的水平。随着人类知识更新速度加快，现代社会对创造型人才的需求急剧增加。二战后，美国科学技术人才数量平均每 10 年翻一番，欧洲国家每 15 年翻一番。可见，当代社会正在经历着深刻而巨大的变革，创造力的开发愈来愈成为时代的要求。江泽民同志指出，"一个没有创新能力的民族，难以屹立于世界先进民族之林。教育在培育民族创新精神和培养创造性人才方面，肩负着特殊的使命"。因此，当代大学生素质教育的一个重要任务，就是要培养大学生的创新精神和实践能力，以造就具有较强创造能力的一代新人。

学知识的目的不是占有知识和掌握知识，而是把学习过程看成一个探索、发现和创新的过程，培养应对复杂多变的客观世界的能力。如果全世界的人都仅仅为学习而学习，而不去探索和创新，那么人类的知识量就不会增加，人类社会也不会有进步。人的创造能力不是天生的，程序化的寻求所谓"正确答案"的学习过程，不仅很难培养学生的创造能力，而且会扼杀学生的创造天性，让学生永远循规蹈矩、因循守旧。大学生素质教育的创新性是针对受教育者的智慧潜能而言的，重视个性的教育才是一种创造性的教育。从客观上说，创造就是在已有经验和知识的基础上超越现有的经验、理论和认识层次，运用新颖的、独特的、具有一定意义的方法来认识和解决面临问题的过程；从主观上说，创造就是主体个性的充分展示。因此，素质教育就是要突破局限性，充分体现中国特色社会主义教育的生机和活力，努力开拓育人的新途径，是一种创造性教育。

创新是人的本质力量的表现，也是推动社会发展、历史进步的不竭动力。创新能力的培养，除具备积极进取的人生态度、较强的自主意识外，更重要的是在实践中有所发现、有所发明、有所创造。实践是在具体环境、具体条件下进行的。因此，为学生创新能力的培养创设良好的实践环境，是我们义不容辞的责任，允许犯错误，耐心教育，多鼓励，少批评，少条条框框，多交流，多关心，多支持，多鼓励。人只有在宽松的环境里，才能培养和发挥创造力。

（四）大学生素质教育的专业性

高等教育是培养专门人才的专业教育，它和中学阶段的基础性教育的性质和任务不一样。因此，在高等教育领域倡导素质教育的思想，建立大学生的素质教育体系，不是以素质教育去取代专业教育，也不是将素质教育与专业教育对立起来。我们的指导思想是从素质教育的思想观念出发，使高等教育成为更加注重人才素质提高的专业教育。因此，对于高等教育来说，推行大学生素质教育就是将素质教育的思想渗透到专业教育之中，贯穿人才培养的全过程。

基于这种认识，我们应明确大学生素质教育的专业教育属性，而不是把大学生素质教育与专业教育分隔开来，更不能以一种教育去取代另一种教育。大学生素质教育的本质特点是在对大学生进行培养的过程中，融传授知识、培养能力和提高素质为一体，即在传授知识、培养能力的同时，更加注重素质的提高；正确处理好知识、能力与素质的关系，促进三者协调发展；培养有扎实专业知识与专业技能、有个性、有创造精神和有一定思想境界、身心健康的专业技术人才。

（五）大学生素质教育的互动性

传统教育学认为，任何学校教育都是教师"教"与学生"学"构成的双方协同活动。即教育者按照教育目的，运用一定的教学手段和教学方法，有计划、有组织地指导学生学习知识；而学生则在教师的指导下，从学习活动中积极获取并掌握知识。教师是施教者，学生是受教者。过去我们只重视教师的讲授，采用"填鸭式"教学，把学生看成被动的盛放知识的容器。然而，发展的动力是内在的，教育过程应当调动学生主动学习的积极性，促进学生主动地、生动活泼地发展，充分强调学生在教育教学过程中的主体地位，实现师生的互动过程。

受教育者是活生生的人，不能把他们当做产品生产和加工，统一要求，整齐划一。人是有差异的，我们应尊重这种客观存在的事实，不仅要尊重学生的个体差异，允许差异，还要积极发现差异。只有这样，才能因材施教。"有一千个学生，就应有一千门课程"，就是要求尊重学生的个体差异。素质教育是一种重视学生个性发展的教育，是面向全体学生的教育。其根本目的是要促进学生在原有基础上得到充分的发展，而并非平衡发展。素质教育不是消灭差异、泯灭个性，而是适应个性差异，促使个性发展。因此，素质教育应从人的个性出发，以发展的观点看待学生，不仅要因材施教，还要因机施教、因时施教。这一特征充分体现了教师劳动的复杂性、创造性和互动性，并以此区别于只注重学生考试成绩，忽视学生心理个性发展的"应试教育"。实际上素质教育就是个性教育。在西方教育学上，瑞士的教育学家佩斯泰罗奇提出了人的个性教育是心理上的教育和心理学的依据，这是人教育本质的进一步认识，是对个性教育的进一步认识。

从学校角度来讲，素质教育就是要将教师素质的培养和学校素质教育的实施结合起来，将教师的继续教育纳入到学校素质教育中，统筹规划，整体实施；从教师角度来讲，应将教书育人和自我提高相结合，理论与实践相结合。加强对素质教育理论的研究，不断增强自身素质教育的理念，在育人工作中贯彻素质教育思想。

因此，只有注重学生与教师的互动性，充分发挥大学生在素质教育中的主体地位，尊重学生的选择，尊重人的全面发展才能培养出合格的创新型人才。

（六）大学生素质教育的社会性

素质教育是提高全民族素质的教育，不仅中小学生的基础教育要实施素质教育，而且高等教育也要进行素质教育，素质教育是社会性的。高校的素质教育，要围绕社会需求开展，社会需要什么样的人才，高校就应该培养什么样的人才，社会需要什么专业，高校就应该开设什么专业。这样，才能造就高素质的专门人才，才能缓解大学生的就业压力，培养出符合创新型国家要求的创新型人才，为构建社会主义和谐社会作贡献。

素质教育是一个庞大的工程，仅凭转变办学理念，改革课堂教学，是不可能实现的。那种不放心学生接触社会的封闭式教育，是违反教育规律的做法，也是对自己思想教育缺乏信心、不相信学生的自卑表现。学校应尽可能多地让学生参加社会实践，多做课内试验，让学生在实践中得出经验，在实验中得出结论。让学生走出校门、接触社会、关心社会并参与社会活动。如果学生看不到新闻，不能接触社会，怎能去关心社会、关心国家呢？思想教育不是说教，学生关心集体、爱国，不是试卷上的答案能判断的，而是要用行动来证明的。只有学以致用，才能培养出适应社会的专门人才；如果学而不知其用，那学习是盲目的，将缺乏学习的动力。学生只有在实践中体验到知识的力量和价值，才能激发他们的创造火花。能力的培养，不是背实验步骤；爱国情操的培养，不是背书本上的答案。应当让学生走出校门，锻炼大学生适应社会的能力；社会应为学生的实践锻炼提供机会，支持学校的教育工作。在教育管理方面，考试制度、评价制度和人才选拔制度都必须改革。打破以考试分数作为人才选拔的唯一途径这一界限，是实施素质教育的第一步。同时，家庭教育也至关重要，家长必须摆正人才观，抛弃"分数论孩子"的做法。

培养什么人才，怎样培养社会的急需人才，是我国素质教育面临的紧迫任务。只有重视教育的社会性，让社会为学生的培养提供有利条件，使学校的培养目标重视社会对人才的需求，才能满足社会对创新性人才的需求。

（七）大学生素质教育的政治性

社会主义的大学理所当然是培养为社会主义现代化建设所需的接班人。早在奴隶社会和封建社会的学校中，德育就居于重要地位。西周时期学校教育内容的"六艺"，即"礼、乐、射、御、书、数"，就把"礼"排在第一位；孔子在两千五百多年前就提出"以德教民"的思想；从封建社会早期提倡的忠、孝、礼、仁、义、信，到后期提出的"三纲"、"五常"，都把德育放在极其重要的位置。在国外，从古希腊的斯巴达教育、雅典教育到今天的西方教育，从柏拉图到当今的杜威、苏霍姆林斯基等都把德育放在相当重要的地位，把它作为办学的重要原则。我们知道，在不同社会中，德育体现了统治者的利益和道德观念、道德情感、道德意志和道德行为习惯等，德育成为维护统治的精神支柱。因此，当今社会更应重视德育工作，把德育放在首位，形成以德育为核心的大学生素质教育体系。中共中央、国务院《关于深化教育改革，全面推进素质教育的决定》指出："实施素质教育，必须把德育、智育、体育、美育等有机地统一在教育的各个环节中。学校教育不仅要抓好智育，更要重视德育，还要加强体育、美育、劳动技术教育和社会实践，使各方面教育相互渗透、协调发展，促进学生的全面发展和健康成长。"江泽民同志在第三次全国教育工作会议上讲到："要说素质，思想政治素质是最重要的素质。不断增强学生和群众的爱国主义、集体主义、社会主义思想，是素质教育的灵魂。"

总之，大学生素质教育融传授知识、培养能力、提高素质为一体，在更高层次上重新构筑人才素质结构，使学生的自主性、能动性得到最大的发挥，使学生进一步优化知识结构和能力结构，提升人格，把德育、体育、美育、劳动教育的要求内化为自身稳定素质的教育，从而使学生身心素质、文化素质、业务素质、思想道德素质全面发展，进而终生受益。

三、未来社会对大学生素质的要求

在人类历史上，不同社会制度和不同社会发展水平对人的素质结构有着不同的规定与要求，对德、智、体各方面也有不同的侧重。一个社会究竟会对受教育者提出怎样的素质要求，这主要取决于社会生产力的发展水平和一个国家的政治制度。未来社会的发展需要大批新型知识分子和高素质劳动者，他们素质如何，直接影响我国未来社会的发展和全面建设小康社会的进程，而当代大学生正是这一使命的肩负者。因此，要求大学生特别是在校大学生，必须努力培养自己具有宽阔的知识视野，博大的战略心胸，灵动的创造性思维，深厚的文化底蕴，高尚的人格情操和良好的思想道德素质、文化素质、业务素质及身体心理素质。

(一) 大学生应具有良好的思想道德素质

思想道德素质是人综合素质的灵魂，也是专业素质的基础。大学生的思想素质必须具有马克思主义理论水平、现代思想意识、科学思维方式和严谨的思想作风等。文明的人文素养包括内在的人文精神和外在的行为显现两个方面。前者包括人类应有的尊严感、人与人之间的理解和宽容、人与社会之间的自由与责任、权利和义务以及对人类与自然的关爱之心；后者要求大学生的行为符合社会对自己的角色期望，言谈举止文明高雅，体现出新的时代风采。未来社会要求大学生能正确处理自己和他人、个体和客体的关系；要求大学生具有良好的合作精神和奋斗拼搏精神。因此，大学生首先要学会做人。做人是做事的基础，学会做人的最重要基础是敬业精神，同时要学会关心，要关心他人、关心集体、关心社会、关心人类。其次要与人共容，合作共处；与他人兼容、善于合作的人成功机会更大。最后要有竞争意识和进取精神。如勇敢、果断、坚持性、自制力、竞争性、冒险精神、挫折耐力等。提倡为人民服务和集体主义精神，尊重人、关心人、帮助人，热爱集体、热心公益等。

（二）大学生应具有良好的身心素质

良好的身心素质可以促进一个人完美人格的形成和发展。由于当代大学生大多数是独生子女，心理素质较差：自负不能得志，自卑不能自拔，缺乏适应能力和自立能力，缺乏竞争意识和危机感，缺乏自信心和社会责任感，缺乏艰苦奋斗的精神和承受挫折的能力等。随着社会转型期的到来，个体内部的矛盾，人与人之间、人与社会之间的冲突将会构成比较严重的社会心理问题。因此，大学生应客观认识各种冲突产生的偶然性和必然性，找出其"一因多果"或"一果多因"，学会用辩证发展的观点，及时对冲突进行调适，防患于未然，把问题解决于萌芽状态。要具备良好的心理素质，以自我意识发展为核心，培养良好的认知能力、需要、兴趣、动机、情感、意志、性格等，积极发展与社会发展相统一的价值观，具有宽广的胸怀和坚忍的意志。大学生还应该养成良好的运动习惯，在先天身体素质的基础上，具有健康的身体、健美的体魄、健壮的体格，使身体的各个部分、各个系统获得和谐统一的发展，增强对外界环境的适应能力和运动能力，迎接未来生产、生活节奏与形式的各种挑战。

（三）大学生应具有完善的知识结构

未来人才所需要的知识结构为基础厚、专业精、知识广，而且各类知识应体现系统性和动态性。显然，未来人才不需要僵化的、静止的、封闭的、教条的知识体系，而要建立流动的、开放的、发展的知识体系，因此必须具备实现知识流动和发展的能力和方法。科学文化素质是一个人进步成长、取得成功的重要基础。特别是在科学技术高速发展的今天及未来，大学生要不被世界潮流所淘汰，就必须努力学习科学文化知识，不断提高自身的科学文化素质。大学生不仅要有扎实的专业知识，而且要有较高的文化素质，即哲学、语言、文学、艺术、历史和科学技术发展史等人文学科和自然学科较丰富的知识，有正确的世界观和人生观，有高尚的思想情操和对社会的责任感。每一位大学生都要有扎实、宽厚的基础知识：基础社会科学知识（哲学、历史、文学、政治学、经济学、管理学、语文和外语等）；基础自然科学知识（数学、物理、化学、天文、地理和生物等）；基础技术知识（制图、电算、实验操作和调查研究等）。

基础知识既要宽厚又要扎实。另外，大学生还要具备较强的分析归纳能力，敏锐的观察力、反应力和一定的工作能力。

（四）大学生应具有创新精神和创新能力

未来社会具有高创新的特点，它要求知识创新、理论创新、科技创新与体制创新。为了适应未来社会的发展和需要，大学生应当具备高度的创新精神。大学生要勇于探索大自然和社会的各种奥秘，善于发现问题和提出问题，在知识的广采博取中力求达到博、深、新的统一，及时更新观念，掌握新兴学科与学术前沿的新思想、新动态；在变革旧的思维方式的基础上，学会新的思维方式，除掌握逻辑思维和形象思维外，还要学会辐射思维、逆向思维等，尤其要学会通过多学科的交叉渗透整合发现新的意蕴；力求多参与创新实践，让创造的成果真正成为创新能力这一本质力量的形象具体化。创造性素质和创新能力需要综合各种基本能力才能形成，因此，大学生创造性素质的要求具体地反映在自学能力、观察能力、独立思维能力、科学研究能力、表达能力、鉴别审美能力、自我调控能力、社会交往能力、实际操作能力、组织管理能力等方面。

第二节　大学生科技创新教育与素质教育的关系

随着中国经济社会发展的开放水平和现代化程度不断提高，中国高等教育发展不可避免地与全球化、市场化、信息化进程交错混融，从而构成了高等教育发展史上前所未有的错综复杂的图景。大学的根本任务是人才培养。培养什么样的人、怎样培养人、为谁培养人，是我国社会主义教育事业发展中必须解决的根本问题。因此，在科技日新月异的知识经济时代，在经济全球化与信息沟通零距离的时代，在高等教育大众化日趋真实的时代，我们必须正确认识和处理好大学生科技创新教育与素质教育的关系。

一、大学生科技创新教育与素质教育内涵与外延的比较

创新教育的异军突起，与我国素质教育改革形势密切相关，可以说它是素质教育改革深化的重要标志之一。进行大学生科技创新教育是实现民族复兴、国家富强的"发动机"和"起飞器"。翻开人类文明发展史，我们发现，人类在认识并利用自然方面取得的每一项重大成就，都与同时代的科学工作者的创新素质和创造精神紧密相连。英国的瓦特以其创造精神改进蒸汽机，使之成为第一次工业革命发生的标志，使人类用不到100年的时间创造了比过去一切时代全部生产力总和还要大的生产力，使英国工业产值占了世界的23%，赢得了"世界工厂"的称号。在美国，巴丁、肖克莱、布

莱顿等人发明的晶体管，50年来使人类增加了数以千亿美元的财富，对人类生活方式、生产方式产生并将继续产生重大和深远的影响。在中国，袁隆平等科学家发明的杂交水稻，使数十亿人摆脱了饥饿的困扰，"袁隆平品牌"无形资产达千亿元。素质教育在全面提高全民族思想道德科学文化素质上起着至关重要的作用，要真正占领科技、产业、经济发展的前沿阵地，抢占未来世界科技、产业、经济发展的制高点，仅有一般的通才、复合型人才、综合型人才是不够的，必须实施科技创新教育，提高人才的创新素质和创造能力，以造就大批国家急需的创造性人才。

（一）大学生科技创新教育与素质教育的一致性

21世纪高等教育的发展趋势表明，"教学科研相结合的研究型教育模式"是高校培养具有创新品质高层次人才的基本途径。创新教育不是一个独立的教育过程，而是整个人才培养模式中的有机组成部分。开展创新教育不仅要进行创新素质的培养，还要参考文化素质教育、学科基础教育、专业教育等，互相协同、交叉渗透、相互促进，在共同的努力中培养具有创新精神和实践能力的科技创新专门人才。

1. 两者目标一致

美籍华裔科学家杨振宁博士进行了中美教育的比较研究。他说："在国外，中国留学生的学习成绩都是非常出色的。但中国留学生胆量小，老师没讲过的不敢想，老师没做过的不敢做，创造性相对来说要差一些。"杨振宁博士一语切中我国高等教育的时弊，提醒我们在加强知识教育的同时，要着力培养学生的实践能力和创新能力。

大学生素质教育是以提高大学生全面素质为目的的教育活动，使学生德、智、体、美、劳等方面得到全面发展，强调大学生素质的全面发展；而大学生科技创新教育是培养大学生的创新意识、创新精神、创造性思维、创造能力，目的是培养创造性人才、强调培养创新精神和创新素质。

从大学生素质教育和大学生科技创新教育的培养目标来看，两者并不矛盾。全面发展包括创新素质的培养，而培养创新精神与创新素质应在德、智、体、美、劳全面素质发展的基础之上，所以，大学生科技创新教育和素质教育的目标是一致的。

2. 两者主体相同

无论是大学生素质教育还是大学生科技创新教育，其主体都是接受教育的大学生和实施教育的老师，教育者在教的过程中是主体，受教育者在学的过程中是主体，受教育者在教育者的引导下，积极、主动地融入到教学的全过程中去。在大学教学过程中，教与学相互依存，无论是大学生素质教育还是大学生科技创新教育，都把教与学的过程作为一个动态的、不断出现或生成新质的过程，是以批判的思维去面对知识。教育者对所传授的知识，要将其看成正在变化或已经变化的东西，把自己介入到这种变化中去；受教育者，他们有自己的个性、思想和主动性，也应处在动态的变化之中。教育者要在开放性教育中争取第一主动，以自己的敏锐和发散性思维去引导受教育者在接受知识的同时审视和评判已有的知识和结论。受教育者只有主动地活跃自己的思想，不断地消化所接受的知识，通过富有个性特征的审视，批判地吸收知识，并把知识转变为自己的能力和智慧，才能培养自己的创新思维与创新能力。因此，教育者和受教育者都要从新的视野，以新的理念去审视已有的知识，去发现知识中的新与旧、静与动、停止与发展、落后与先进等诸多矛盾中的各种因素，决定取舍，决定自己的进步起点和创新基础。

3. 两者具有共同特征

知识经济的基本特征就是知识不断创新，高新技术迅速产业化。实施大学生科技创新教育和素质教育，就是要通过学生主动参与、主动实践、主动思考、主动探索、主动创造，培养学生的创新意识，并有意识地将个体身上的潜能激发出来，培养和促进学生创新精神和创新能力。显然，大学生科技创新教育和素质教育与知识经济时代所需要的人才的素质特征一致。

（1）两种教育都具有综合性

大学生科技创新教育和素质教育的综合性表现在两个方面：教育知识的综合性和受教育者能力的综合性。教育知识的综合性主要体现在为培养受教育者的创新意识和创新能力而设计的知识结构上。科技创新教育提倡宽口径的人才培养思路，提倡对受教育者的知识传授以宽基础为上策，以应对日新月异的科学技术发展和社会需求。受教育者能力的综合性是指在教育过程中，参与性、讨论式和理论联系实际的操作，使受教育者良好的知识结构变为良好的能力。要在实践中获得科技创新方案和科技创新成果，不仅需要科技创新者具有良好的本专业知识，而且需要有相关学科的知识，需要有良好的心理素质、道德素质和其他文化素质的支持。

（2）两种教育都具有实践性

实践是检验真理的唯一标准，人应该在实践中检验或证明自己思维的真理性、能力的真实性。大学生科技创新教育和素质教育正是根据这一原则，注重课程教学中的实践性，注重实践对培养受教育者的创新意识和创新能力的重要意义。创新思想或构思只有通过实践才能转化为现实；创新成果只有通过实践才能检验其创新的水平与现实意义；受教育者的创新意识与创新能力只有通过不断的实践才能得到培养和提高；实践为创新提供了必需的环境。创新只有在实践中才能发现更为广阔的用武之地。

大学生科技创新教育和素质教育中的实践性，既可以在课堂内的教学过程中实现，也可以在课堂外的教学过程中实现。课堂内教学过程的实践性，主要表现在教育者能把课堂外实践中的问题带到课堂内，与受教育者共同探讨，并回到课堂外的实践中去检验或证明；课堂外教学过程的实践性，主要表现在教育者能把受教育者带到课堂外更为广阔的环境中去发现问题、提出问题、分析问题和解决问题，从中培养受教育者的创新意识和创新能力。

（3）两种教育都具有创造性

大学生科技创新教育和素质教育实际上是在解决一个非常重要的问题，即教育者如何通过自己对知识的处理，来教被教育者如何处理知识。发挥教师的主动性，源于教材又高于教材，以尊重和激发学生的学习主动性和创造性为目的的教学，是科技创新教育和素质教育的基本特征。

教育者应真正消化教学的内容，以提高学生对知识的消化与理解为教学目标，培养学生提出问题、分析问题和解决问题的能力。不以教师所讲为唯一标准，不求唯一正确答案，学生的创造性就会被激活，学生就不会只把自己的精力放在课堂笔记上，而是敏锐地追踪教师讲课的逻辑线索，不断地注意教师讲课中各个层次的因果关系，甚至提出疑问。我们的教学测试如果能够注意检查学生的学习消化能力和举一反三能力，并注重对学生平时的创造性加以测试并记入成绩，学生的创造性就会持续发展，其潜在的大量创造因子也会因此被激活。

（二）大学生科技创新教育与素质教育的差异

科技创新教育是素质教育体系中的重要组成部分，是素质教育的深化，是开展素质教育的有效平台，搞好科技创新教育有利于全面实施素质教育。因此，从大学生科技创新教育与素质教育的内涵和外延来看，两者各有其侧重点。

1. 两者着眼点不同

应试教育在高校依然存在，追求高分、追求文凭而忽视能力（尤其是实践能力和创新能力）培养和素质养成的现象仍很常见。可见，素质教育是"逼"出来的，它是当今中国教育界出丁规避应试教育与狭窄的专业教育弊端而提出的一种工作思路。在最初提出之际，它带有多方面的局限。但由于素质教育的提出顺应了"以人为本"的现代教育哲学和教育改革大潮，有关素质教育的讨论和研究很快引起教育界的关注，并迅速成为教育理论研究与改革实践的热点。所以，大学生素质教育是立足于我国的基本国情，从当前社会需求和现实条件出发，以解决影响和制约教育事业发展和改革的热点和难点问题的。

随着全球经济一体化和知识经济的呈现，科技知识在生产力发展中的地位和作用上升到了前所未有的高度，科技进步和知识创新已经成为国民经济增长的决定性因素，对科技创新人才需求日益加大，大学生对创新能力的重要性认识普遍提高，科技创新教育便在这一背景下应运而生。因而大学生科技创新教育，是面向未来、面向现代化、面向世界的教育，更多地着眼于现代化建设的长远发展，培养在国际国内具有竞争力、高质量、高水平的科技创新人才。

2. 两者对象范围不同

大学生素质教育是给全体学生均等的教育机会，让全体学生充分发展。对"超"（智力超常的学生）、"尖"（成绩拔尖的学生）、"特"（有某种特长的学生）、"普"

（各方面一般的学生）、"弱"（智能和体质较弱的学生）、"贫"（家庭贫困的学生）一视同仁，普遍提高大学生的整体素质，造就的是人才金字塔最坚实的底座。

大学生科技创新教育则在整体素质提高的基础上选择在科技创新素质和能力方面最为突出和拔尖的教育对象，着重挖掘其科技创新潜能，唤醒其科技创新意识，培养其科技创新精神，使其中一部分人在社会主义"四化"建设中发挥更大的作用。

3. 两者内容不同

1999 年 6 月 13 日，中共中央、国务院做出《关于深化教育改革，全面推进素质教育的决定》（以下简称《决定》），这是我国关于素质教育最权威最具影响力的纲领性文件。《决定》指出，实施素质教育，就是全面贯彻党的教育方针，以提高国民素质为根本宗旨，以培养学生的创新精神和实践能力为重点，造就"有理想、有道德、有文化、有纪律"的德、智、体、美、劳全面发展的社会主义事业建设者和接班人。《决定》认为高等教育要重视培养大学生的创新能力、实践能力和创业精神，普遍提高大学生的人文素养和科学素质。显然，素质教育包含创新教育的内容，或者说，创新教育是素质教育体系中的重要组成部分，它的任务是培养高素质的创新人才。

素质教育是全面教育，把德、智、体、美、劳有机地统一在教育活动的各个阶段、各个方面和各个环节中。当代大学生的素质教育，是以培养高尚的人格主体精神为核心，以练就身心健康为前提，以人文教育和科学教育为两翼的一种全面教育；同时，重视美和劳的基本素质培养，通过科学、合理的教育措施，使每个学生形成符合社会各类专门人才要求的素质结构。

科技创新教育的内容主要包括知识创新教育、技术发明教育、技术创新教育等。大学生是科技创新的主体，而且是国家科技创新体系中最具活力的部分，是科技进步和经济社会可持续发展的重要依托，是国家的未来和希望。这必然要求我国高校履行自己的职责，完成高等教育的任务，把大学生培养成具有科技创新素质的高层次人才。

4. 两者职能不同

大学生素质教育的基本职能就是要培养大学生完整独立的人格，培养大学生的创新精神和创造能力，完成大学生的高层次社会化。人格的完整性实质上是一个人内心世界诸多因素协调平衡的发展，是人的性格、气质、能力的综合，是认识、情感、意志的内化、沉淀和凝结。培养和发展大学生的兴趣、爱好和特长，能最有效地、最大限度地开发大学生的人格潜能，避免心理失衡，使大学生从外在行为到内心世界尽可能地符合社会需要。大学生即将走出校门，步入社会，独立工作。在独立的工作中，经常会遇到新情况和新问题，在没有书本现成说教和导师现场指导的情况下，必须独立解决问题。因此，要把增强大学生的创造力置于教学活动的中心，把握专业前沿，引导大学生勇于冲破传统观念和理论性的体系，注重培养大学生的创新精神和创造能力。大学生思维敏捷、积极思索的特点决定了他们不会消极地接受教育，而会主动地鉴别、判断，并表现在行动上；但由于他们社会经验缺乏，理论水平较低，还不能完全、正确地对各种社会思潮或观点进行批判吸收。因此，有必要对大学生进行经济、文化、政治、法制观念的正确教育，使其具备科学的政治观点，自觉地遵纪守法，树立科学的世界观、人生观和价值观，以完成大学生高层次的社会化。

大学生科技创新教育的基本职能则是重点培养他们的科技创新思维、科技创新意识、科技创新人格、科技创新技能和科技创新知识，并不断升华；增强学生获取知识能力、研究问题能力和创新实践能力，促进其向科技领域的前沿和高层次发展。大学生科技创新活动的本质内涵是"教育"，作为一种实践活动，它具有理论联系实际的特征，活动的开展能够充分发挥学生的主体性，形成一种浓郁的创新氛围，从而激发学生的创造激情，培养学生的创新意识、创新精神和创新能力。

二、大学生科技创新教育在素质教育中的重要作用

大学生科技创新教育的根本目标是培养科技创新人才。实施科技创新教育，就是要通过教育这种有组织有计划的社会活动形式，在教育活动过程中构建具有创造性、实践性的学生主体活动形式，培养和促进学生的创新精神和创新能力，使学生的个性真正得到全面发展。

(一) 大学生科技创新教育在素质教育中的重要作用

高等教育以高深、专门、实践性区别于其他教育类型，是教学科研和社会实践等多种活动形式相结合的过程。从人才培养的角度来看，大学生科技创新教育是一种重要的教学实践活动，是创新教育、素质教育的重要载体和平台。

1. 大学生科技创新教育是加强素质教育的必然宿求

"教育从重知识到重能力再到重素质这一重心的转移，是教育更接近其本质的观念性变革。"① 因此，为了适应时代发展趋势，无论发达国家还是发展中国家，重视科技创新素质培养、造就高层次科技创新人才已成为当今世界各国高等教育改革与发展的重要目标。近年来，我国在深化高等教育改革、加强素质教育方面取得了巨大的成就，但是在大学生科技创新素质培养方面仍存在明显的不适应。例如，实施整齐划一的培养模式，抑制了学生的独立性及个性发展；偏重知识的灌输，忽视学生学习的主动性和科技创新思维、意识、人格的培养；教学内容脱离学生生活和社会实践，缺少相应的实践环节等。这严重影响了大学生科技创新素质的培养，影响了高校人才培养目标的实现。因此，培养大学生科技创新素质是深化高等教育改革，加强素质教育的必然要求。

我们要高度重视和完善学生的教育培养体系，要在大学生当中大力弘扬以爱国主义为核心的民族精神和以改革创新为核心的时代精神；要更加重视科技创新意识的培

---

① 杨家庆，等. 改革与创新——中国高层次人才培养的综合研究与试验 [M]. 北京：清华大学出版社，2003：73.

育，倡导创新精神，大力提倡敢为人先、敢冒风险的精神，大力倡导敢于创新、勇于竞争和宽容失败的精神，努力营造鼓励创新、支持创新的氛围。

2. 大学生科技创新教育是全面推进素质教育的重要突破

科技创新教育活动是产生创造性产品的过程，是创造性学习的过程。科技活动有利于激发学生创造性学习的兴趣，使学生保持旺盛的求知欲；有利于培养学生的学习理想，使学生在奋斗目标的激励下，形成创造性学习的意志品质；有利于端正学生的学习态度，使学生善于发现、善于反思，学会去粗取精、去伪存真，形成良好的学习习惯。

素质教育选择科技创新教育作为重要突破口，既符合时代要求也满足国情需要。通过科技创新教育活动，培养学生的创造性思维能力、学科能力、实践能力、自主学习的品质、创新开拓的意识等素质，是促使应试教育向素质教育转轨的重要举措。高等教育，通过科技创新教育培养学生的创新精神和创新能力，必然促使人才素质结构的变化，将有利于高素质创新人才的涌现。

加强大学生综合素质教育，是我们对教育状况和人才状况深刻反思的结果，是中国高等教育改革和发展的趋势，是实施科教兴国战略、人才强国战略、建设创新型国家的必然要求，也是进一步加强大学生思想政治教育，培养社会主义事业合格建设者和可靠接班人的内在需求。

3. 大学生科技创新教育是素质教育的重点内容

加强大学生的综合素质教育，主要体现在四个方面：一是思想素质。这是社会主义教育的根本目的之一，主要解决知识为谁所用的问题，其中包括政治素质、道德素质等内容。二是专业素质和人文素质。主要是专业知识以及专业知识以外的文化知识等。三是科技创新素质。主要指科技创新能力和实践动手能力等。四是身心素质，包括身体素质和心理素质以及国际化视野等。

科技创新教育不仅可以提升个人的创新精神和创新意识，而且还能推动社会生产力的提高，促进社会进步。作为社会的一员，特别是即将走上工作岗位的大学生，能够明确自己未来的发展方向，建立发展目标，对于未来的发展将起到巨大的指导作用。其中最重要的是创新精神和创新意识，创新精神和创新意识是个人核心竞争力的必备条件，谁具备了创新精神和创新能力，谁就具备了核心竞争力。大学生科技创新教育是提升大学生创新精神和创新意识的良好途径。"创新＝创造＋开发"，这与当前我国素质教育需要解决的两大重点问题——培养"创新精神"和"实践能力"相吻合。

创新能力是知识经济时代人最重要的素质。知识经济的本质特征在于创新；农业经济时代的科技创新微乎其微；工业经济时代十几年甚至几十年内才有一次知识创新或技术创新；知识经济时代，以物化资本和一般劳动力为依托的传统产业迅速衰落，建立在知识创新、技术创新基础上的高科技产业迅猛发展，这种发展全靠人才。智力与能力的关系是内隐与外显的关系，内隐的智力外显为能力呈现多种形式的核心是创新能力。

创新能力是个体素质中最具生命力的一种特殊素质，也是民族素质中最具竞争力的一种特殊素质。一个没有创新能力的民族难以屹立于世界民族之林，中华民族要在知识经济时代日趋激烈的国际竞争中立于不败之地，就必须在提高民族素质中注重增强创新能力。

科技创新教育之所以在知识经济发展中居于重要地位，是因为科技创新教育以树立人的创新意识、弘扬人的创新精神、增强人的创新能力为目的，这与知识经济时代所需要的人才素质特征完全一致。中共中央、国务院《关于深化教育改革，全面推进素质教育的决定》阐明素质教育以培养学生的创新精神和实践能力为重点，据此看来，创新教育是素质教育的重点内容，是深化教育改革，全面推进素质教育，达到知识经济时代人才培养目标的必由之路。

4. 大学生科技创新教育是推进世界观、人生观和价值观教育的基础

在科技创新教育中培养大学生实事求是的观念，引导学生形成科学的世界观和方法论。科学研究来不得半点虚假，无论是自然科学还是社会科学的研究成果，都必须在事实的调查研究基础上进行。这就要求大学生必须要树立科学的世界观和方法论，对于科学研究本身要有正确的价值观认识。所以，科技创新教育能够培养大学生实事求是的观念，帮助他们树立科学的世界观、价值观和人生观。在科技创新教育中，科技伦理道德教育是必不可少的。通过科技伦理教育，使学生能正确地认识到创新是在前人已经发现、发明的基础上，进行新的发现、提出新的观点、开拓新的领域、解决新的问题、创造新的事物或者能够对前人、他人已有的成果做出创新性的运用。因此，如果能在开展大学生创新教育的过程中注入科技伦理教育，必然推动大学生的思想政治教育，从而使学习的科技文化知识真正能够为社会主义建设所用。

5. 大学生科技创新教育是拓展心理健康教育的手段

开展大学生科技创新教育有助于培养大学生健康积极向上的心理状态。在开展大学生科技教育的过程中，合理充分地安排各种科技创新教育活动，能丰富大学生的课余文化生活，使大学生不会产生空虚寂寞的心理，引导大学生在科学实践的过程中学会"归因"，教会他们分析各种失败的真正原因，避免因为不能很好地学会"归因"而导致心理偏执，进而影响心理健康。

大学生在参加科技创新活动的过程中，想要得到科学研究结果，就应该依据客观的数据、事实，才能分析出反映客观事实的结论。并且这种数据的得出需要经历多次失败，这就促进了学生在心理"归因"方面逐渐成熟，为培养他们抗挫能力创造良好的契机。

6. 大学生科技创新教育是素质教育的保障

实施素质教育，要求我们必须转变那种妨碍学生创新精神和创新能力发展的教育观念、教育模式，特别是由教师单向灌输知识，以考试分数作为衡量教育成果的唯一标准以及过于呆板的教育教学制度。这就是说，推动应试教育彻底转变为素质教育，必须进行全面的教育改革，也就是进行教育的全面创新，尤其是科技创新。没有科技

创新教育就不可能有全面的素质教育。素质教育涉及教育的方方面面，科技创新教育突出了素质教育的重点，有利于以点带面。科技创新能力的具体要求可以细化，可以测评，具有可操作性，这有利于把素质教育落到实处。因此，实施素质教育必须实施科技创新教育，科技创新教育的开展有力地保障了素质教育的实施。

（二）大学生科技创新素质的培养

高等教育不仅要培养高素质创造性人才，还要承担科技前沿重大课题，同时还是知识创新、技术创新、将知识转化为生产力、直接参与并推进经济和社会发展的重要力量。大学生科技创新教育以树立人的创新意识、弘扬人的创新精神、增强人的创新能力为目的，以培养大学生科技创新思维，塑造大学生科技创新人格，掌握大学生科技创新知识，加强大学生科技创新实践。

1. 培养科技创新思维

科技创新思维是指主体发明或发现新思想、新知识、新技术、新产品、新服务的客观反映方式的一种思维过程。科技创新思维具有敏感性、流畅性、灵活性、求异性、独特性和综合性等特征。科技创新思维的本质是能够产生创新性结果的思维，它贯穿创新实践活动的始终，是科技创新素质的核心。只有具备科技创新思维，才能有科技创新的成果。

2. 树立科技创新意识

科技创新意识是指个体产生科技创新的动机、愿望、意图的自觉心理倾向，具有层次性、可塑性特征。耶鲁大学心理学家斯坦伯格发现，个性中的兴趣和动机是使人们从事创造性活动的驱动力。兴趣源于对事物的好奇心，是个体从事创造性思维的内驱力，兴趣和动机可以驱使个体集中注意于所从事的创造性活动。科技创新意识既是科技创新活动的出发点和内在动力，又是影响科技创新能力生成和发展的重要内在因素和主观条件，支配着主体对科技创新活动的态度和行为，"规定着态度和行为的方向和强度，具有较强的选择性和能动性"[1]。

3. 塑造科技创新人格

科技创新人格是指主体在科技创新实践活动中具有一定倾向性的心理特征的总和。这些特征通常表现为对主体的心理和行为起调节作用的个性特质。换言之，"是接受长期的创新教育和自我训练后所形成的稳定而持久的创新个性特征。"[2] 科技创新人格具有生动性、主动性、持久性、丰富性和自控性等特征。中外的大量研究表明，科技创新不仅是一种能力开发，而且是一种特质培养，要培养一个人的科技创新素质，也就需要培养与科技创新有关的个性特质。个性特质通过意志过程和情感过程来实现对科

---

① 彭宗祥，徐卫，徐国权. 大学生创新创造读本 [M]. 上海：华东理工大学出版社，2003：170.
② 孙克辉，曾旭日，等. 理科大学生科技创新人才培养模式的探索与实践 [J]. 高等理科教育，2004（1）：57-59.

技创新实践活动中人的心理和行为的调节作用。

4. 培养科技创新技能

科技创新技能是指个体完成科技创新必备的行为技巧和动作能力的总和，体现在实践活动所采取的具体方式和行为之中，是人们达到科技创新目的的途径和手段。其内容主要包括"熟练的试验技巧和能力、新技术与新工艺的操作能力、熟练掌握和运用创新技法的能力、创新成果的表现能力及物化能力等"[①]。因此，可以用设计能力、实验技巧、操作能力、表达能力和物化能力五种形式来表现。科技创新技能是科技创新思维的载体，是培养科技创新素质的关键。它具有现实性、操作性和具体性等特征。

5. 掌握科技创新知识

科技创新知识是指在科技创新实践活动过程中主体的知识系统，是由不同种类的知识所组成的具有开放、动态、通用和多层次特点的知识结构。科技创新知识具有系统性、层次性、动态性、开放性和通用性等特征。主体要进行科技创新活动，必须学习和掌握一定的知识经验，所掌握的知识与经验越丰富，越能提高主体的科技创新活动水平，越有利于充分发挥人的潜在创新能力。美国数学家泰勒指出："具有丰富知识和经验的人，比具有一种知识和经验的人更容易产生新的联想。"大学生是否具有扎实的基础知识和专业知识，是否掌握丰富的各学科知识，是否形成独特的合理知识结构，直接影响和决定大学生科技创新教育水平的高低。

6. 加强科技创新实践

科技创新实践是主体参与科技创新活动的具体过程，具有综合性、实践性和目的性等特点。科技创新实践对科技创新素质形成具有决定性作用，是科技创新素质的综合体现和现实写照。科技创新思维只有在科技创新实践中才能表现和发挥作用，否则就失去了外显化和行为化的载体，既无法表现又无法评价和测度；科技创新意识只有在科技创新实践中才能形成和发展，才能实现从纸上谈兵到实际操作的转变，发挥其能动性；科技创新人格只有在科技创新实践中得到磨炼和熏陶，才能有效地启动、支配和协调实践主体的科技创新能力，并使之最大限度地发挥作用；科技创新技能只有在科技创新实践中才能得到检验和实现，否则，科技创新技能的形成和发展就失去了外部环境和现实条件；科技创新知识只有在科技创新实践中才能获得所需的各种知识准备与科学材料积累，才能得到将知识、信息运用于新情境，解决新问题的机会，才能得到将知识信息进行迁移、比较、分析、评价的机会。可见，科技创新实践是提高科技创新教育的物质载体，"如果一个人缺乏相关实践活动的参与，缺乏相关实践活动的知识和技能，要发挥其创新能力是不可能的"[②]。

---

①　邓成超. 大学生创新素质的量质化评析 [J]. 重庆工学院学报，2004，18（6）：164-168.

②　王伟光. 创新与中国社会发展 [M]. 北京：中共中央党校出版社，2003：149.

第三章 大学生科技创新教育 与创新性应用型人才培养

随着高等教育大众化的推进，高等学校已经从昔日的"象牙塔"走进社会。改革人才培养模式、对大学生进行分类培养已成为高等学校亟待解决的问题。当前，我国的高等教育还不能完全适应国家发展和经济社会对高级专门人才的需求，特别是应用型人才尤为紧缺。因此，地方高校亟须转变观念，改革人才培养模式，将应用型人才培养作为高等教育改革的主体向更深层次推进。

第一节 创新性应用型人才培养概述

一、创新性应用型人才的概念

创新，在英文中为 Innovation，这个词起源于拉丁语。原意有三层含义：①更新；②创造新的东西；③改变。创新作为一种理论，它的形成是 20 世纪的事情，由美国哈佛大学教授熊彼特提出。他在 1912 年第一次把创新引入了经济领域。换句话说，从经济的角度他提出了创新，他认为创新就是要建立一种生产函数，实现生产要素的从未有过的组合。长沙学院的学者刘耘认为，应用型人才是将专业知识和专业技能应用于社会实践的专门人才；是熟练掌握社会生产或社会活动一线的基础知识和基本技能，主要从事一线生产的技术或专业人才。

创新性应用型人才是对创新性人才的特定化培养。从人才角度上讲，所谓创新性应用型人才，是指能将扎实的专业知识和技能应用于所从事的专业实践的人才类型。其人才特点是具有创新精神，应用能力强，熟练掌握所学专业的基本理论、基础知识和基本技能，主要从事第一线的生产或工作，具有良好的社会适应能力和进一步发展的基础。而从工作范畴上讲，所谓创新性应用型人才主要是指具有一定创新思维和创新能力的从事非学术研究性工作的实际操作者。

二、创新性应用型人才的特点

创新人才概括地说是指那些思想解放、思路开阔、善于谋划、敢于决断、知识丰富、实事求是、具有创新能力的人才。创新性应用型人才的要素有二，一是创新，二是应用。其特征主要表现在以下几个方面：

（一）有可贵的创新品质

当前，我国正处于发展的重要战略机遇期，大力培育创新型人才，为建设创新型国家、国家创新体系和全面建设小康社会，提供坚强的人才保证和智力保障，显得尤为迫切和重要。从一定意义上说，创新型人才正以前所未有的时代需求承载着推进国家自主创新，在激烈的国际竞争中占据主动，实现中华民族伟大复兴的历史使命。因此说，创新型人才必须是有理想、有抱负的人，具备良好的献身精神和进取意识、强烈的事业心和历史责任感等可贵的创新品质的人。具备了这样的品质，才能有求知、求新的精神和敢闯、敢试、敢冒风险的勇气，才更有可能成为创新型人才。

（二）有坚韧的创新意志

创新是一个探索未知领域和对已知领域进行破旧立新的过程，这种过程充满各种阻力和风险，可能遇到重重的困难、挫折甚至失败。人类科学技术发展到今天，要获得一点进步都相当困难。因此，创新型人才每前进一步都是需要非凡的胆识和坚忍不拔的毅力，为了既定的目标必须始终不懈地奋斗，锲而不舍，遭到阻挠和诽谤不气馁，遇到挫折和挫败不退却，即使牺牲个人利益也在所不惜；不达目的誓不罢休，不自暴自弃，不轻言放弃。只有具备了这样的创新意志，才能不断战胜创新活动中的种种困难，最终实现理想的创新效果。

（三）有敏锐的创新观察

历史上的科学发现和技术突破，无一不是创新的结果。从这个意义上讲，创新就是发现，而且是突破性的发现。要实现突破性的发现，就要求创新型人才必须具有敏锐的观察能力、深刻的洞察能力、见微知著的直觉能力和一触即发的灵感和顿悟，不断地将观察到的事物与已掌握的知识联系起来，发现事物之间的必然联系，及时地发现别人没有发现的东西。创新型人才的观察力同时还应当是准确的，能够入木三分，发现事物的真谛，具有善于在寻常中求不寻常的创新观察能力。壶水滚沸使瓦特发明了蒸汽机，苹果落地使牛顿创立了"万有引力"说，带细齿的野草划破了鲁班的手指使他发明了锯，无不证明了敏锐的创新观察能力在创新中的重要作用。

（四）有超前的创新思维

创新思维是创新的基本前提，创新型人才只有具备了前瞻性、独创性、灵活性等良好思维品质，才能保证在对事物进行分析、综合和判断时做到独辟蹊径。

（五）有丰富的创新知识

创新是对已有知识的发展，在人类知识越来越丰富且深奥的今天，要求创新型人才的知识结构既有广度又有深度。因此，创新型人才须具有广博而精深的文化内涵，既要有深厚而扎实的基础知识，了解相邻学科及必要的横向学科知识，又要精通自己专业并能掌握所从事学科专业的最新科学成就和发展趋势，这是从事创新研究的必要条件。只有知识的不断积累，大学生才能用更为宽广的眼界进行创新实践。创新型人才拥有的信息量越大，文化素养越高，思路便越开阔。同时，完备的知识结构使他们具有科学综合化、一体化意识，有助于增强综合思维能力和创新能力。

（六）有科学的创新实践

创新的过程是遵循科学，依据事物的客观规律进行探索的过程，任何一种创新都不能有半点马虎和空想。因此，创新型人才必须具有严谨、求实的工作作风，严格遵循事物的客观规律，从实际出发，以科学的态度进行创新实践。例如，冬暖式蔬菜大棚的发明人、社会主义新农村建设的重大典型王乐义，在创建冬暖式蔬菜大棚之初，为了求证大棚的最佳地理朝向，用罗盘连续两年观测当地的光照情况，最后提出了本地区的大棚最佳朝向为正南偏西5度的理论。来自北京的专家都赞叹说，"地理学上的专题被一个土专家钻研透了"。在带领群众发展蔬菜生产的过程中，也正是基于他这种严谨科学的创新实践，才使他得以不断改进种植模式，并相继研发了立体种植、无土栽培等20多项蔬菜种植新技术，从而由一个土生土长的普通农民站到了农业科技的最前沿。

三、应用型本科人才与学术型本科人才和高职专科人才之间的区别

（一）从不同角度进行分析

1. 培养目标

学术型本科培养的是学术研究型人才，主要是为升入研究生教育做准备的；应用型本科培养的是各行各业中应用科学理论从事高技术专业工作的应用型专门人才，属于理论应用型人才；高职专科培养的是在生产、管理、服务第一线的实用技术型人才，属于职业技能型人才。

2. 培养规格

一是知识结构。学术型本科以学科体系为本位，注重学术性，重视学科知识自身的系统性和理论性；应用型本科以行业需求为本位，特别是高科技行业技术更新快，且具有复合性和跨学科性，因此应该特别注重知识的复合性、现时性和应用性；高职专科则以职业岗位要求为本位，以"必需够用"为原则构建基础理论，重在掌握实用技术和熟悉相关规范。二是能力结构。学术型本科通过系统的学科理论教育和专业思维训练，着重培养学生的科研能力和创新能力；应用型本科以面向行业培养学生运用理论知识和方法解决实际问题的综合能力和实践能力为主，同时培养学生要有较强的技术创新能力；高职专科则主要培养技能性的实践能力，重在常规操作，即运用成熟

技术按既定规范操作，强调熟练性、规范性。三是素质结构（主要指的是个性素质）。学术型本科人才应具有更强的想象力、创新意识和批判精神，应用型本科人才则应具备更强的社会能力，如语言表达能力、自我表现力、团队精神、协调能力、交际能力等。

3. 教学体系

学术型本科是面向学科设置专业，围绕学科自身系统来组织教学的，以"学科体系"为主旨来构建课程和教学内容体系，并通过系统的学科理论教育和专业思维训练培养学生的科研能力和创新能力；应用型本科面向行业设置专业，以适应行业需要为目标来组织教学，以"理论应用"为主旨来构建课程和教学内容体系，培养学生应用科学理论解决实际问题的综合能力和实践能力；高职专科教育则是直接面向职业岗位（群）设置专业，围绕职业岗位要求组织教学内容和训练岗位操作能力。

（二）基于以上的对比分析

应用型本科人才作为一种与学术型本科人才和高职专科人才不同的新型人才类型具有以下特点：

1. 行业性

从知识结构来说，应用型本科面向行业及社会需求设置专业，其知识结构应具有复合性、现时性和应用性。以工程教育为例，现代工程教育是由约 30%的数学自然科学基础知识，约 50%的工程科学基础知识和专业知识以及约 20%的跨学科知识组成的。应用型本科不应一味追求本学科知识体系的完整性与系统性，而是应该根据行业发展的最新要求构建知识体系。同时，由于应用型本科是以行业为中心设置专业，不是面向具体的职业岗位（群），专业口径应该比高职专科更宽一些，专业基础理论则应该更厚一些，使学生更具有发展潜能和创新能力。

2. 应用性

从能力结构来说，应用型本科人才应该具有运用科学理论知识和方法来综合分析、解决问题的综合能力以及将解决方案付诸实施的实践能力。这里要特别指出的是，应用型本科人才的"应用性"不只是继承性应用，而且是创造性应用；不只是对现有知识、技术和方法的应用，而且是通过不断地学习新知识、新技术和新方法，创造性地分析新情况，解决新问题。

3. 社会性

从素质结构来说，应用型本科人才应该具有更强的社会能力，如语言表达能力、自我表现力、团队精神、协调能力、交际能力等。应用型本科根植于社会，为区域社会经济发展服务，其培养目标是为社会培养各行各业的高级专门人才。因此，社会性是应用型本科教育培养目标定位的价值取向之一。

四、未来社会发展对创新性应用型人才的需求

当代中国正在从传统社会逐步向真正意义上的现代社会演变，与此相适应，科技的发展、知识形态和知识生产与传播方式的变化使得学历化社会的诸多特征日益明显，加之受到社会中"学而优则仕"等大众文化心理的影响，使得制度化教育所固有的矛盾在知识经济时代、在建设创新型国家等特定的时空条件下表现得更加充分甚至激化，从而使当代的中国教育必须面对一种新的转向。这种转向并非是由外部强加的，而是教育内部的矛盾自然生长和运动的结果，因此，"这也就为扬弃这种适应工业时代的教育而回归到以'新人道主义'为核心特征的本原意义上的创新性应用型人才的培养教育提供了契机，开辟了广阔的实践空间"。

（一）未来社会亟须创新性应用型人才的支撑

随着世界科学技术的迅猛发展以及知识创新的大发展，以知识和信息为基础、竞争与合作并存的全球化市场经济正在形成，知识创新和应用的能力与效率将成为一个国家综合国力和国际竞争能力的决定性因素。党的十六大以来，党中央提出了包括建设创新型国家在内的一系列重大战略思想。2004年的中央经济工作会议强调了增强自主创新能力的重要性和必要性，明确提出了"自主创新是推进经济结构调整的中心环节"。2005年在国家科技奖励大会等多种场合，党中央进一步指出，"必须更加坚定地把科技进步和创新作为经济社会发展的首要推动力量，把提高自主创新能力作为调整经济结构、转变增长方式、提高国家竞争力的中心环节，把建设创新型国家作为面向未来的重大战略"。

党的十七大提出，提高自主创新能力、建设创新型国家是国家发展战略的核心，是提高综合国力的关键：明确要求坚持走中国特色自主创新道路，把增强自主创新能力贯彻到现代化建设的各个方面。到2020年，我国的自主创新能力显著增强，科技进步对经济增长的贡献率将大幅上升，从此进入创新型国家行列。

经过多年努力，我国科技创新能力不断提高，科技对经济社会发展的支撑能力大大增强，适应社会主义市场经济的国家创新体系初步形成，科技事业蓬勃发展。我国已建成世界上只有少数国家才具备的、完整的科学技术体系，具有充足的科技人力资源，已经具备较强的科技实力。据测算，我国科技综合创新指标已相当于人均国内生产总值为5000~6000美元国家的水平，在生物、纳米、航天等一些重要领域的研发能力已跻身世界前列；中华民族重视教育、辩证思维、集体主义精神和丰厚的文化积累，为我国未来的创新提供了有利条件。

党的十七大报告要求认真落实国家中长期科学和技术发展规划纲要，这就必须坚持"自主创新、重点跨越、支撑发展、引领未来"的指导方针。建设和形成强大的原始科学创新能力，在科学技术突飞猛进的科技革命中把握先机并从容应对；形成强大

的关键核心技术创新能力，在日趋激烈的国际经济科技竞争中占据主动地位；形成强大的系统集成创新和引进消化吸收再创新能力，在开放的环境中有效吸纳并利用国际创新资源；科学、系统地认知我国自然环境和基本国情，实现人与自然和谐发展和社会可持续发展；建设形成高效通畅的技术转移机制。高效的科学知识传播机制，使科技创新产生的经济社会效益惠及全体人民；建设和形成中国特色社会主义法律体系，先进的创新文化、良好的创新创业社会氛围，充满生机活力的创新体系和国民教育体系，使创新智慧竞相迸发、创新人才大批涌现，形成强大的自主创新能力，支持我国经济社会发展，实现到 2020 年进入创新型国家行列的目标。

（二）创新性应用型人才是建设创新型国家的客观需求

中国的国家竞争力伴随着中国发展而艰难地盘旋上升，中国的努力与成就举世瞩目。一个国家的竞争力是一国实力的综合体现，不仅表现在经济总量方面，而且还表现在经济效率、经济结构、发展潜力以及一国的创新能力等多方面维度上。日前在创新竞争力方面，中国虽表现出先稳后升奋起直追的态势，但远远落后于韩国、日本等国。因此，中国必须时刻保持积极进取的奋斗精神，脚踏实地，不断提高创新能力，提高国家竞争力。

2010 年 6 月 7 日，在中国科学院第十五次院士大会、中国工程院第十次院士大会上，中共中央总书记、国家主席、中央军委主席胡锦涛出席会议并发表重要讲话。他强调，建设创新型国家、加快转变经济发展方式、赢得发展先机和主动权，最根本的是要靠科技的力量，最关键的是要大幅提高自主创新能力。在加快转变经济发展方式的进程中，我国科技界肩负重大使命。我们必须把握机遇、审时度势、科学谋划、顺势而为，为全力建设创新型国家、加快转变经济发展方式提供强大科技支撑。

胡锦涛指出，知识是发展永恒的重要资源，知识创新成为国家竞争力的核心要素。科学技术迅猛发展正在引发社会生产方式的深刻变革。科技创新推动创造更多社会财富，为促进社会和谐充实物质基础。实践充分证明，一个国家的科技竞争力决定了其在国际竞争中的地位和前途。我们要在组织并实施好国家中长期科学和技术发展规划纲要、重点产业调整振兴规划、重大科技专项的基础上，前瞻部署，持续攻关，为全力建设创新型国家、加快转变经济发展方式提供强大科技支撑。

我们必须坚定不移走中国特色自主创新道路，切实把科学技术摆在优先发展的战略地位，坚持自主创新、重点跨越、支撑发展、引领未来的方针，把增强自主创新能力作为战略基点，构建完整的创新体系，牢牢把握发展的主动权。建设创新型国家、加快转变经济发展方式、赢得发展先机和主动权，最根本的是要靠科技的力量，最关键的是要大幅提高自主创新能力。

胡锦涛强调，要深入实施人才强国战略，确立人才优先发展战略布局、创新人才培养体系，大力培养、造就具有世界科研前沿水平的高级专家、高层次科技领军人才，注重培养一线创新人才和青年科技人才。

建设创新型国家的需求给创新性应用型人才培养提出了要求。为了使我国在未来日益激烈的综合国力竞争中争取主动，大学应该成为"科教兴国的强大生力军"、"培养和造就高素质的创造性人才的场所"，为国家创新体系提供充沛的后备力量与不竭的发展动力。这是当代和未来知识经济时代我国教育肩负的最具挑战性的历史使命。之所以说这一使命"最具挑战性"，首先是因为"创新是一个民族进步的灵魂，是国家兴旺发达的不竭动力"，能否培养和造就一批批高素质的创新人才，事关民族的创新能力和国家发展后劲。其次，是因为创新人才的培养决非轻而易举。诚如美国芝加哥大学心理学教授 J. W. 盖泽尔斯所指出的那样，"学校本应是赏识和培养创造性才能的场所，然而事实却不是如此"，各级各类教育机构可能过分注重学生学业上的表现，尤其是过分注重了考试成绩，"以致教育机构不仅忽视了潜在的创造才能，而且压制了创造性才能的发挥"。在"应试教育"中，这一问题显得更为突出。中国社会科学院副院长刘吉就曾明确指出："当前中国教育的严重问题之一，是缺少对青少年创造力的开发。"据统计，一个人从进入小学到大学毕业，平均要经历千余次的测验与考试。如此"千锤百炼"，使得"凡问题只有一个标准答案"的观念深入人心，求异、质疑精神受到压抑。正如教育家尼尔·波斯特曼所说："孩子们入学时像个'？'，而毕业时像个'。'。"事实上，凡事只有一个正确答案的想法，不仅有碍"创造性"的发挥，而且也与高竞争、高弹性、多变化的现代社会格格不入。要完成这一极具挑战性的历史任务，就必须进行关于人才的创新意识、创新能力，特别是创新思维的研究和培养。同时，由于人的创新意识、创新能力，尤其是创新思维的形成与发展必须从小抓起，青少年时代的发展状况，直接影响大学创新人才培养的成效。因而，高等教育的理论研究者和实践工作者必须走出高校，与普教、幼教的同行携手合作，开展有关人才培养的一体化研究。

在美国，奥斯本创立的"创造学"在 20 世纪 60 年代就已风靡欧美。它大大地促进了人们对创造力的认识和探索。"创造学"的基本原则是"人人皆有创造力，创造力的水平可经训练提高"。人本主义心理学家更将创造力与人格发展联系起来，把创造境界的提升看成人格完善的体现。80 年代以后，由于科技竞争的日趋激烈，对创造力的研究更加深入。许多国家都组织大量的人力、物力来加速其研究，形成了各种各样的研究体系。在我国，对创新思维的研究起步较晚，涉足这一领域的人也大多是心理学、哲学等方面的学者，缺乏其他学科专家的参与。所以，组织大、中、小学教师和教育科学研究工作者，与心理学、哲学等学科的专家共同努力，对创新思维的形成与创新人才的培养进行跨学校的综合研究，势在必行。

（三）创新性应用型人才培养是全面推进素质教育的内在需求

中共中央、国务院在《关于深化教育改革，全面推进素质教育的决定》中明确提出："实施素质教育，就是全面贯彻党的教育方针，以提高国民素质为根本宗旨，以培养学生的创新精神和实践能力为重点，造就有理想、有道德、有文化、有纪律的德、智、体、美等全面发展的社会主义事业的建设者和接班人"。由此可见，素质教育是以促进学生德、智、体、美诸方面全面发展为基本特征的教育，其核心是培养创新精神和实践能力。创新性应用型人才培养是素质教育的重要组成部分。创新性应用型人才培养，实际上包括两个方面的内容：一是培养创新素质，实际上是指人进行创新活动所必须具备的基本素质要求；二是创新教育，实际上是指在深化改革中，树立新的教育理念，采用新的教育措施等，为人才的脱颖而出而进行的与以往传统教育既有联系又有区别的教育。创新素质是素质教育的核心。实施素质教育如果不注重创新素质培养，就不可能实现提高国民素质和创新能力的培养目标。因此，创新素质教育与素质教育的目标指向具有一致性。我国教育传统源远流长，教育思想十分丰富，几千年思想文化的传承使得"知识教育型"教学模式根深蒂固。虽然教学改革在不断深入，但并没有从根本上改变"满堂灌"的教学模式。在基础教育方面，一味追求高升学率的应试教育丝毫未能触及根本；在高等教育方面，也存在教育思想陈旧、教育理念僵化、教学内容和社会对人才的需求相脱节、教学体制没有充分以人为本等诸多弊端。高等学校肩负着为快速发展的经济社会培养具有创新能力的高素质创新型人才的重任。这就要求高校深化教育体制改革，不断改进教学方式和方法，在全面实施素质教育中重视并突出创新素质教育，努力提高当代大学生的创新精神和实践能力。

第二节　大学生科技创新教育与创新性应用型人才培养的关系

科技创新教育是指通过学术科技活动着重培养学生创造力的教育，它是反映时代精神的一种新的教育思想、教育理念，是奠定文化创新、技术创新等的基础性工程。江泽民同志指出："要迎接科学技术突飞猛进和知识经济迅速兴起的挑战，最重要的是坚持创新、勇于创新。"目前，我国正以经济建设为中心，加速实现四个现代化的时期，需要大批创新人才，高校作为这一艰巨任务的主要执行者，若能够明确创新教育在教学中的定位，抓紧搭建本校大学生科技创新教育的有效平台，将有着十分重要的意义。

一、大学生科技创新教育是创新性应用型人才培养的有效载体

（一）大学生科技创新教育与创新性应用型人才培养的互动关系

正如生产力与生产关系的辩证关系一样，创新教育方式的发展能够有效地促进创新性应用型人才的培养。二者的互动关系主要体现为以下几个方面：

1. 科技活动推进创新人才培养

创新教育是以培养学生创新精神和创新能力为基本价值取向的教育模式，其核心是在全面推进素质教育的过程中培养创新意识、创新精神和创新能力。课外科技活动的开展，可以引导学生尽早参与科学研究，体验以模拟性为主的科研过程，使学生了解自己的兴趣与能力所在。无论是学生参与教师为主的研究小组，还是学生自己提出创业项目计划或自主开展课题研究（包括基础研究性项目、创造性应用设计工作以及公众服务性项目等），这些科研活动的训练，适应了社会复合型、创新型高素质人才培养的需求。大学生学术科技活动紧扣教育实践环节，推动了教学管理改革，为构建多样化人才培养模式、教学培养方案个性化、教学内容基础化、学生学习主体化、教学手段现代化和教学管理科学化等方面起到先锋铺垫的作用。开展学生科技活动有利于两类重要人才培养：一类是能够获取知识产权从事科研的学术型人才；一类是能够把已有科研成果应用于实际，有市场意识、能直接为经济建设服务的复合型应用型人才。

2. 科技创新活动丰富创新教育内涵

作为课堂教学主渠道的辅助环节，学生科技创新活动在活动设计和组织上结合学生发展需求，形成学生自主参与、重点突出、特色鲜明的活动体系，有效地补充了创新教育的课内外衔接。以"挑战杯"等科技竞赛为主线，可以根据学生不同阶段的知识结构、兴趣爱好的不同特点，有针对性地组织开展重在参与、普及、提高不同性质和层次的科技创新活动，比如举行各类学术竞赛活动、高水平学术讲座、学生科研论文报告会、学生科技成果展等。使不同学生能在不同类型的活动中找到适合自己的位子。这些活动所孕育的科技创新氛围，能够激发参与者的热情、培养创新精神。创新教育的一个重要内容，就是培养学生创造性学习方式。使学生关注呈现式、发现式和创造式的问题，形成一种带有情感色彩的自动化的学习活动。与传统教学方式相比，科技活动是产生创造性产品的过程，是创造性学习的过程。因此，科技活动有利于激发学生创造性学习的兴趣，使学生保持旺盛的求知欲；有利于培养学生的学习理想，使学生在奋斗目标的激励下，形成创造性学习的意志品质；科技活动还有利于端正学生的学习态度，使学生善于发现、善于反思，学会去粗取精、去伪存真，形成敢立敢破的学习习惯。

3. 科技活动有助于探索创新教育机制

培养高质量的创新型人才需要对人才目标、人才培养过程中的各种关系、人才培养方法、人才培养措施等多方面进行实践探索。改革课堂教学模式创新教育的主渠道，其难度较大，需要相当长期的过程。作为教学活动的延伸——学生科研活动的开展可以采取更多积极有效的措施。良好的组织体系、必要的支撑条件和相应的评估体系、激励机制是开展学生科技创新的基本保障。在高校组织的"挑战杯"等科技赛事完善的过程中，逐步形成了一套有效的创新教育机制。大学生科研立项资助制度、学生科研成果公开答辩制度、学生科研学术报告会制度等配套措施，使学生科研活动逐步规范化。实施大学生科研训练计划、设立学生科研专项基金、整合校内外资源、落实科研创新实践等机制探索体现了创新教育人才培养模式的一种新生力量。

4. 科技创新实践有利于培育创新型人才

秉着崇尚科学、追求真知、勤奋学习、锐意创新、迎接挑战的宗旨，大学生科技活动为不同学术群体的交流、不同思维方式的碰撞提供了桥梁，营造了勇于探索的创新教育环境。浓厚的学术气氛影响学生的学习态度、学习观念和学习作风，对创造性人才的培养起着直接的推动作用。大学创新教育不是精英教育。大学生科技活动具有大众性和普及性，它是面向全体学生的。这种大众性和普及性在于为每个人提供参与科技创新、探索性学习的机会；同时，要求每个人都应具备一定的学习能力，学会应用各种资源，以求是、求实、探索的精神不断发展自己。学生在自主参与科技论坛、创业实践、科技竞赛、学术研讨、课题攻关等探究型活动中，不仅在掌握与人沟通技巧、培养合作精神等方面受到锻炼，也培养了探索和创造的精神。

5. 从哲学的角度上看，为了应对知识经济的挑战，大学生首先应该有正确的学生观和学习观

大学生的主体性应该得到充分的尊重，他们应该有充分的"学习自由"。他们既是学习者也是研究者，他们所从事的应该是研究性学习，是对高深专门知识的探讨。传统的知识接受型人才已逐渐遭到淘汰，掌握发现和应用知识的方法成为重要任务。人才培养是大学的主要功能之一。面对知识经济时代的到来，大学必须实施创新教育以培养高素质的创新人才，因此，创新教育已成为大学新的教育理念和教育模式。大学生科技创新活动的本质内涵是"教育"，首要目的是"育人"。作为一种实践活动，它具有理论联系实际的品质。活动的开展能够充分弘扬学生的主体性，形成一种浓郁的创新氛围，激发学生的创造激情，培养学生的创新意识、创新精神和创新能力。

6. 大学生科技创新活动有利于大学价值的提升

大学的本质是探究高深学问的场所，学术自由是现代大学的一个基本理念，因此，大学价值的本质是创新。创新本质上是创造主体的一种精神活动。创新意识、创新能力的培养，创造力的发挥都需要良好的精神生态环境。大学生科技创新活动的蓬勃开展可以促进校园文化结构的改善，提高大学的品位，体现大学的学府气息，从而营造一种良好的学习、育人环境和学术文化氛围，激发学生学习的主动性、积极性和创造性；同时也可以促使校园形成自由、民主、平等、开放、竞争的文化环境和创新教育环境。因此，大学生科技创新活动有利于大学价值的提升。

(二) 大学生科技创新教育平台的搭建促进创新性应用型人才培养

1. 统一认识，搭建科技创新教育工作的意识平台

在 21 世纪的知识经济时代，在新的发明、研究和创新的知识经济起主导作用的社会中，民族创新能力的培养成为时代的主旋律，科技创新教育已成为时代发展的必然

趋势。大学生科技创新教育无论对于国家和民族的发展，还是对于教育和个体自身的发展，都具有十分重要的意义。高校作为培养具有科技创新精神和创新能力的高级专门人才的主要基地，更要认清时代和国家赋予的神圣使命，从教育体系、管理模式、知识结构、教育方法及内容等方面进行深入的探索，切实做好大学生的科技创新教育工作，为教育事业的发展和祖国的腾飞做出应有的贡献。高校的每一位领导、教师必须认清高校培养创新型人才的历史重任，在日常的科研、教学和管理工作中始终将大学生的科技创新工作放在重要位置，不断提高广大教师开展科技创新教育的意识。同时，要在校园内积极营造科技创新氛围，使学生意识到开展科技创新教育的重要性，认识到创新能力的培养对自身发展的重要性，使大学生能够积极、自主地投身到科技创新活动之中。提高教师和学生对开展科技创新教育的认识，为科技创新教育搭建意识平台。

2. 明确人才培养目标，建立培养科技创新精神和能力的教育平台

培养创新型人才是当今高校人才培养的目标。高校应紧紧围绕这一目标，改革目前以课堂教学为主的教学模式，加强实践教学环节，构建合理的创新人才培养模式。大学生的科技创新技能，包括较为全面的基本知识技能、学习和掌握新技术知识的能力、实践动手能力和一般创造技法等。这些能力的培养有以下几种方式：一是建立以专题项目研究为中心的科技创新培养模式。教师应不断设计具有挑战性的专题研究项目，并指导学生针对项目内容进行自主学习、查阅资料、组建小组专门研究等。二是建立完全自主式学习培养模式。让学生自己去寻找感兴趣的、想学习的东西，高校则配合学生的学习兴趣与要求，提供各种资源与及时地指导和帮助。三是积极开展科技竞赛活动。组织学生参加高水平的科技竞赛，通过竞赛激励学生自主开展科技创新活动。因此，构建合理的创新培养模式，是培养创新人才的基础。

3. 建立合理的创新培养机制，搭建科技创新教育平台

构建合理的创新培养机制，也是培养创新人才的基础。科技创新教育的机制建设应该包括组织机构、工作机制、经费来源、表彰奖励、成果转换和岗位教师安排等方面。在机制建设方面，高校应该成立专职负责大学生科技创新教育的组织机构，具体负责学校科技创新教育工作。为更好地落实科技创新教育，高校还应安排科技创新教育教师岗位，加大资金投入，充分利用现有实验场地资源并开拓新的创新场所，鼓励广大教师参与到科技创新教育工作中，对表现优异者给予表彰和奖励，并积极将好的科技创新成果转换成产品投入市场，从而更好地激励教师和学生开展各类科技创新活动。

4. 培养创新型师资力量，搭建科技创新教育师资队伍平台

学生的科技创新能力主要由自身的基础知识、行业拓展知识、想象力以及创造能力构成。教师对学生创新能力的形成起引导作用。建设一支素质高、创新能力强和奉献精神好的师资队伍是大学生科技创新教育工作的关键。培养一支具有创新精神和创

新能力的新型教师队伍，首先要提高教师自身的科技创新水平。高校必须将教师从繁重的教学工作任务中解脱出来，加强对教师的培训，鼓励教师积极了解行业前沿知识，投身科研工作，拓展专业知识，为开展科技创新教育工作进行足够的知识储备。其次，高校教学管理应鼓励教师开展创造性教学，改变以课堂教学为主的教学模式。善于听取教师的新观点和富有建设性的建议，努力为教师提供创造性教学实践和研究的机会。

5. 加大科技创新教育投资力度，搭建科技创新教育的硬件平台

大学生科技创新教育的开展需要有活动硬件平台的支持，主要包括场所和设备。实验室是高校培养学生科技创新能力、实践动手能力和创造高水平科研成果的主要场所，是高校开展科技创新教育的重要基地。在硬件平台建设方面，应做好以下几个方面的工作：一是加大实验室建设的投入，引进先进的实验设备；二是加大实验室利用率，并全面地向学生开放，使学生能够在指导教师的指导下开展科技创新活动；三是要积极拓展校外科技创新基地，为学生提供了解科技前沿的实习基地。培养具有科技创新精神和科技创新能力的人才是教育工作者义不容辞的责任和使命，高校要把培养创新型人才与经济发展和社会进步紧密结合起来，为各行各业的科技进步源源不断地输送专业人才，以满足当今世界对高素质、高技术人才的需求，实现科教兴国的伟大目标。

(三) 大学生科技创新教育促进大学生职业生涯规划的健康发展

1. 科技创新教育增强大学生职业规划意识

马克思主义哲学认为，意识是人脑对客观世界的反映，是社会实践的产物，是人在参与社会实践过程中之所见所闻（客观实在）在头脑中的映像。我们把人在参与和职业有关的社会活动时产生的职业映像，包括职业追求、冲动、倾向等理解为职业生涯规划意识，它集中体现人素质的社会性，支配个体的活动态度和行为，影响个体态度和行为的方向与力度。青少年时期是人生最重要的阶段，要尽早激发学生的职业生涯规划意识。开展职业生涯规划是大学生走向职业成功的重要步骤。因此，培养大学生的职业规划意识，有利于促进大学生开展职业生涯规划。

2. 科技创新教育强化大学生职业生涯规划中自我认识的健康心理的培养，有助于大学生进行职业生涯规划

职业生涯规划中的自我认识包括价值观、兴趣、性格和能力。通过对大学生开展科技创新教育，让大学生在参与的过程中逐渐认识自我、开发自我、认识自己的兴趣爱好，这有利于大学生开展职业生涯规划。所以，可以把创新教育看成大学生职业规划生涯教育的载体。开展大学生科技创新教育有助于培养大学生健康积极向上的心理状态。其原因在于，在这一过程中，合理、充分地安排各种科技创新教育活动，能丰富大学生的课余文化活动，不至于使大学生产生空虚寂寞的心理。在科学实践的过程中学会"归因"，从而教会大学生理解各种失败的真正原因，而不会因为不能很好地学

会"归因"导致心理偏执进而影响心理健康。大学生在参加科技创新活动的过程中，由于要得到科学研究结果，这就要求客观地面对数据、事实等才能分析出反映客观事实的结论。并且这种数据的得出需要经历多次失败，也就促进了学生在心理"归因"方面逐渐成熟，为培养他们的抗挫能力创造良好的契机。

3. 科技创新教育有利于大学生职业人格的完善

职业人格是指人作为职业的权利和义务的主体所应具备的基本人品和心理面貌。它是一定社会的政治制度、物质经济关系、道德文化、价值取向、精神素养、理想情操、行为方式的综合体。它是人的基本素质之一，也是人的职业素质的核心部分。职业人格是一个人为适应社会职业所需要的稳定的态度，以及与之相适应的行为方式的独特结合。职业人格受个人的生活环境，所受的教育以及所从事的实践活动的性质所影响。良好的职业人格一经形成，往往使职业观成为一种自觉的行为表现，反映在行动上表现出有自制力、创造力、坚定、果断、自信、守信等优良品质。健全职业人格是人们求职和就业后能够顺利完成工作任务，适应工作环境的重要心理基础。职业人格的培养是一个人的综合素质与外界社会环境对人们职业规范要求的有机统一过程，是一个复杂的系统工作，需要全社会的共同努力。职业人格中最重要的一种人格特征是主动性人格。关于职业生涯的成功与否，职业心理学家开始将目光投向个体内在的人格因素，并将之与职业生涯成功联系起来进行考察，尤其是对一种较特殊的人格特质——主动性人格——给予了更多的关注。大学生在参与科技创新活动的过程中，在校学得的一些知识可以通过项目的成功得到肯定。尤其是在比赛中能获奖，学生对学习的兴趣将会加强，自我表现的欲望会更强。这样会提升学生学习的主动性，从而拓宽知识面。参与的学生多了，学风建设也就得到了推动。

4. 科技创新教育有利于大学生职业技能和社会能力的提高，有利于职业生涯规划

实践能力概括地可以分为职业能力和社会能力，即指学生将来就业所需的技术和能力，是能胜任工作的保证。社会能力是指从事职业活动所需要的社会行为能力，如环境适应能力、人际交往能力、团结协作能力等，是一个人生存与发展的必备条件。科技创新必然以一定的专业或者学科为载体。学生在参加科技创新教育活动的过程中，建立扎实专业或者学科的基础知识，是职业的能力载体。通过多种形式开展大学生科技创新教育，如科学发明、创造、制作等活动，让大学生在科技实践活动中树立实事求是的科学态度，一切从实际出发，尊重事实、尊重科学、不迷信、不盲从，能够运用联系的观点、发展的观点、全面的观点观察问题和分析问题，防止片面化和绝对化，就能掌握正确的思维方法，并运用它去处理问题、研究问题。例如，某同学在参加科技创新活动的过程中，在数据的引用和实验工作不严谨的情况下，摘抄导师的论文。此事发生后，受到了导师及其他老师的严厉批评。通过此次事件，他认识到了实事求是不仅是一种科学精神，同时也是一种做人的态度。此后，该同学进行了自我批评和反思，并在后来的学习生活和工作中都表现出了勤奋、踏实的学习、工作和生活作风。

二、大学生科技创新教育在创新性应用型人才培养中的重要作用

(一) 科技创新教育有利于培养创造性人才

科学技术的发展，社会各项事业的进步，都要靠不断创新，而创新就要靠人才，特别要靠年轻的英才不断涌现出来。高校就要肩负起重任，不断地为国家培养出具有创新精神和实践能力的高级专门人才。同时，科技创新教育能够培养学生创新学习的能力。科技创新教育可以使学生在学习知识的过程中，不拘泥于书本，不墨守成规，并以已有的知识为基础，结合学习的实践和对未来的设想，独立思考、勇于实践、标新立异，积极地提出自己的新思路、新想法，使自身的创新学习能力不断提高。

(二) 科技创新教育有利于素质教育的升华

素质教育目标强调学生素质的全面发展，创新教育培养目标是强调培养创新精神和创新能力，应当说两者是一致的。全面发展包括创新能力，而培养创新精神与创新能力，应在德、智、体、美、劳全面发展的基础之上，强调并注重学生的创新精神和创新能力的培养和提高。可以说，科技创新教育是素质教育的深化，是素质教育的有效平台。搞好科技创新教育有利于全面实施素质教育。

(三) 科技创新教育有利于增强大学生的创新意识

在知识经济时代，综合国力的竞争主要是技术与人才的竞争。没有大批的创新型人才，没有高速度的技术创新，没有极快的科技产业化，就要忍受发达国家的"剥削"。新中国成立以来，尤其是改革开放以来，我国的科学技术有了飞速的发展，但我们依然落后于发达国家。主要原因就在于我国科学技术的基础薄弱，创新人才的匮乏。另外，我国科学技术的发展在很大程度上依靠引进和消化国外的先进科技成果，这使我们长期处于落后的位置。唯有创新才是赶超发达国家的关键。因此，通过科技创新活动来帮助大学生在认识客观世界的同时，增强对社会的责任感，从而立志报国。在活动开展的过程中，注意把科技学术活动作为思想教育的有形载体，渗透责任感的教育，引导学生自觉担负起科教兴国的历史重任。这种责任感将有利于学生创新意识的培养。

(四) 科技创新教育有利于提高大学生的实践能力

科技实践活动是大学生培养创新能力的重要载体，是实现教育目标的重要方式。大学生科技实践活动具有普及性、广泛性、层次性和针对性，要建立评价、激励机制和应用管理机制。一方面，通过对低年级大学生科普活动的普及，培养学生的科学精神和科技价值观；另一方面，通过高年级学生参与科研活动和科技竞争，引导学生深入科学探索，培养科技创造力。因此，新的人才培养模式要求优秀的人才不仅能扎实地掌握知识，更重要的是能灵活运用知识来进行创造性的工作。在从理论到实践的过

程中起着桥梁和指导作用的正是学生的课外科技学术活动。

（五）科技创新教育有利于提高大学生的创新素质

加强对大学生创新意识和创新能力的培养，已成为当前我国教育界推进素质教育的重要课题。从学生创新素质培养的角度来看，科技创新活动的开展是课内创新素质培养的重要补充，具有课内教育无法比拟的优越性。一是选题和内容可以完全自由，学生个体的素质特点能够得到自由的发挥；二是时间和空间可以基本由学生自己掌握，容易达到与学生兴趣与智力周期的同步发展；三是活动多以团队为主要形式，团队成员之间可以充分交流，有利于创新过程中的相互启发和激励。

（六）科技创新教育有利于培养学生的团队意识

科技创新项目都具有一定的难度和深度，并且其中的许多课题又来源于交叉学科或边缘学科，学科跨越又体现了知识的广度。因此，项目仅由单人完成是具有一定的难度或不可行性，往往需要由志趣相投、知识能力互补的几个学生组成的团队完成。团队在运作中既强调分工又注重合作，协调一致是团队优势的最佳表现。其活动时间相对较长、内容覆盖面较广，如"挑战杯"中国大学生创业计划竞赛、"挑战杯"中国大学生课外学术科技作品竞赛、大学生电子设计大赛、机器人大赛、大学生机械设计大赛、大学生建筑设计大赛、大学生英语竞赛等。就拿一年一度的"挑战杯"创业大赛、课外学术科技作品大赛来说，从科技立项申报与研究、社会调查与研究、科技作品评审、科技作品展示（期间还有科研讲座、科技论坛、科技参观、科普宣传展览等等），直到最后比赛的评审结果，都需要团队成员一步一步地努力，活动增强了同学们的凝聚力和向心力。

第四章　大学生科技创新活动的组织与管理

胡锦涛在党的十七大报告中指出："提高自主创新能力，建设创新型国家是国家发展战略的核心，是提高综合国力的关键。"大学生是国家未来建设的主力军，在高校广泛开展科技创新活动，培养具有创新精神、创新能力的科技创新型人才，是衡量高校人才培养质量的重要标准，也是当前中华民族实现伟大复兴的时代要求。大学生科技创新工作，是高校适应高等教育形势发展和就业市场对人才需求的变化，培养具有创新能力和实践能力的高素质人才，从而提升学生在社会上的从业和就业竞争力的一项重要工作。近年来，随着素质教育的不断深化，大学生科技创新活动在培养和提高大学生综合素质等方面发挥着越来越大的作用。而大学生科技创新活动开展得如何，组织与管理尤为重要。

第一节　大学生科技创新活动的组织机构

大学生科技创新活动的开展需要一个组织严密、功能健全、保持开放的完善的组织管理系统，这既有利于统一管理又能使其充满活力，同时也是大学生科技创新活动得到落实并顺利开展的关键和保障。大学生科技创新活动因侧重点、规模、层次、级别、性质、影响力等不同，组织管理机构也各有不同。

国家层次的组织机构有教育部、共青团中央、中国科协、全国学联、工业和信息化部、国家语委以及教育部下属的各个专业教学指导委员会等。

省部级层次的组织机构有各省、直辖市、自治区教育厅、国家相关部委、行业协会、教育学会以及各省、直辖市、自治区共青团等。

市厅级层次的组织机构有各省、直辖市、自治区教育厅职能部门及其他各厅局等。

在不断探索中，各个高校也成立了相应的组织机构，分别负责不同的大学生科技创新活动。如有的学校成立了大学生科技创新活动管理委员会，统一规划和指导全校学生的科技创新活动。这些机构有的挂靠校团委，有的挂靠教务处，还有的分别由校团委和教务处分工负责。与此相适应，学校的各教学单位也根据实际情况成立了相应的领导小组。这样，就可以使全校形成由大学生科技创新组织机构（管理委员会）统一规划、负责日常工作，院（系）相关部门具体落实的大学生科技创新活动领导体系。建立完备的组织机构，有利于大学生科技创新活动的顺利开展、项目申报、经费管理等，有利于拓展活动的影响面，增大学生的参与面，形成活动的品牌效应等。

以德州学院为例，大学生科技创新活动的组织机构设置如下：

（1）学校大学生科技文化竞赛指导委员会全面负责全校的大学生科技文化竞赛活动。分管校领导担任主任，学校教务处、团委、学生处等部门主要负责人为副主任，相关职能部门和各教学单位主要负责人为成员。竞赛指导委员会负责学校大学生科技文化竞赛活动的整体规划和宏观领导，以及大学生科技文化竞赛项目的认定、资金的使用审批等，协调有关机构的工作。

（2）大学生科技文化竞赛指导委员会下设办公室。办公室设在学校教务处，由教务处处长任办公室主任，教务处副处长、学校团委副书记、学生工作处副处长任办公室副主任，负责大学生科技文化竞赛活动的日常工作。

（3）学校团委、学生工作处负责大学生"挑战杯"竞赛以及相关的校内大学生科技文化竞赛事项的联络、组织和经费筹措等工作。

（4）学校教务处负责全国大学生数学建模竞赛、全国大学生电子设计竞赛、全国大学生机械创新设计竞赛、全国大学生英语竞赛及其他大学生科技文化竞赛、相关的校内大学生科技文化竞赛事项的联络、组织和经费筹措等工作。

（5）有关竞赛的具体实施和管理工作分别依托于相关教学单位。由相关教学单位负责制订参加竞赛的具体工作方案，选定和指派指导教师或带队教师，制订培训辅导计划，组织、监控竞赛准备和实施过程。各项竞赛参赛学生人数和名单原则上结合参赛条件和要求，由相关教学单位和学院竞赛主管部门通过全校竞赛选拔或全面考察学生的能力确定。学生参加竞赛的具体工作方案由相关主管部门核准，报竞赛指导委员会审批，并由主管部门根据审批的工作方案下达指导教师或带队教师的工作任务，公布参赛教师和学生名单。

第二节 大学生科技创新活动开展的组织流程

大学生科技创新活动的广泛开展，需要一套组织严密、上下顺畅、办事高效的工作流程。

在高校，大学生科技创新活动主要是指学校为培养大学生的科技意识、科研精神，提高大学生创新能力和实践能力而开展的一切活动。主要形式有进行科研立项、社会调查、科技论坛、科技竞赛等。其中科技竞赛由于参与面广、参与人数多，因而是大学生科技创新活动的主要体现形式。下面主要就各级各类大学生科技竞赛活动的组织流程做一介绍。

国家级的大学生科技创新活动的组织流程一般分为三个阶段：初赛、复赛和全国总决赛。

初赛由各个高校分别按照大学生科技创新教育活动的通知要求和章程自行组织报名、培训和选拔，根据要求选拔一定数量的优秀作品和团队参加分赛区复赛。初赛的形式也各有不同，有的是知识赛，有的是技能赛，也有的是撰写调查报告、案例、策划案等。

复赛由各个分赛区组织。竞赛委员会经过审批，委托一所高校承办一个分赛区的复赛。复赛形式多为现场陈述作品（一般要制作PPT）、回答评委提问等。经过复赛评选出一定数量的优秀作品和团队推荐参加全国总决赛。

全国总决赛由竞赛组织委员会委托某些具备承办条件的高校各年轮流承办，全国总决赛的形式和复赛基本相同。经过全国总决赛，评选出特等奖、一等奖、二等奖、三等奖和优秀奖，并对获奖作品和团队进行表彰。

省部级大学生科技创新活动的组织流程一般分为两个阶段：初赛和决赛。初赛由各个高校分别组织，选拔优秀作品和团队参加决赛。决赛的形式和复赛基本相同。决赛由竞赛组织委员会委托某所高校承办，评选出特等奖、一等奖、二等奖、三等奖和优秀奖，并对获奖作品和团队进行表彰。

不同高校大学生科技创新活动的组织流程也各不相同，一般如下：

（1）大学生科技文化竞赛指导委员会（或相关机构），负责学校大学生科技文化竞赛活动的整体规划和宏观领导，大学生科技文化竞赛项目的认定、资金的使用审批等工作。由学校团委、学生工作处或教务处适时公布参加大学生科技文化竞赛的类别，下达参赛通知，各教学单位将竞赛活动通知及时传达到全体教师、各个班级直至每个学生；同时根据竞赛的性质将竞赛的具体实施和管理工作委托相关教学单位承办，承办单位负责制订参加竞赛的具体工作方案。

（2）老师和学生根据自己的兴趣和特长，选择欲指导或参加的竞赛项目，需要老师指导的竞赛项目，师生可以双向选择，组建参赛团队，然后将相关信息报承办单位。

（3）承办单位制订培训辅导计划，将辅导计划及报名情况及时上报团委、学生工作处或教务处，经审批同意后组织、监控竞赛准备和实施过程。对竞赛活动的最新通知及要求，承办单位应及时告知各参赛师生。

（4）对某些有参赛人数和队数限制的竞赛，由承办单位和学校竞赛主管部门通过全校竞赛选拔或全面考察学生的能力，确定最终参赛人选。

（5）经过评比选拔，进入省级或国家级决赛的竞赛活动，由承办单位根据竞赛组委会的要求，制订参赛方案，上报学校竞赛主管部门审批。

第三节　大学生科技创新活动的制度保障

　　健全的制度是各项工作良好运行的基石，是大学生科技创新活动能够顺利进行的有力保障。营造学生科技创新氛围，提高师生参与率，关键是加强制度建设。这不仅有利于大学生科技创新活动的深入开展，也有利于学校进行宏观协调、规范管理。各高校在开展大学生科技创新活动的过程中，应在组织、政策、经费、人员等方面建立健全相关制度，为搞好大学生科技创新活动奠定坚实基础。

　　为了大力支持大学生科技创新活动的广泛开展，教育部高教司 2003 年发布了《关于鼓励教师积极参与指导大学生科技竞赛活动的通知》。该通知明确提出，高等学校应完善有关规章制度，承认教师在指导全国大学生电子设计竞赛和数学建模竞赛以及得到社会认可的其他科技竞赛活动中的工作量。同时，要求各高校应建立有效的激励机制，鼓励更多的教师更加积极地参与指导大学生科技活动和竞赛活动。教育部 2007 年发布的《教育部、财政部关于实施高等学校本科教学质量与教学改革工程的意见》中明确提出，高等学校应重视学生实践能力的提高和创新精神的培养，以便科技创新和人才培养的结合更加紧密。教育部、财政部 2007 年印发了《高等学校本科教学质量与教学改革工程项目管理暂行办法》中明确提出，以提高高等学校本科教学质量为目标的"质量工程"建设，其中的"质量工程"提出了六个方面建设内容，包括实践教学与人才培养模式改革创新、教学团队和高水平教师队伍建设等内容。2011 年 7 月 1 日，教育部、财政部印发了《关于"十二五"期间实施"高等学校本科教学质量与教学改革工程"的意见》。该意见的建设目标之一是，建设开放共享的大学生实验实践教学平台，支持在校大学生开展科技创新活动，提高大学生解决实际问题的实践能力和创新创业能力。

　　国家出台的一系列政策，为进一步深化高等学校教学改革，提高人才培养的能力和水平，大力推进大学生科技创新活动提供了强有力的制度保障。

　　各高校对组织开展大学生科技创新活动认识不一，重视程度也相差甚远，因此各高校之间发展极不平衡。有的学校非常重视，相关制度、措施比较齐全，师生参与的积极性也很高，效果明显；有的学校缺少开展大学生科技创新活动的制度保障，重视程度不高，大学生科技创新活动开展得不够广泛、深入，师生参与率较低。

一、大学生科技创新活动制度保障方面存在的主要问题

（一）组织体系不健全

　　有些高校并没有成立专门负责大学生科技创新工作的管理机构和执行部门，一般

都是在国家、各省组织科技创新活动时，各校团委、学生处、大学生科协等牵头成立临时管理机构。管理机构的临时性，也直接导致了大学生科技创新的短期性和局限性。

（二）激励体系不完善

由于缺少相应的激励措施，教师在指导大学生科技创新时积极性不高、投入时间和精力不足。由于大学生科技创新活动的开展离不开老师的指导，但是高水平的指导老师较少，并且积极性不高，因此对学生科技创新活动指导作用不大。

另外，大学生只有在大型赛事获奖或取得重大科研成果、发表学术论文、申请专利等情况下，才能获得一定的物质奖励和荣誉评定。过高的获奖标准会使学生缺乏自信，而科技创新参与面窄、机会少，会使学生参与动力不足。当前，大学生参与科技创新活动主要通过参加教师的科研项目和"挑战杯"比赛等，而教师在选拔项目成员时，要求严格，仅有极少数学生具备参与科研项目的资格。另外，尽管各高校对组织参加国家级、省级科技竞赛非常重视，投入力度大，但在当前重成果、看数量的定位引导下，学校对参加比赛的学生也是优中择优，使大学生科技创新活动走向了为了竞赛而开展的误区，挫伤了广大学生参与科技创新活动的积极性。

（三）评价体系不完善

一方面，受传统教育观念影响，考试成绩仍然是当前评价学生优秀与否的重要标准；另一方面，当前的评价机制过于注重大学生科技创新的最终成果，而忽视了中间过程，导致大学生科技创新临时突击性强、成果原创性不高。

（四）资金支持力度小，大学生科技创新活动难以更宽、更深开展

虽然大学生科技创新一直受到国家的大力支持和关注，但长期以来，高校的学生工作主要侧重于校园稳定和文体活动的开展，重视程度不是很高，投入到大学生科技创新活动的资金也相对匮乏。

二、加强大学生科技创新活动制度保障建设

加强大学生科技创新活动制度保障建设，构建大学生科技创新长效机制，应着重做好以下几个方面：

（一）完善组织体系

各高校应成立专门负责大学生科技创新活动的管理机构，出台相应的规章制度，保证大学生科技创新活动的开展有组织、有部署、有考核、有表彰，对全校的大学生科技创新活动做出统一安排，并做好协调、指导工作。学校还应建立和扶持各级大学生科技创新协会、各类兴趣小组和各课题研究项目组等，广泛发动和吸引更多的大学生加入到科技创新活动中来，形成良好的科技创新氛围，整个学校从上到下形成一个有机整体。

（二）完善激励体系

奖励应该是多层次、多形式的，有国家级、省级的，也有学校甚至院系一级的。在指导教师奖励方面，高校可将教师指导大学生科技创新的活动量化为科研工作量，列入考核评估指标，并与教师晋升职称挂钩。对获奖的指导教师，授予等同于相应奖项的"教学成果奖"、"科技成果奖"或相当于国内核心刊物上发表论文，同时计入教学工作量，作为晋升、聘任、考核的依据，同时还有数量不等的奖金，以调动广大教师指导大学生科技创新的积极性。

在学生奖励方面，可考虑设立"学生科技创新成果奖"、"大学生科技创新活动先进个人"、"大学生科技创新标兵"等荣誉称号；制定学生科技创新成果与学分折算制度及科技创新成果与相关课程考试成绩挂钩的制度；制定学生科技创新成果与奖学金挂钩的制度及制定科技创新与免试推荐攻读研究生的制度等。对在重大学生科技创新活动中获奖的学生，学校给予学分、奖金等奖励。各类科技创新活动的获奖情况在就业推荐、素质拓展认证、综合测评及各项评优中作重要依据。还有的高校对竞赛获得优异成绩的学生在考研等方面给予优先照顾，取得重大成果的甚至可以保送为研究生等。这些制度可以激励广大学生积极参与科技创新，有力地促进大学生科技创新活动的深入开展。

（三）完善评价体系

要注重对学生个人素质、能力的评价，注重对创新程度、创新实际贡献的评价；还要注重对发挥创新作用的学生个体予以尊重和个性的充分发挥，提供宽松的环境和便利的条件，使得"偏才"、"怪才"有适宜的发展空间；要能较好地克服现有教育模式中重理论、轻实践，重趋同一致、轻标新立异等不利于创新精神培养的弊端；评价体系还必须坚持道德指向，求真务实，德才兼备应成为评价体系的一个重要导向，这对处于成长时期的青年大学生尤为重要。

（四）完善运行机制

大学生科技创新成果要尽可能地转化到现实的生产活动中去，才能实现创新成果的长期效应。高校应积极建立企业科技创新基地、实习基地等，发挥高校在高新技术方面的源头作用，加强研产密切合作和优势互补，提高科技成果转化率和高校科技创新能力，提高企业技术创新能力和核心竞争力，逐步形成研产共同发展、合作创新的运行机制，实现校企双赢局面。

（五）设立大学生科技创新专项基金

设立大学生科技创新专项经费，并对有潜力的学生和项目进行重点资助。高校可通过校长基金、校友基金、实验教学经费、指导老师项目经费、国家奖助金、企业奖学金等途径筹集资金，从而为大学生科技创新提供有力支持。

（六）建立教学保障机制，夯实科技创新根基

　　大学生科技创新能力的培养必须坚持以全面的知识体系和智能结构为基础，各类教育教学活动是形成这个基础的主渠道。所以，加强大学生科技创新能力的培养，要以深化教育教学改革为主线，深化人才培养模式的改革，加强各类人才培养方案的针对性并渗透入学科和专业教育中，将创新教育贯穿于人才培养的全过程。学校应把大学生科技创新能力的培养融入到人才培养的整体方案之中，按照大学生科技创新能力培养的目标要求调整教学计划，增开有利于培养大学生科技创新精神和能力的课程与实施内容，变革相关的教学模式以及教学管理模式，由各有关部门和教学单位抓好落实，使每一个学生的创造潜能都得到释放。同时，还应充分发挥创新创业实践基地和实验室的作用，向大学生开放一些必要的实验室，添置必要的设备，为大学生开展科技创新活动提供场地和设施支持，为大学生科技创新成果的转化提供实践平台，提升大学生科技创新的层次。

三、部分高校相继出台办法支持在校大学生进行科技创新活动

　　目前我国许多高校为了更好地促进大学生科技创新活动，制定了相关制度，以健全的规章制度提高组织管理的科学化、规范化水平。在奖励政策、活动经费、条件保障等方面向大学生科技创新活动倾斜。相当多的高校建立了大学生科技创新活动的激励机制，加大奖励力度，对在大学生科技创新活动中获奖的师生，给予物质和精神等多种形式的奖励，这些激励制度有力地促进了大学生科技创新活动的深入开展。

　　如山东大学 2009 年出台了《山东大学关于加强大学生创新教育的意见》（以下简称《意见》），提出"以新的工程训练中心大楼启用为契机，整合建设校级大学生创新平台，完善学生创新的激励机制和指导机制，进一步提升大学生创新参与比例和总体水平"。加速推进大学生创新教育，使大学生创新教育成为学校建设研究型大学的重要组成部分，为国家和社会培养更多高素质创新型人才。《意见》提出，所有学生必须取得规定的创新教育学分。对在各级各类竞赛活动获得成绩和发表论文等的，采取记创新学分、发放奖学金、优先保送研究生、评选"科技之星"等鼓励措施进行表彰奖励。对参与大学生创新教育的指导教师按课程和项目记工作量；对成绩优异的指导教师在职称和岗位聘任以及各类评比中给予政策倾斜；对在大学生创新教育活动中做出突出贡献的指导教师及管理人员，给予奖励；鼓励形成学历、年龄结构合理的创新教育教学团队，在学校教学团队评比时单列指标。

　　山东农业大学制定了《大学生研究训练（SRT）计划实施细则》，自 2003 年开始实施大学生研究训练（SRT）计划。学校每年度拟资助创新项目课题 150 项。各学院可以根据情况确定一定数量的院级课题，院级课题的管理和经费由学院负责。项目经费额度为 200~5000 元。其中，学术论文和社会调查类项目一般不超过 500 元；实验设计

和科技制作、科研类项目一般不超过 2000 元；全国、省级竞赛（决赛）类项目一般不超过 5000 元。立项项目结题后，经项目管理委员会终审确认，主持人和参与学生可参照山东农业大学《关于设立第二课堂学分与创新学分的管理规定》获得学分，指导教师可以依据所指导项目主持人获得的学分取得相应工作量。

浙江大学制定了一系列有关大学生科技创新的制度、办法，主要有：《浙江大学本科生参加学科竞赛的若干规定》（2011 年 3 月修订）、《浙江大学本科学生研究与创新奖学金实施办法》（2011 年 3 月修订）、《浙江大学"挑战杯"大学生课外学术科技作品竞赛管理暂行办法》（2010 年 10 月修订）、《浙江大学本科学生特别奖学金实施办法》（2011 年 3 月修订）、《浙江大学本科学生第二课堂学分管理办法》（2008 年 12 月修订）。

同济大学制定了相关学生科技创新制度，设立了同济大学学生科研基金、国际与全国重大学生科技赛事专项基金，建立了学生科技活动的激励机制，加大了奖励力度。对在国际、全国重大学生科技赛事中获奖项目的指导教师，授予等同于相应奖项的教学成果奖或科技成果奖或相当于国内核心刊物上发表论文，同时计入业绩工作量，作为晋升、聘任、考核的依据。对在国际、全国重大学生科技赛事中获奖项目的学生，学校给予重点奖励；同时，各类科技赛事参赛者的获奖情况在就业推荐、素质拓展认证、综合测评及各项评优中作重要依据。对学生科技工作的组织单位，学校给予一定的奖励。

哈尔滨工业大学制定了《哈尔滨工业大学大学生科技竞赛活动管理办法》（2008 年 9 月 8 日公布，2010 年 3 月 3 日修订）。学校鼓励学生参加各类科技竞赛活动，对获奖学生，一是奖励基础学分，二是推荐免试研究生时给予加分；对指导教师的奖励包括计算工作量、给一定的指导费还有数量不等的奖金等。

西安交通大学制定了《"国家级大学生创新性实验计划"实施办法》。对于获得成果的项目，学校对参与学生以及指导教师进行表彰和奖励，并推荐其参加国际、国内相关科技学术竞赛。

武汉大学制定了《大学生科研基金管理办法》。对重点科研项目进行资助，将指导学生创新实践作为考核导师工作量的重要内容，将科技创新成果纳入本科生奖学金评定和推荐免试研究生的综合评分体系。近年来，许多学生因科研能力突出被保送为研究生。为了培养学生创新指导队伍，各院系把指导学生参加相关科研活动明确为班级导师的首要职责，通过工作量补偿的方法奖励指导老师，把指导创新和创新实践与老师和学生的切身利益挂钩。

上海海事大学制定了《上海海事大学大学生科技创新活动暂行规定》。学生的科技创新成果在校外获奖的，学校予以奖励。奖励方式包括表彰、综合测评加分、折算任意选修课学分和成绩以及颁发奖金与奖状等。指导学生科技创新活动成绩突出的教师可以获得实践教学优秀奖。

德州学院先后制定、修订了一系列大学生科技创新活动的管理制度：

为了保证学生科技创新活动持续稳定地开展，学校统一规划大学生科技创新活动，先后制定、修订了《德州学院大学生科技文化竞赛管理办法》、《德州学院创新学分和技能学分认定办法（试行）》、《德州学院关于促进大学生创业工作的实施意见》、《德州学院综合教育学分管理办法》等相关文件，使学生科技创新活动工作走向了制度化、规范化。

通过上述制度，学校对在大学生科技文化竞赛活动中取得优异成绩的在校学生及其指导教师给予一定的奖励。参加大学生科技文化竞赛活动获奖的学生，分别给予创新学分和奖金；指导教师有奖金、计算教学工作量并按相应等级的教学成果计分。同时，对获得奖励的师生，分别授予"德州学院大学生科技文化创新优秀指导教师"和"德州学院大学生优秀科技文化人才"的荣誉称号。

第四节　大学生科技创新学生团队的组建

一、地方高校本科大学生科技创新团队的组建原则

（一）创新性与实践性

创新性和实践性是地方高校本科大学生科技创新团队区别于其他学习小组团队的最大特征。因此，在组建团队时应牢牢把握这一首要原则，开展团队学术活动也要紧紧围绕这一原则，切实提高地方高校本科大学生的科技创新能力和实践能力。团队组建之初所设立的研究领域不宜过窄，否则可能会限制成员能动性的发挥，导致思想狭隘僵化；也不宜过宽，否则容易导致团队成员研究过于分散，难有深层次突破。因此，团队需要在指导教师的指导下，确立恰当的选题，力争在研究方法和内容上有所创新。对于本科大学生科技创新团队，取得具有创造性的重大学术成果并不是团队第一目标。只要团队在开展学术研究的过程中，其研究设计、研究方法或技术路线较之前人哪怕有一点点的改进和创新，也值得肯定和鼓励。只有这样，才会有更多创新点子产生，才能营造出有利于创造力迸发的学术环境。创新离不开实践，只有在实践中才能不断促进创新。本科大学生科技创新团队不能"闭门造车"。应该坚持理论与实践相结合的原则，需要不断实践，修正完善其研究的理论假设。要完成团队的实践环节需要社会多方面力量支持。首先，应建立更多本科大学生科技创新实践基地和平台，通过这一中间组织取得更多的大学生科技创新项目，从而为团队提供实践机会；其次，应加强社会宣传，让企业了解并认可本科大学生科技创新团队，从而提供相关领域的实践机会和相关研究项目，实现产、学、研的充分结合；最后，团队成员也需要自力更生，凭借每个成员的人际关系，以及团队的研究和开发水平，吸引更多企业，让企业主动提供实践机会。

（二）基础性与前沿性

作为主要由本科大学生构成的科技创新团队，在开展学术活动的过程中，需要从实际出发，首先保证团队有扎实的研究基础，这就要求团队成员去熟悉本研究领域的基础理论。团队应该充分调动本专业大学生的积极性，由他们把自己的专业学习经验和基础理论知识与其他同学分享，从而夯实整个团队的理论基础，为后续的深入研究做好铺垫。经过一段时间的基础研究学习之后，团队应该有更高的研究目标，充分利用各种有利资源，向本研究领域的前沿进军。既然是团队，理应发挥团队优势，产生单独个体难以实现的成果。团队成员应经常邀请本专业的指导教师对其现行研究进行方向指导，不定期参加各种前沿学术讲座与学术大师近距离对话，利用外语水平较高的团队成员获取国外研究的最新进展。同时，定期举办团队内部的学术研讨，交流学术心得，使团队成员共同进步，从而保证了团队学术研究的基础性和前沿性。

（三）目标一致性与技能互补性

任何一个成功的团队都需要有共同明确的团队目标，本科大学生科技创新团队也不例外。团队的每个成员都需要一致认可团队目标，这一目标应该具有挑战性，但同时也是在团队成员能力范围之内，具有可实现性。团队目标取得共识之后，应进一步定义好团队成员角色，明确每个成员的责任和义务，制订好研究活动的执行方案。由于本科大学生科技创新团队成员具有不同兴趣爱好和不同技能，他们倾向于在团队中做出某种特定模式的行为，从而影响团队中的其他成员，以及整体的相互作用模式。根据贝宾（R. M. Belbin, 1986）团队角色理论，每个成功的团队都有主导者、创新者、驱策者、监察者、协调者、执行者、贯彻者、资源查探者和专业者九种角色。本科大学生科技创新团队需要根据成员个体的不同特征，发挥优势，合理分工，协同作战。

（四）稳定性与可持续发展性

为了保证团队实现既定的目标，在一段时期内需要保持团队稳定性。稳定性既包括人员的稳定也包括学术活动的稳定开展。人员的稳定，即团队在一定时期内（一学期或一学年）成员基本保持不变，否则不利于团队成员相互配合，不利于学术创新。团队成员应当遵守团队制度和规则，定期有组织地开展学术交流活动，共享学习资源。由于团队成员分属不同年级，高年级成员面临毕业，因此，团队成员的更新是必然的选择，而且成员的更新也将带来新的思想、新的方法，从而使得团队更加具有活力和生命力。出于团队长远发展的考虑，组建团队的时候应该注意成员的年级搭配，不能因为某一两个成员的离开而断层甚至解散。毕业后的团队成员也并非完全脱离团队，可以继续通过网络等方式关注和支持团队的发展，担当团队的"咨询顾问团"，同时还可以提供更多的资讯和实践机会给团队成员。

二、组建地方高校本科大学生科技创新团队的模式

（一）大学生科技创新小组

在某一名或者几名较有组织领导才能的大学生带动下，很容易组建出基于共同兴趣的本科大学生科技创新小组。小组成员对某一学术领域有共同的研究兴趣是该种类型团队存在的前提条件。小组成员自由平等、兴趣相投，能够形成融洽的团队氛围和自由的学术氛围。小组中没有绝对的学术权威，没有导师的严厉督导，唯有共同的研究兴趣和小组目标，自由平等的团队氛围是其团队的优势。科技创新小组以"丰富课余生活，普及科学知识，提高创新意识"为宗旨，通过开展诸如科普知识竞赛、创新设计征集、专家学术讲座等新颖、内容丰富的科技活动，以激发大家对科技创新的浓厚兴趣。在积极参与的过程中，鼓励大家主动接触前沿的科学知识，诱发同学们的科技创新意识，培养本科大学生的实践动手能力和科技创新思维。这些科技创新小组力求通过各种活动的开展，切实增进同学们对科技创新的进一步认识，鼓励大家在学习课本知识的同时，广涉猎、博观约取、厚积薄发，为以后更好地适应社会奠定基础。例如，美国的火箭研究最早就起源于一个研究生兴趣小组，在这个兴趣小组中就有我国著名的科学家钱学森。一个崭新的高尖端的研究领域正是从这样一个本科大学生科技团队开始的。以学院发展为平台，以领导支持为依托，以服务同学为动力，以科技创新为契机，德州学院科技创新小组正以崭新的姿态活跃在学院的校园，努力为学院的发展增加浓墨重彩的一笔。

（二）大学生科技创新社团

学生社团是高校学生在自愿基础上结成，按照章程自主开展活动的学生群众组织。这些社团可打破年级、系科以及学校的界限。团结兴趣爱好相近的同学，发挥他们在某方面的特长，开展有益于学生身心健康的活动。

（三）大学生科技竞赛团队

以参加某种科技竞赛为目标，以全国"挑战杯"、机器人大赛等综合类科技竞赛为龙头，以数学建模、电子设计等专业类竞赛和各类单科类学科竞赛为载体，以各学院独具特色的学术科技作品竞赛为基础组建各级各类本科大学生科技创新团队。

（四）大学生创业团队

大学生创业群体主要由在校本科大学生和毕业生组成，由于大学扩招引起大学生就业难等一系列问题，一部分本科大学生通过创业形式实现就业，这部分大学生具有高知识、高学历的特点，但是由于本科大学生缺乏相应的社会经验，所以需要全社会的关注和帮助。大学生创业逐渐被社会所承认和接受，同时也肩负着提高大学生毕业就业率和社会稳定等的历史使命。在高校扩招之后越来越多的大学生走出校门的同时，

大学生创业就成为了大学生就业之外的一个社会新问题。创业本身就是一个创造新事物的过程，也就是创造出一种新的产品或服务来满足社会的需要。创业对于任何创业者来说，都是一项前所未有的事业，也许这项事业别人已经尝试过，虽然他可以借鉴、模仿前人的经验和方法，但自己必须从头做起，这就意味着创业的开拓性和创造性。现代大学生有创新精神，有对传统观念和传统行业挑战的信心和欲望，而这种创新精神也往往造就了大学生创业的动力源泉，成为成功创业的精神基础。

（五）校企合作团队

校企合作建立科技创新实践基地或创业孵化基地，围绕特定企业或学校的课题项目，组建团队，进行科技创新实践。"产、学、研"合作模式已逐渐得到社会认可，企业获得学校的人才智力支持，学校获得企业的实践平台和研究经费，合作双方实现共赢。本科大学生可以利用自身人际关系和信息，获得校企合作项目，组建项目校企合作型团队，也可以由老师申请总项目，学生参与完成子项目，这也将实现企业、学校和本科大学生多方共赢。这种类型的科技创新团队的研究项目主要来源于两个方面：一是依托类似本科大学生科技创新实践基地项目发展部这样的专门组织所获得的项目，二是团队成员参与老师获得的项目。通过项目分析，团队负责人公开招聘技能互补的项目成员。成员发挥各自专业优势和技术特长，寻找问题的解决对策，最后完成研究项目。

三、国内外高校本科大学生科技创新团队的个案研究

（一）美国麻省理工学院本科大学生科技创新团队模式

美国麻省理工学院是世界著名的大学，其教学、科研、服务的功能在美国的经济、政治、科技、文化方面发挥了重要的作用，不仅为社会输送了大批的优秀人才，培养出大量的各界精英和领袖，而且还创造出相当多的科技成果，现已成为美国重要的科学研究与开发基地。麻省理工学院取得如此巨大的成功，与它推行创新教育，组建本科大学生科技创新团队，注重培养本科大学生科技创新素质的措施是分不开的。美国麻省理工学院组建本科大学生科技创新团队的模式如前：

（1）大学一年级由有经验的教师围绕那些具有激励性并能开阔学生视野的主题以小型研讨课的方式进行教学，引导学生通过研究进行学习，并建立一种师生之间的亲密关系，以利于学生的交流与合作。

（2）早在20世纪60年代，美国麻省理工学院（MIT）负责本科教育的院长马戈利特（Margaret L. A. Mac Vicar）就创设了本科生研究机会计划（The Undergraduate Research Opportunities Program，UROP），鼓励支持达到一定条件的本科生参与教师的科学研究项目。研究、学术和集体生活一体化、学生相互间的合作以及同教师的互动是其显著特征。麻省理工学院是第一所制订学生研究机会计划（简称 UROP）的大学。在UROP 中，学生直接与教师一起进行最前沿的研究。麻省理工学院的"本科生研究机

会计划"项目，现已发展成为全美大学中最大和学科领域最广泛的本科生科研项目，拥有 22 项奖学金，每年约有 1800 名学生参加。学生可申请参与科研过程的各阶段，并独立撰写科研计划，项目结束后将获得学分或报酬。博耶委员会的《回顾》报告指出，1998 年对该校毕业生的调查显示，全校有 85% 的本科生参加过 UROP，其中参加过两次或两次以上的学生占全校学生的 48%。UROP 的实施及其成效受到了师生的广泛好评，他们认为参与本科生研究机会计划的经历是本科教育最好的组成部分。

（3）实行了"以问题为中心的学习"和"以项目为中心的学习"研究性学习方式。在这方面，麻省理工学院设立的项目种类比较系统。以它的一年级为例，大学一年级被称为"新生年"，学生可以加入联合课程，有 60 名学生和几名老师形成一个学习团体，课程大部分覆盖一年级的核心课程。该团体还提供约 10 个人的实验学习团体，以讨论和交互学习、动手实验与独立学习为主。学生深入研究现场，具体感受科学研究是如何进行的。

此外，还实施本科学生独立学习活动计划。

（二）北京科技大学本科大学生科技创新团队模式

2006 年，北京科技大学启动了本科大学生科研训练计划，设立了本科生科研创新基金，每年投入 100 万元支持本科生开展科技活动。同年，学校立项支持本科生科技创新项目 456 项，参加项目学生达 1945 人，指导教师 643 人次。其模式特点是：

（1）学生自发组成的科技创新兴趣小组。以这种形式组建的大学生科技创新团队的形式比较多。它是由同一个专业的同学，因为某种兴趣爱好，在课外进行科技创新的活动。如华中科技大学"基于导师制的人才孵化站"的 Dian 团队，便是其中很有代表性的一个以本科生为主体的课外科技活动团队。

（2）以参加某种科技竞赛为目标而组建的合作团队。以全国"挑战杯"、校内"摇篮杯"、机器人大赛等综合类科技竞赛为龙头，以数学建模、电子设计、智能汽车等专业类竞赛和各类单科类学科竞赛为载体，以各学院独具特色的学术科技作品竞赛为基础，组建各级各类本科大学生科技创新团队。北京科技大学积极组织学生参加各类型科技竞赛，极大地调动了广大学生学科技、爱科技的热情。

（3）各种学术社团。学生学术社团是由对某一学科或某一研究领域感兴趣或有志于研究的学生自愿组织而成的群众性团体，在提高本科大学生科技文化素质和增强科技创新能力方面发挥着独特的作用。北京科技大学组建了大量的学生学术社团，如学生科学技术协会、竞技机器人实验室、索奥科技中心、机翔科技中心、管理协会、英语协会、校辩论队等。

（4）以团队形式参与教师的科研课题题组。老师申请成功的科研课题，在教师主导下从事科学研究。这种形式在重点大学往往以研究生为主，本科生也有较多参与，而在地方一些高校则全部由本科生参与，但由于本科生科研能力问题而未能得到广泛流行。

四、组建过程中要注意的问题

（1）制定科学合理的团队目标；
（2）加强团队精神和团队协作能力的培养；
（3）基本的物质保障和资金支持；
（4）构建通畅的团队交流机制；
（5）建立规范的管理制度和良好的激励机制；
（6）完善团队成员知识结构。

第五章 大学生科技创新活动分类与指导

我国高校数量众多，开展大学生科技创新活动的组织形式也因此而多样。除各级教育主管部门外，共青团、政府科技部门和科学技术协会、科技企业等纷纷加入大学生科技创新活动推动者行列，全国、全省、地区性的科技竞赛活动层出不穷。各高校作为开展大学生科技创新活动的主阵地，通过学生处、团委、教务处、科技处以及学生社团等组织开展了各种各样的学生科技创新活动，内容涉及高校开设的大部分学科专业领域，活动的组织形式不断推陈出新，大学生科技创新活动的组织形式已日趋多样化。本章主要介绍目前我国大学生科技创新活动的分类与指导，给广大学生更好地参与大学生科技创新活动提供参考。

我国大学生科技竞赛活动有多种分类法，按照竞赛级别，可以分为国家级竞赛、省部级竞赛、市厅级竞赛和校级竞赛；按照竞赛的学科性质，可以分为社科类竞赛、理工类竞赛和综合类竞赛等。本章根据竞赛的学科性质介绍主要的竞赛活动。

第一节 社科类大学生科技竞赛活动

一、社科类竞赛活动简介

社科类竞赛涵盖面广，涉及文、史、哲学、经济、社会、法律、教育、管理等几个学科。主要的社科类竞赛活动简介如下：

（一）中华颂·经典诵读比赛

主办单位：教育部、国家语言文字工作委员会、中央文明办。

参赛作品：以红色经典和传统经典为主要内容，既可以是古代、近代经典诗词歌赋、散文札记，也可以是现代、当代红色经典诗文。内容健康向上、催人进取，传承中华美德、促进社会文明。形式以诵读、吟诵为主，适当配合舞蹈、表演、演奏、书画、特技等辅助手段烘托氛围。

评分标准：

（1）语言（40%）：脱稿朗诵。普通话标准，语言流畅，发音吐字清晰，音量适中，语速得当；能运用语言技巧；看稿者扣 0.1 分。

（2）节目内容（30%）：选材内容符合比赛要求。配乐与朗诵篇章意境、节奏相符。

（3）临场表现（30%）：着装大方得体，态势语运用得当，表演准确到位，感情充沛，感染力强，舞台风格较好。

（二）全国大学生广告艺术大赛

全国大学生广告艺术大赛（以下简称大广赛）是由教育部高等教育司主办、教育部高等学校新闻学学科教学指导委员会组织、中国传媒大学与中国高等教育学会广告教育专业委员会共同承办的唯一一个全国性高校文科大赛。赛事每两年举办一次，逢单数年举办。2005 年第一届、2007 年第二届及 2009 年第三届，经过连续三届的成功组织，"大广赛"将专业教育、素质教育和职业教育贯通，空前扩大了广告教育的辐射力和影响力，拓展了广告教育的内涵。大赛旨在活跃大学生的课外文化生活，提高大学生的创新精神和实践能力，激发大学生的创意灵感，促进大学新闻传播、广告、艺术教育人才培养模式的改革，同时对于课程设置、教学内容和方法的出新起到了推动作用，极大地提高了大学生的动手能力、实践能力、策划能力和综合能力。

参赛作品共分为平面类、影视类、广播类、网络类、广告策划案类、公益类六大类，赛事的所有选题均面向社会征集，将企业营销的真实课题引入比赛，广告实践有了更广阔的舞台。

大赛宗旨：促进教改，启迪智慧，强化能力，提高素质。

大赛特点：一次参赛，二次评选。

大赛形式：政府主办，大学承办，学生为主，专家指导，企业参与。

参赛资格：全国各类高等院校在校全日制大学生均可参加。

大赛类型："大广赛"采取全国统一命题的公益广告和按统一规定的企业背景资料命题的商业广告两种形式。

（三）全国大学生英语竞赛

主办单位：教育部高等学校大学外语教学指导会和高等学校大学外语教学研究会。

全国大学生英语竞赛是经教育部有关部门批准，由高等学校大学外语教学指导委员会和高等学校大学外语教学研究会联合主办，英语辅导报社承办的全国唯一的大学生英语综合能力竞赛。本竞赛是全国性大学英语学科竞赛，旨在贯彻落实教育部关于大学英语教学改革精神，促进大学生英语水平的全面提高，激发学生学习英语的兴趣，鼓励英语学习成绩优秀的大学生。开展此项竞赛活动，有助于全面展示全国各高校大学英语教学水平和教学改革的成果，保证高校教学水平评估有关大学英语教学的各项指标的落实，有助于学生夯实和扩展英语基础知识和基本技能，全面提高大学生英语综合运用能力，推动全国大学英语教学上一个新台阶。

参赛对象：本竞赛分 A、B、C、D 四个类别，全国各高校研究生及本、专科所有年级学生均可自愿报名参赛。A 类考试适用于研究生参加；B 类考试适用于英语专业本、专科学生参加；C 类考试适用于非英语专业本科生参加；D 类考试适用于体育类和艺术类本科生与非英语专业高职高专类学生参加。本竞赛面向大多数学生，提倡"重在参与"的奥林匹克精神，坚持自愿报名参加的原则，避免仅仅选拔"尖子"参加竞赛，而把大多数学生排除在竞赛之外的做法。

竞赛时间和操作细则：该赛事每年一届，分初赛和决赛两个阶段。初赛时间及形式：初赛一般在每年 4 月份的某个周日上午 9:00—11:00，在全国各地同时举行。初赛赛题包括笔试和听力两部分。决赛时间及形式：决赛笔试（含听力）一般在每年 5 月份的某个周日上午 9:00—11:00，在全国各地同时举行。决赛分两种方式，各地可任选一种，第一种是只参加笔试（含听力），第二种是参加笔试（含听力）和口试。决赛赛题和口试方案、题目由全国竞赛组委会统一命制，各省级竞赛组委会选择是否统一参加口试，并决定口试地点、时间、形式等具体事宜。

命题范围：各类考试的初赛和决赛赛题的命题将依据《非英语专业研究生英语教学大纲》、《高等学校英语专业英语教学大纲》、《大学英语课程要求》、《高职高专教育英语课程教学基本要求》等文件，并借鉴国内外最新的测试理论和命题技术、方法，既要参考现行各种大学英语主要教材，又不照搬任何一种教材；既要贴近当代大学生的学习和生活，又要有利于检测出参赛大学生的实际英语水平。本竞赛的初、决赛赛题注意信度和效度，内容上体现真实性、实用性、交流性和时代性。

竞赛题型：初、决赛笔试满分均为 150 分（主观题占 90 分，客观题占 60 分），其中听力均为 30 分，决赛口试满分为 50 分。为使广大师生熟悉本竞赛的题型和内容，并在竞赛中取得好成绩，全国竞赛组委会办公室将于赛前一个月将样题公布在《英语辅导报》高职高专版、《英语辅导报》大学英语四级版、《考试与评价》大学英语四级考试版和《大学英语教学》等媒体上。样题中的命题范围、题型、题量、分值安排、难易度及水平度与正式竞赛赛题基本一致，供广大参赛师生参考。

（四）全国高职高专实用英语口语大赛

主办单位：教育部高职高专教育英语课程教学指导委员会和高等学校英语应用能力考试委员会。

参赛资格：全国各高校非英语专业和英语专业在校高职高专生。

竞赛组织：分为初赛、复赛和决赛三个阶段。初赛采取网络海选方式，任何一名符合参赛要求的学生均可在竞赛期间登录"教育部中国大学生在线"（http://www.univs.cn）进行用户真实信息注册，并在规定时间内完成在线测试，依照规定上传合格的声音文件。大赛组委会将在海选结束后的适当时间在"教育部中国大学生在线"上公布直接入围总决赛的 4 名选手信息。

复赛：按照决赛的方式和内容进行。

决赛：决赛将采取淘汰方式产生优胜者，最终名次在最后一部分题目结束后产生。决赛内容由第一场（脱稿发言、现场描述和情景交流）和第二场（PK辩论）组成。

总决赛由教育部高等学校高职高专英语类专业教学指导委员会、中国职教学会教学工作委员会、高等学校英语应用能力考试委员会、中国教育电视台和高等教育出版社联合组织，并由"教育部中国大学生在线"进行大赛现场视频直播。

（五）中国大学生（文科）计算机设计大赛

主办单位：教育部高等学校文科计算机基础教学指导委员会。

中国大学生（文科）计算机设计大赛是由教育部高等学校文科计算机基础教学指导委员会与教育部高等学校计算机基础课程教学指导委员会共同主办的面向全国高校文科类（包括哲学、经济学、法学、教育学、文学、历史学、管理学）大学生的群众性科技活动。其目的在于激发学生学习计算机知识和技能的兴趣与潜能，提高其运用信息技术解决实际问题的综合能力，为培养德智体美全面发展、具有团队合作意识、创新精神和与文科专业相结合的具有实践能力的人才服务；进一步推动高校文科类计算机课程体系、教学体系、教学内容和教学方法的改革，切实提高文科类计算机教学质量，展示文科类计算机的教学成果。

参赛作品：

1. 学习平台类

①学习或交流网站；②数据库应用系统（管理信息系统）；③教学课件；④虚拟实验平台。

2. 非专业媒体设计类

①平面设计；②动画设计；③DV短剧；④电子杂志；⑤虚拟场景；⑥其他。

3. 专业媒体设计与音乐设计类

媒体设计类包括以下七个方面：

①计算机绘画（插画、图形）（矢量、位图均可）；②计算机动画设计（二维、三维作品均可）；③虚拟设计（人物、场景、效果图均可）；④电子杂志设计；⑤计算机制作的DV短剧；⑥网站设计；⑦其他。

电子音乐创作类包括以下三个方面：

①电子音乐作品；②以MIDI技术为主的计算机音乐作品（器乐、声乐伴奏均可）；③为视频配乐的计算机音乐作品。

参赛对象：①在校的哲学、经济学、法学、教育学、文学、历史学、管理学、艺术学等学科门类，以及师范类的本科学生均可参加所有类别的竞赛；②在校的理工类涉及工业设计（含建筑设计、园林设计、会展设计、广告设计等）、艺术设计、数字媒体类专业的本科学生可以参加专业媒体设计和电子音乐设计类竞赛。

参赛队伍组成：本大赛可以单独报名，也可以组队报名。每队最多由 3 名同学组成，可以根据需要，聘请指导老师 1 人。

（六）全国"理律杯"大学生模拟法庭竞赛

主办单位：台湾理律文教基金会、理律法律事务所、清华大学法学院。

此项赛事每年举办一次，2003 年首届比赛在清华大学举行。至今已经举办了 8 届，第八届比赛于 2010 年 12 月在清华大学举行。比赛分为起诉书、答辩状写作和当庭辩论两大部分，分别考察参赛选手的法律文书写作能力和当庭对抗辩论能力。这是法学专业学生提高自身实践能力的良好平台。

参赛学生一般限于法学专业本科学生，每一参赛队伍应包含成员 3~7 位。比赛所有相关赛务，包括案件分析、课题研究、书状撰写以及言词辩论，皆应由参赛队员单独或合作完成。

（七）全国大学生企业经营管理沙盘模拟大赛

主办单位：教育部高职高专工商管理类专业教学指导委员会。

"沙盘大赛"每年举办一次，沙盘大赛赛程分为六个阶段：

（1）每年 1~3 月各院校申请，教指委遴选，委托相关院校承办省赛或国赛；

（2）每年 3~4 月各省召开启动会，传达精神、讲解规则；

（3）每年 5 月赛前集中培训；

（4）每年 6 月省赛；

（5）每年 7 月国赛；

（6）每年 12 月大赛总结。

大赛主题：赢在校园　赢得未来。

大赛特色：学习新知识、获取新理念；分享新经验、启发新思路；团队的竞争、团队的合作。

沙盘大赛的特别之处：情景模拟、分组对抗、团队决策、网络操作、案例分析、专家点评、计算机评比考核。

沙盘大赛的基础背景设定为一家生产型企业。每个参加大赛的高校代表队由 5 人组成（其中 1 人为替补），每队各代表不同的一个虚拟公司，每队成员将分别担任公司中的重要职位（总裁、财务总监、市场总监、生产总监）。每 6 个代表队组织一场竞赛。大赛内容涉及整体战略、产品研发、设备投资改造、生产能力规划、物料需求计划、资金需求规划、市场与销售、财务经济指标分析、团队沟通与建设等多个方面。在比赛过程中，团队成员必须做出众多的决策。如新产品的开发、生产设施的改造、新市场中销售潜能的开发等，最终以沙盘配套的软件进行市场对抗，并决出优胜的团队。

（八）"用友杯"全国大学生会计信息化技能大赛暨 ERP 技能大赛

主办单位：教育部高职高专经济类专业教学指导委员会、工业和信息化部电子人才交流中心、用友软件股份有限公司。

大赛目标：加强学生对企业信息化管理软件的认识，锻炼学生对管理信息化软件的操作应用能力，提高学生的企业管理信息化实际业务处理能力，为国内企业选拔优秀人才。

大赛形式：比赛分为两个阶段。第一阶段为资格赛，主要考查学生处理企业基本财务业务的信息化技能；第二阶段为管理信息化应用技能比赛（即全国总决赛，以下简称总决赛），考查学生对企业业务的处理能力和软件操作技能。

资格赛：采用网络竞赛形式，以院系为单位进行比赛，资格赛采用用友软件 U861 为蓝本，以熟练处理企业实际财务业务为目标。资格赛涉及用友软件 U8 总账、UFO 报表、薪资管理、固定资产管理和应收应付管理 5 个部分。资格赛在各个院校当中进行，并作为总决赛的选拔赛。

总决赛：采用网络竞赛形式，总决赛采用用友软件 U861 为平台，涉及用友软件 U8 总账、UFO 报表、薪资管理、固定资产管理、应收应付管理及供应链业务处理。

（九）全国高职高专大学生管理创意大赛

主办单位：教育部高职高专工商管理类专业教学指导委员会

参赛对象：在校全日制高职高专大学生，以团队的形式参赛，每队成员 2-6 人，集体完成作品，亦可以个人名义完成作品。

参赛作品：主要包括以下三类，管理创意作品、创业企划、调研报告。

赛事安排：作品申报阶段一般在每年 6 月 15 日前截止。通过网上申报，网址：http：//fmcx. gzcxcz. cn ，相关报名申请表在高职高专工商管理教指委网站（http：//www. moevba. com）或该网上下载，作品以附件形式上传至该网站，上传的附件格式是 word 文档（后缀名为 doc，如果有照片或图片，要插入 word 文档中）；作品初评阶段一般在 7 月 15 日前，聘请分委会委员和工商管理类教指委委员，通过分散网评顺序评出优秀奖和铜奖；作品终评阶段一般在 7 月下旬，聘请工商管理类教指委委员、分委会专家及有关专家，通过集中网评最终确定评比结果。

（十）全国高校市场营销大赛

主办单位：中国市场学会、中国中小企业国际合作协会、教育部考试中心、教育部高等学校高职高专工商管理类专业教学指导委员会。

指导单位：中国社会科学院、中华人民共和国工业和信息化部。

承办单位：中国市场学会市场营销教育办公室。

时间安排：大赛每年一次，2008 年举办了首届，2010 年 10 月在浙江杭州举办了第三届。

该赛事一般在每年 4 月 30 日前进行参赛报名；7 月 10 日前完成作品网上提交；8 月 30 日前由专家组评选出参加决赛的作品；10 月中旬至下旬进行全国总决赛。每队不超过 3 人，参赛方式是撰写《营销策划案》。

（十一）全国商科院校技能大赛市场营销专业竞赛暨（新加坡）国际市场营销大赛中国区选拔赛

主办单位：中国商业联合会、教育部高等学校高职高专旅游管理类专业教学指导委员会、（英国）特许市场营销协会新加坡区域总部、中国纺织品商业协会

该比赛每年一届，第一届于 2007 年举办，2011 年 8 月在北京举办了第五届。

竞赛时间：每年 1~8 月。一般 6 月 1 日前，参赛队递交报名表和参赛方案；7 月 1 日前，确定入围全国总决赛名单；7 月底、8 月初，进行全国总决赛暨中国区选拔赛。3~5 人组队参赛，指导教师不超过 2 人，参赛方式是撰写《营销策划案》。

（十二）全国商科院校技能大赛国际贸易专业竞赛

主办单位：中国商业联合会、中国国际贸易促进委员会商业行业分会。

大赛简介：每年一届，2007 年首届，2011 年 5 月在北京举办了第五届比赛。

大赛设知识赛和技能赛两个竞赛环节。知识赛为个人赛形式，以闭卷方式进行，主要考察国际贸易专业知识；技能赛为团体赛形式，自行寻找合作厂商，参展商品由合作厂商提供的实际商品样品为原则。竞赛内容包括：国际贸易参展商业计划书、国际贸易产品发布会和国际贸易模拟商品展。

（1）国际贸易参展商业计划书采取中文方式，不少于 5000 字，包括但不限于参展目标规划、参展之产业与产品介绍、营销策略规划、财务预算、人员培训与安排规划等内容。

（2）国际贸易产品发布会采取全英文方式进行产品推介。

（3）国际贸易模拟商品展主要考核展览营销、展台设计（9 平方米标准展位）、商品陈列和展场商务沟通能力（需以全英文进行接待服务，包括产品介绍、交易条件说明及报价等）。

（十三）全国商科院校市场调查分析技能大赛

主办单位：中国商业联合会、中国商业统计学会。

承办单位：中国商业联合会商业职业技能鉴定指导中心、中国商业统计学会市场调查与教学研究分会。

竞赛形式：本次大赛设市场调查分析知识赛和市场调查分析实践赛两个竞赛环节。其中，知识赛为个人赛形式，由赛区组委会组织进行；实践赛为团体赛形式，分选拔赛和总决赛（即为本次大赛的全国总决赛）两个阶段，分别由赛区组委会和大赛组委会组

织进行。知识赛合格的选手自行组成团队参加实践赛（每个团队由 3~5 名选手组成）。

知识赛以个人形式参赛、笔试闭卷进行，指定教材为：《市场调研与预测》（第三版）（上海财经大学出版社，2008 年 12 月，陈启杰主编）和《市场调研与预测习题与案例》（上海财经大学出版社，2009 年 3 月，陈启杰主编）。知识赛（本科组）考核范围为《市场调研与预测》（第三版）全部章节。知识赛试题主要从《市场调研与预测》（第三版）每章的复习思考与练习题以及《市场调研与预测习题与案例》中抽取。

市场调查分析实践赛总决赛为团体赛（每队 3~5 人），竞赛方式采取市场调查分析报告陈述展示与现场答辩相结合的方式进行。其中，市场调查分析报告陈述展示 10 分钟，现场答辩 5 分钟。市场调查分析主题自选，调查形式不限，有效调查样本不少于 300 个，市场调查分析报告不少于 8000 字。

二、社科类科技竞赛部分体例介绍

（一）调查报告

1. 调查报告概述

调查报告是对社会上某一个问题或事件进行专门调查研究之后，将所得的材料和结论加以整理而写成的书面报告。

（1）特点

①内容真实，观点鲜明；②材料性强，夹叙夹议；③结构严谨，有条不紊；④语言简洁，笔调明快。

（2）类别

调查报告的种类很多，常见的有如下几种：

①反映基本情况的调查报告；②总结典型经验的调查报告；③介绍新生事物的调查报告；④考察历史事实的调查报告；⑤揭露问题的调查报告；⑥表现其他内容的调查报告。

2. 怎样进行调查研究

（1）立场、观点要正确

搞调查研究首先必须要有正确的立场、观点，才能实事求是地进行调查研究，认识事物的本来面貌，得出合乎客观实际的结论。

（2）调查态度要端正

要想获得丰富的材料，就要有饱满的热情、艰苦深入的作风和实事求是的态度。

（3）调查目的要明确

我们进行调查研究，从根本上来说，就是为了掌握实际情况，有助于相关部门制定和执行正确的方针政策，树立先进典型，批判错误的倾向，使相关工作能沿着正确的方向前进。

（4）调查方法要讲究

为了获得丰富的材料，还要讲究调查的方法。按照工作的步骤来说，应注意下面几个问题：①调查前做好两个方面的工作：选定调查研究题目和拟定调查提纲。②调查时灵活运用有效的调查方法：开会座谈调查；个别访问调查；现场直接调查；蹲点调查；查阅有关书面资料。③调查后还要做好两个方面的工作：一是对所得的原始材料进行整理、分类、核实，发现遗漏疑问的地方，再做调查补充；二是分析、思考，发现材料的内部联系，剖析事物的本质。

3. 调查报告的写作

（1）精选材料，突出观点

运用材料说明观点，常用的方法有如下几种：用典型事例、用对比方法、用精确数字。

（2）从实际出发，安排好结构

调查报告的结构形式，一般根据本义内容和表达的需要来决定，除标题外，通常有开头、主体和结尾三个部分。

开头。一般来说，调查报告常常在正文的前面，写一段不加任何小标题的文字作为开头，类似消息中的导语。调查报告的开头起提示全文的作用，必须简明概括，以帮助读者正确、深刻地理解全文。

主体（正文）。这一部分写的是调查研究所得的具体情况、做法和经验。为了眉目清楚，常常列出纲目，用小标题标明。常见的安排有如下几种：按事情产生、发展、变化的过程来写；用对照比较的方法来写；根据内容的特点，把问题的几个方面列举出来。

结尾。这一部分是调查报告的结束语，对事实进行分析，得出结论性意见，即全文的结论。

总之，写调查报告应注意要深入实际从各方面了解有关情况，包括直接的、间接的、正面的、反面的，要尽可能掌握大量的事实材料。要对掌握的材料做认真的分析研究，经过"去粗取精，去伪存真，由此及彼，由表及里"，得出正确的判断和结论。要如实反映调查情况，要具体，不要空洞；要简明，不要繁琐；要有点有面，要有观点，还要有说明观点的典型材料，不要笼统浮泛，不要以偏概全；要有叙有议，不要罗列现象，也不要空泛议论；要注意观点和材料的统一，要善于运用一些统计手段和方法。

常见的几种调查报告的题目，如《当代大学生心理问题调查报告》、《农村城镇化的调查和分析》、《"三农"问题的有关法律研究》、《城市中农民工现状的调查》、《大学生创新精神和实践能力培养的调查研究》、《中国家族企业问题调查研究》。

（二）案例、策划案

案例、策划案的类型非常多，不同性质的案例、策划案有不同的撰写要求。以营销案例和策划案为例，其一般撰写要求应包括三个部分：一是市场分析，二是营销策略，三是营销行动计划。具体撰写大纲如下：

1. 市场分析

制订营销策划案的第一步是对决定有效营销策略所需重要信息的回顾和总结。

（1）企业目标和任务

要明确确定企业市场营销策划方案的重要目标。企业的目标和任务是用来识别企业属性或企业存在的原因。通过明确目标和任务，营销策划人员可以尽可能地做出努力来使企业运作得更好。

（2）市场现状与策略

要提供足够信息，真实反应市场的实际情况，总结企业所运营的整个市场状况和目前所运用的营销策略。企业需要确定让企业运作得更好的相关营销活动有哪些。

（3）主要竞争对手

要明确界定竞争对手，并利用理论工具进行优、劣势分析。作为营销策划案一个很重要的部分，需要对相同产品或类似服务的竞争对手做一个细致的分析，有针对性地评估他们的优势和劣势，以帮助企业在竞争中取胜。

（4）外部环境分析

企业的外部环境因素对企业业绩的影响很大。这些因素包括经济、竞争、与企业相关的法律、法规、技术、成本以及社会的期望和需求。

（5）内部环境分析

企业自身的优势和劣势是对企业现在与过去业绩的总结。这一总结包括分析产品和生产方法、具体营销活动、人事安排以及财务业绩。

2. 营销策略

营销策略包括所服务的目标市场和针对每一目标市场所涉及的营销组合的详细描述。

（1）目标和预期效果

营销策略需要对企业计划所要达到的目标的详细描述或者对营销工作所要产生的预期效果的描述。

（2）目标市场描述

营销策略清楚地指出所需要服务的目标市场的每一个细节、定位和市场中的具体人员的沟通。一个营销策划案中可能会指出多个目标市场，但是对每一个目标市场都应设计一个专门的营销组合。

（3）市场定位

市场定位是对营销组合质量的一个详细描述，它可以根据竞争和吸引潜在客户的不同而不同。

（4）营销组合描述

它包括对每一个营销组合要素的完整描述。产品或服务的特性，如何定价、分销、促销等。

（5）营销行动计划

营销行动计划是指完成营销策略所需要的具体活动有哪些，并评估最终的营销策略。

营销策略是需要一系列的营销活动来实现的。活动内容包括明确活动开展的时间和如何开展活动。需要指派特定人员去参与具体的营销活动。这些人可能来自企业内部，也可能来自企业外部。因此，需要制作一个详细的营销活动预算。

第二节　理工类大学生科技竞赛活动

理工类科技竞赛活动简介：

理工类竞赛一般是指数学、物理、通信、计算机、自动化、生物、化学、化工、医学、机械、仪器仪表、电子等几个学科的竞赛。竞赛的形式根据各竞赛的性质各有不同，有的是建立模型解决实际问题，有的是进行产品或软件设计，有的是完成一定的技能操作等。主要的理工类科技竞赛活动简介如下：

（一）全国大学生数学建模竞赛

主办单位：教育部高等教育司、中国工业与应用数学学会。

全国大学生数学建模竞赛（以下简称竞赛）是教育部高等教育司和中国工业与应用数学学会共同主办的面向全国大学生的群众性科技活动。其目的在于激励学生学习数学的积极性，提高学生建立数学模型和运用计算机技术解决实际问题的综合能力，鼓励广大学生踊跃参加课外科技活动，开拓知识面，培养创造精神及合作意识，推动大学数学教学体系、教学内容和方法的改革。该竞赛于每年9月（一般在中旬某个周末的星期五至下周星期一共3天、72小时）举行。

竞赛题目一般来源于工程技术和管理科学等方面的实际问题，不要求参赛者预先掌握深入的专门知识，只需学过大学数学课程；题目有较大的灵活性，供参赛者发挥其创造能力。参赛者应根据题目要求，完成一篇包括模型的假设、建立和求解，计算方法的设计和完成计算机运算，结果的分析和检验，模型的改进等方面的论文（即答卷）。竞赛评议以假设的合理性、建模的创造性、结果的正确性和文字表达的清晰程度为主要标准。

竞赛分为本科组和专科组，分别出题，分开评奖。本科学生参加本科组竞赛（不能参加专科组竞赛），专科（高职高专）学生既可参加专科组竞赛也可参加本科组竞赛。每队 3 人，指导教师 1 人。

全国大学生数学建模竞赛创办于 1992 年，每年一届，目前已成为全国高校规模最大的基础性学科竞赛，也是世界上规模最大的数学建模竞赛。2010 年，来自全国 33 个省、市、自治区（包括香港和澳门特区）及新加坡和澳大利亚的 1197 所院校、17 317 个队（其中本科组 14 108 队、专科组 3209 队）共 5 万多名大学生参加了本项竞赛。

（二）全国大学生电子设计竞赛

主办单位：教育部高等教育司、工业和信息化部人事司。

全国大学生电子设计竞赛是教育部倡导的大学生学科竞赛之一，是面向大学生的群众性科技活动。其目的在于推动高等学校信息与电子类学科课程体系和课程内容的改革，有助于高等学校实施素质教育，培养大学生的实践创新意识与基本能力、团队协作的人文精神和理论联系实际的学风；有助于学生工程实践素质的培养、提高学生针对实际问题进行电子设计制作的能力；有助于吸引、鼓励广大青年学生踊跃参加课外科技活动，为优秀人才的脱颖而出创造条件。

竞赛的特点是与高等学校相关专业的课程体系和课程内容改革密切结合，以推动其课程教学、教学改革和实验室建设工作。竞赛的特色是与理论联系实际学风建设紧密结合，竞赛内容既有理论设计又有实际制作，以全面检验和加强参赛学生的理论基础和实践创新能力。

每支参赛队由 3 名学生组成，具有正式学籍的全日制在校本、专科生均有资格报名参赛。

1994 年举办了全国大学生电子设计竞赛首届比赛，1995 年举办了第二届比赛，之后每两年举办一届，2009 年举办了第九届比赛。竞赛时间定于逢单数年的 9 月份，赛期四天三夜。山东省赛区和学校级的大学生电子设计竞赛每年一届。

竞赛方式：竞赛采用全国统一命题、分赛区组织，"半封闭、相对集中"的方式。竞赛期间学生可以查阅有关纸介或网络技术资料，队内学生可以集体商讨设计思想，确定设计方案、分工负责、团结协作，以队为基本单位独立完成竞赛任务；竞赛期间不允许任何教师或其他人员进行任何形式的指导或引导；竞赛期间参赛队员不得与队外任何人员讨论商量。参赛学校应将参赛学生相对集中在实验室内进行竞赛，便于组织人员巡查。为保证竞赛工作，竞赛所需设备、元器件等均由各参赛学校负责提供。

竞赛题目由全国专家组统一进行命题，赛前发至各赛区。全国竞赛采用两套题目，即本科生组题目和高职高专学生组题目，参赛的本科生只能选本科生组题目；高职高专学生原则上选择高职高专学生组题目，但也可选择本科生组题目，并按本科生组题目的标准进行评审。

（三）全国大学生机械创新设计大赛

全国大学生机械创新大赛是经教育部高等教育司批准，由教育部高等学校机械学科教学指导委员会主办，机械基础课程教学指导分委员会、全国机械原理教学研究会、全国机械设计教学研究会联合著名高校共同承办，面向大学生的群众性科技活动。其目的在于引导高等学校在教学中注重培养大学生的创新设计能力、综合设计能力与协作精神；在于加强学生动手能力的培养和工程实践的训练，提高学生针对实际需求进行机械创新、设计、制作的实践工作能力；并吸引、鼓励广大大学生踊跃参加课外科技活动，为优秀人才脱颖而出创造条件。

全国大学生机械创新大赛从 2004 年开始每两年举办一届，逢双数年举办，竞赛时间定于竞赛举办年度的 9~10 月份。山东省赛区和学校级的竞赛每年一届。第一届全国比赛于 2004 年 9 月在南昌大学举办，2010 年 10 月第四届全国比赛在南京东南大学举办。

该赛事每届一个主题，所有参加决赛的作品必须与本届大赛的主题和内容相符，否则不能参赛。参赛作品必须以机械设计为主，提倡采用先进理论和先进技术，如机电一体化技术等。对作品的评价不以机械结构为单一标准，而是对作品的功能、结构、工艺制作、性能价格比、先进性、创新性等多方面进行综合评价。在实现功能相同的条件下，机械结构越简单越好。

（四）全国大学生软件创新大赛

主办单位：全国大学生软件创新大赛组织委员会、教育部示范性软件学院建设工作办公室。

参赛对象：各高校在校本科生及研究生。

参赛方式：团队参赛，每个参赛队伍人数为 3~5 人（含指导教师 1 名），在校本科生、硕士生可以混合组队。

参赛作品并不要求在初赛阶段就完成，最后应为实际完成的计算机软件或软、硬件结合的作品，除此之外，应用领域、开发平台、实现工具、技术方法不限。但仅仅是设想、文字方案、无明确应用背景和实际应用效果的"算法"，不在本大赛作品之列。

该赛事每年一届，首届比赛于 2008 年 12 月由重庆大学承办，2011 年第四届"英特尔杯"全国大学生软件创新大赛将于 10 月份由云南大学承办。

（五）全国大学生工程训练综合能力竞赛

全国大学生工程训练综合能力竞赛是教育部高等教育司发文举办的全国性大学生科技创新实践竞赛活动，是基于国内各高校综合性工程训练教学平台，为深化实验教学改革，提升大学生的工程创新意识、实践能力和团队合作精神，促进创新人才培养而开展的一项公益性科技创新实践活动。

该赛事每两年举办一届，首届全国大学生工程训练综合能力竞赛于 2009 年 10 月在大连理工大学举行。

大赛的指导思想是"重在实践，鼓励创新，突出综合，强调能力"，以提高大学生的实践动手能力、科技创新能力和团队精神。

参赛方式以参赛队为基本单位，每队学生人数不超过 3 人，指导教师不超过 2 人。

竞赛以命题方式进行，每届比赛组委会发布竞赛题目，参赛队在经过准备后，最终在比赛现场完成一套符合本命题要求的可运行装置，并进行现场竞争性运行考核。每个参赛作品要提交相关的设计、工艺、成本分析和工程管理 4 项成绩考核作业。

（六）全国大学生智能汽车竞赛

主办单位：教育部高等自动化专业教学指导委员会。

该竞赛是以智能汽车为研究对象的创意性科技竞赛，是面向全国大学生的一种具有探索性工程的实践活动，是教育部倡导的大学生科技竞赛之一。该竞赛以"立足培养，重在参与，鼓励探索，追求卓越"为指导思想，旨在促进高等学校素质教育，培养大学生的综合知识运用能力、基本工程实践能力和创新意识，激发大学生从事科学研究与探索的兴趣和潜能，倡导理论联系实际、求真务实的学风和团队协作的人文精神，为优秀人才的脱颖而出创造条件。全国大学生智能汽车竞赛由竞赛秘书处为各参赛队提供规定范围内的标准软、硬件技术平台，竞赛过程包括理论设计、实际制作、整车调试、现场比赛等环节，要求学生组成团队，协同工作，初步体会一个工程性的研究开发项目从设计到实现的全过程。该竞赛融科学性、趣味性和观赏性为一体，是以迅猛发展、前景广阔的汽车电子为背景，涵盖自动控制、模式识别、传感技术、电子、电气、计算机、机械与汽车等多学科专业。该竞赛规则透明，评价标准客观，坚持公开、公平、公正的原则，保证竞赛向健康、普及、持续的方向发展。

全国大学生智能汽车竞赛一般在每年的 10 月份公布次年竞赛的题目和组织方式，并开始接受报名。次年的 3 月份进行相关技术培训，7 月份进行分赛区竞赛，8 月份进行全国总决赛。

该赛事每年一届，2006 年第一届比赛由清华大学承办。目前已发展成全国 26 个省、自治区、直辖市的 300 余所高校广泛参与的全国大学生智能汽车竞赛。第三、四、五届连续被教育部批准列入国家教学质量与教学改革工程资助项目之一。2011 年第六届比赛于 8 月份在西北工业大学举办。

（七）全国大学生交通科技大赛

全国大学生交通科技大赛是由教育部高等学校交通运输与工程学科教学指导委员会交通工程教学指导分委员会主办的以大学生为主体参与者的全国性、学术型的交通科技创新竞赛项目。

大赛专业范围包括交通运输、交通工程、载运工具运用工程、交通信息工程与控制、物流等专业，同时涵盖了土木工程（道路与铁建方向）、管理学（交通运输相关）等多个学科领域。

本大赛每年举办一届，当年 9 月开始，次年 5 月结束。2006 年同济大学承办了首届比赛，第五届比赛于 2010 年 5 月在武汉理工大学举行，第六届比赛于 2011 年 5 月在长安大学举行。

参赛对象：高校交通运输类在读本科生，包括交通工程、交通运输、道路桥梁与渡河工程（道路、桥梁、隧道）或交通土建（道路、桥梁）、航海技术、飞行技术类等专业。

参赛作品可以是相关学科规划设计类作品或论文类作品。每届大赛组委会可以根据需要，提出参赛作品专题，供参赛学生选取。

参赛方式：以小组为单位报名参赛，小组成员限定为 2~5 人，大赛不接受个人报名。

（八）全国大学生化学实验技能大赛

全国大学生化学实验技能大赛每两年举办一届，逢双数年进行，轮流由各高校申请承办，每届竞赛均邀请全国知名高校参加。第一届比赛于 1998 年在南开大学举行，第七届比赛于 2010 年 7 月在武汉大学举行。

竞赛项目一般包括实验理论笔试和实验操作考试。实验理论笔试的考察范围主要是化学实验中的理论知识以及大学化学、物理化学、有机化学、分析化学的基础知识，涵盖无机化学分析、有机化学分析、物理化学分析、仪器分析等实验内容，包括误差理论、数据处理、化学实验室基本知识、化学实验室安全、电和气的使用、高压钢瓶的使用、重要常规化学品的安全使用、常规化学实验仪器的使用、基本的实验操作规范、列入基本实验教学要求的大中型仪器的使用、化学实验基本知识等；实验操作考试的考察范围主要是无机化学、有机化学、仪器分析、物理化学的相关实验，考察基本的化学实验技能、基本化学计算、实验设计、实验操作、数据采集和分析处理能力，常规和部分贵重仪器的使用、图谱解析，实验总结与报告能力。通过这两项测试决出单项奖。

每所学校按本校化学专业或化工专业三年级学生总数的 30% 提供名单，组委会将随机抽出 3 名选手作为参赛选手，1 名学生作为候补选手，赛前三周将选手名单通知学校。

（九）全国大学生物理实验竞赛

主办单位：教育部理科物理教学指导委员。

第一届比赛于 2010 年 12 月由中国科学技术大学承办。

举办全国大学生物理实验竞赛是为激发大学生对物理学和物理实验的兴趣，提高大学生的创新意识、知识综合运用能力和实践能力，同时提供国家级实验教学示范中心物理学科组各高校的师生们交流的平台。

首次竞赛采用现场命题的竞赛方式，命题定位为与物理实验教学相互促进，水平难度适当，具有基础和发挥空间的命题。它既突出物理基础，又充分体现学生的实践能力、动手能力和创新思维。命题范围为"理工科类大学物理实验课程教学基本要求"，命题分为基础性物理实验和综合性、研究性物理实验题两类。

竞赛方式：团体参赛，每队 4 人组成。各代表队由两人分别单独参加基础性物理实验题，实验时间为 4 小时；另两人合作参加综合性、研究性物理实验题，实验时间为 8 小时。

（十）全国高等医学院校临床基本技能竞赛

主办单位：教育部高等学校临床医学专业教学指导委员会。

第一届全国高等医学院校大学生临床技能竞赛于 2010 年 4 月在北京大学人民医院举行，第二届比赛于 2011 年 5 月份在北京举行。

每队参赛选手 3 人，候补 1 人。临床操作技能竞赛题目，来源于临床，又高于临床，有一定的趣味性和观赏性，有客观评价标准。一般要求每题在 8 分钟之内完成。

（十一）全国护理教学成果暨就业能力展示赛

主办单位：中国职业技术教育教学学会。

比赛每队参赛选手 3 人，候补 1 人，指导教师 3 人。

比赛项目：个案服务；护理操作；综合才艺表演。

该赛事每年一届，首届比赛于 2005 年 3 月在北京举行，第六届比赛于 2010 年 6 月在北京举行。

（十二）全国大学生信息安全大赛

指导单位：教育部高教司、工业和信息化部信息安全协调司。

主办单位：教育部高等学校信息安全类专业教学指导委员会。

参赛对象：全日制在校本科生、专科生。每支参赛队不超过 4 人（包括组长），每支参赛队须设置 1 名组长及 1 名指导老师，每个学生只能参加一个队伍。

参赛作品要体现一定的创新性和实用性，参赛作品可以是软件、硬件等。参赛作品的内容以信息安全技术与应用设计为主要内容，可涉及密码算法、安全芯片、防火墙、入侵检测系统、电子商务与电子政务系统安全、计算机病毒防护等，但不限于以上内容。竞赛采用开放式，不限定竞赛场所，参赛队伍可以自主命题，自主设计，在规定时间内完成作品。参赛作品内容须符合全国大学生信息安全竞赛章程和全国大学生信息安全竞赛参赛指南。

竞赛每年一届，2008 年第一届全国大学生信息安全竞赛由成都电子科技大学承办。2010 年第三届全国大学生信息安全竞赛由哈尔滨工业大学承办、哈尔滨工程大学协办。2011 年第四届全国大学生信息安全竞赛比赛由国防科技大学承办。

（十三）全国高职高专环境监测技能大赛

主办单位：教育部高等学校高职高专环保与气象类专业教学指导委员会。

该赛事每年一届，2009 年举办了首届比赛，2010 年举办了第二届比赛，都由湖南长沙环境保护职业技术学院承办。

参赛项目包括地表水样采集、化学分析和仪器分析 3 个项目。

（十四）全国大学生海洋知识竞赛

主办单位：国家海洋局、教育部、共青团中央。

大学生组分初赛、复赛和电视总决赛。初赛、复赛采取网络限时答题方式，决赛采取现场竞赛、电视录播方式。

（1）注册：所有参加竞赛的选手必须在答题之前登录中国网知识竞赛页面，填写在读学校、所在班级、真实姓名、有效联系方式、邮寄地址、参赛组别等信息，取得参赛资格。

（2）初赛：注册并取得参赛资格的选手在指定时间登录竞赛网站答题，每位选手仅有一次答题机会，答题时间不限；答题完毕，选手须将试卷及时提交，前 100 名进入复赛。

（3）复赛：取得复赛资格的选手将由竞赛组委会组织进行网络考试，现场出具客观、主观题，并根据选手答题成绩确定个人参赛获奖人员及参与总决赛选手的名单。

网络答题（个人初赛）排序由答题分数决定；答题分数相同则答题用时越短排序越靠前。

竞赛内容：题型为单项、多项选择题、判断题、主观题（限大学生组）、拓展题（限大学生组）。试题范围为海洋政策法规与权益、海洋行政执法、海洋军事、海洋水文气象、海洋地质、海洋地理、海洋生物、海洋环境、海洋技术、海洋文化、海洋经济、海洋时事、极地、大洋、中国海洋、海洋英语（限大学生组）。

该赛事每年一届，2008 年举办了首届比赛，2010 年举办了第三届比赛。

（十五）全国大学生地质技能竞赛

主办单位：中国地质局、中国地质学会地质教育研究分会。

全国大学生地质技能竞赛分为地质技能综合应用、地质标本鉴定、钻井岩心地质编录、综合地学知识与技能竞赛四个单元，全部竞赛时间为三大。每支队由 3 名队员组成。每支参赛队可在地质技能综合应用、地质标本鉴定、钻井岩心地质编录三个项目中选报本队的参赛项目（可同时报三个项目）。

首届比赛于 2010 年 10 月在成都理工大学举行。

（十六）全国大学生纱线设计大赛

主办单位：教育部高等学校纺织服装教学指导委员会、中国纺织服装教育学会。

第一届全国大学生纱线设计大赛于 2009 年 11 月在东华大学举行。

（十七）全国高职高专院校师生服装设计大赛

主办单位：国家教育部高等学校高职高专服装纺织类专业教学指导委员会。

参赛对象：全国高职高专服装纺织类专业在校师生，大赛分学生组和教师组。

参赛作品的设计与制作的整个过程均必须由参赛者本人独立完成，同一系列的参赛作品，共同设计者不得超过两名，并须确定主、副设计师。参赛作品必须组成系列，每一个系列必须是 4 套，所有服装应配套（含鞋帽及配件等），有整体感。

该赛事每年一届，2008 年在扬州举办了首届比赛，2010 年 10 月在扬州举办了第三届比赛。

（十八）中国高校纺织品设计大赛

主办单位：中国纺织服装教育学会、教育部高等学校纺织服装教学指导委员会。

大赛口号：新创意、新材料、新结构，环保性、功能性、舒适性。

首届比赛于 2009 年 11 月在绍兴文理学院举行。

参赛资格：国内相关高校纺织类和艺术设计类专业的在校研究生、本科生的毕业设计、课程设计及专题创作等作品均可参赛，鼓励以团队参赛，每组成员不超过 3 人。

参赛内容：纺织品纤维组合、纱线结构、组织结构、染整技术等成型方法与外观风格设计，以及色织、纹织、印花（含手工艺染、机印和电脑喷印）等花形纹样创意及其应用效果设计。

产品用途与结构风格要求：

（1）服装面料：体现现代礼仪、公务、商务经典和大众休闲的时尚风格，以及在不同环境下的防护功能。

（2）装饰家纺面料：体现时尚前沿的居室环境、休闲舒适和品位独特的公共环境。

（3）产业用功能纺织品：体现现代技术与材料结构功能创新思维。

上述产品设计，必须在一个或多个方面突出体现节能环保的低碳概念与技术特征。

（十九）全国计算机仿真大奖赛

主办单位：教育部高教司、中国自动化学会、中国计算机用户协会、中国系统仿真学会、总装仿真技术组

全国计算机仿真大奖赛每两年举办一次，第一届仿真大奖赛于 2004 年 7 月启动，2005 年 11 月结束，2010 年举办了第四届比赛。

竞赛内容：

（1）计算机仿真与仿真技术的基本术语和基本概念；

（2）选自工程技术和科学管理的实际问题；

（3）运用建模和计算机仿真获得正确的结果。

要求：文字表述清晰，计算机仿真的可实现和可重复，模型和计算机仿真结果的正确。

竞赛规则：

（1）全国统一命题，采用通讯竞赛方式进行；

（2）可以个人报名参赛，也可以小组报名参赛，小组参赛人数最多不得超过 3 人，在报名时确定；

（3）每个参赛小组可以有一名指导教师参赛；

（4）参赛个人和小组在收到竞赛组织委员会寄送的命题后，务必于 15 日之内将作品用 Email 发回大奖赛组委会；参赛人员可使用图书资料、计算机软件，也可在网上浏览，但不得抄袭他人的作品。

第三节　综合类大学生科技竞赛活动

综合类竞赛一般是指参赛所需知识复合，综合性较强的涵盖知识面较广的竞赛。综合类竞赛的参赛形式根据竞赛的性质也各有不同，有的是提交大学生课外学术科技作品，如学术论文、调查报告、发明制作、实物制作（含模型）或软件、设计，也有的是撰写创业计划书等。

一、综合类科技竞赛活动简介

（一）"挑战杯"全国大学生课外学术科技作品竞赛

主办单位：中华全国学生联合会、中国科协、共青团中央、教育部。

"挑战杯"全国大学生课外学术科技作品竞赛（以下简称"挑战杯"竞赛）是由共青团中央、中国科协、教育部、全国学联和地方政府共同主办，国内著名大学、新闻媒体联合发起的一项具有导向性、示范性和群众性的全国竞赛活动。自 1989 年首届竞赛举办以来，"挑战杯"竞赛始终坚持"崇尚科学、追求真知、勤奋学习、锐意创新、迎接挑战"的宗旨，在促进青年创新人才成长、深化高校素质教育、推动经济社会发展等方面发挥了积极作用，在广大高校乃至社会上产生了广泛而良好的影响，被誉为当代大学生科技创新的"奥林匹克"盛会。

该竞赛每两年举办一次，逢单数年举办，旨在鼓励大学生勇于创新、迎接挑战的精神，培养跨世纪创新人才。第一届"挑战杯"竞赛由清华大学于 1989 年承办。

竞赛的基本方式：高等学校在校学生可申报自然科学类学术论文、哲学社会科学类社会调查报告和学术论文、科技发明制作三类作品参赛。参赛作品须从实际出发，侧重解决社会生产生活中的具体问题，申报参赛的作品分为自然科学类学术论文、哲学社会科学类（含哲学、经济、社会、法律、教育、管理）社会调查报告和学术论文、科技发明制作共三大类。自然科学类学术论文的作者限本、专科生。哲学社会科学类社会调查报告和学术论文限定在哲学、经济、社会、法律、教育、管理六个学科内。科技发明制作类分为 A、B 两类：A 类是指科技含量较高、制作投入较大的作品；B 类是指投入较少,且为生产技术或社会生活带来便利的小发明、小制作等。

申报参赛的作品必须是距竞赛终审决赛当年 7 月 1 日前两年内完成的学生课外学术科技或社会实践活动成果,可分为个人作品和集体作品。申报个人作品的,申报者必须承担申报作品 60%以上的研究工作,作品鉴定证书、专利证书及发表的有关作品上的署名均应为第一作者,合作者必须是学生且不得超过 2 人;凡作者超过 3 人的项目或者没超过 3 人但无法区分第一作者的项目,均须申报集体作品。集体作品的作者必须均为学生。

(1)自然科学类学术论文:包括学术论文、科技建议。要求论证严密、文字简洁、有说服力,经得起理论推敲和实践检验。根据作品的科学性、创新性和应用性进行综合评定。学术论文作者仅限本科学生,每篇学术论文 8000 字左右。

(2)哲学社会科学类社会调查报告和学术论文包括学术论文、调查报告、咨询报告,也可包含被采用的为党政领导部门、企事业单位所做的各类发展规划、改革方案和咨询报告(申报此类作品需同时附上原件及采用单位使用证明的复印件和有关鉴定材料)。主要从成果的思想性、理论性、学术性、规范性、应用性、研究方法、语言逻辑以及社会反响等方面进行综合考评。哲学社会科学类社会调查报告和学术论文限定在哲学、经济、社会、法律、教育、管理六个学科内,其中每篇学术论文 8000 字左右,社会调查报告 15 000 字左右。

(3)科技发明制作类包括科技发明和技术开发。具体分为 A、B 两类:A 类是指科技含量较高、制作投入较大的作品;B 类是指制作投入较小,对生产技术或社会生活带来便利的小发明、小制作。根据其新颖性、创造性、先进性和实用性等进行综合评定。

(二)"挑战杯"全国大学生创业计划竞赛

创业计划竞赛起源于美国,又称商业计划竞赛,是风靡全球高校的重要赛事。它借用风险投资的运作模式,要求参赛者组成优势互补的竞赛小组,提出一项具有市场前景的技术、产品或者服务,并围绕这一技术、产品或服务,以获得风险投资为目的,完成一份完整、具体、深入的创业计划。

"挑战杯"全国大学生创业计划大赛是由团中央、教育部、中国科协、全国学联联合举办的大学生最高层次的科技创新创业竞赛,以"倡导创新精神、营造创业氛围、促进成果转化"为宗旨,重点考察以及培养大学生将科研成果市场化的能力。它要求参赛者组成优势互补的竞赛小组,提出一个具有市场前景的产品服务,并围绕这一产品或服务完成一份包括执行总结、产业背景和公司情况、市场调查和分析、公司战略的总体进度安排、团队及企业经济状况、财务预测假定等几个方面的完整、具体且深入的创业计划,以描述公司的创业机会,把握这一机会的过程,说明所需要的资源,提示风险和风险防范等。

该竞赛每两年举办一次，第一届于 1999 年由清华大学承办，第二届于 2000 年由上海交通大学承办，以后各届逢双数年举办，和全国大学生课外学术科技作品竞赛每年交替举行。到目前为止已成功举办了七届，第七届于 2010 年由吉林大学承办。

（三）全国大学生节能减排社会实践与科技竞赛

全国大学生节能减排社会实践与科技竞赛是由教育部高等教育司和能源动力学科教学指导委员会主办，由高等教育司办公室主抓的全国大学生学科竞赛。该竞赛充分体现了"节能减排、绿色能源"的主题，紧密围绕国家能源与环境政策，紧密结合国家重大需求，在教育部的直接领导和广大高校的积极协作下，起点高、规模大、精品多、覆盖面广，是一项具有导向性、示范性和群众性的全国大学生竞赛，得到了各省教育厅、各高校的高度重视。

举办竞赛的目的在于，通过竞赛进一步加强节能减排的重要意义的宣传，增强大学生节能环保意识、科技创新意识和团队协作精神，开阔大学生科学视野，提高大学生创新设计能力、工程实践能力和社会调查能力。

竞赛主题：节能减排，绿色能源。

竞赛内容：以"节能减排"为主题的，体现新思维、新思想的实物制作（含模型）、软件、设计和社会实践调研报告等作品。参赛作品必须是比赛当年独立完成的、能体现申报小组学生自主创新能力的成果作品。为体现节能减排的特点，竞赛完全采取网络申报方式。

该赛事每年一届，时间安排在 1~8 月。申报参赛的作品以小组申报，每个小组不超过 7 人，指导教师不超过 2 人。第一届全国大学生节能减排社会实践与科技竞赛于 2008 年 12 月在浙江大学成功举办，共有 88 所高校的 505 件作品参加了此次竞赛，参赛作品类型多、专业性强、涵盖面广，涉及能源、机械、资源、建筑、电气、海洋、社会、经济、矿业等多个领域。参赛作品不仅有涉及关系国民经济重大发展的能源生产问题，如海上风力发电平台，太阳能梯级开发热利用系统及生物质能利用系统等作品；也有贴近日常生活节水节电的小发明、小制作，如厨房节能小助手、新型节能开关等；还有一些作品紧跟"节能减排"领域的学术研究前沿。这些都展示了当代大学生对生活的认真观察和对于人类社会发展的高度关注。2009 年第二届全国大学生节能减排社会实践与科技竞赛在华中科技大学成功举办，2010 年第三届全国大学生节能减排社会实践与科技竞赛由北京科技大学承办，第四届全国大学生节能减排社会实践与科技竞赛于 2011 年 8 月在哈尔滨工业大学进行。全国大学生节能减排社会实践与科技竞赛主要是为了激发当代大学生的青春活力，创新实践能力。承办单位一般为上届表现突出的院校。目前全国几乎所有"211"大学都积极参与其中。

（四）全国大学生电子商务"创新、创意及创业"挑战赛

主办单位：教育部高等教育司、教育部高等学校电子商务专业教学指导委员会。

该赛事是教育部、财政部的"高等学校本科教学质量与教学改革工程"重点支持项目。该比赛每年一届，2009 年首届比赛由浙江大学承办，2010 年第二届比赛由西安交大承办，2011 年第三届比赛由在西南财经大学承办。

从 2009 年开始，举办以"创新、创意及创业"为主题的全国大学生电子商务"三创赛"，营造产、学、研紧密结合的大学生实训实战氛围。大学生通过竞赛挑战企业需求项目，激励创意、创新和创业热情，建立高校教育教学与社会经济发展紧密联系的立交桥。通过开展"三创赛"活动，加强就业观念教育和创业教育，培养大学生的创意思维、创新意识和创业能力。

创意是具有新颖性和创造性的想法。商业创意通常包括产品创意、服务创意、营销策划创意、广告创意、形象创意和商业模式创意等。商业创意可以是一个恢弘的大手笔，也可以是某个细节的智慧之光。创业计划竞赛参赛作品应该是基于一项产品或服务的商业计划。具体来源有：自己团队提出的概念产品或服务；参赛团队成员参与的发明创造、专利技术或课外制作；经授权的发明创造或专利技术；其他来源。

参赛团队应在广泛进行市场调研、认真进行企业分析的基础上，完成一份把产品或服务推向市场的完整、具体、有可操作性的创业计划书。同时，创造条件，吸引风险投资家和企业家注入资金，推动创业计划走入市场。

参赛资格：凡教育部批准设立的普通高等学校（含高职高专）各类在校生，不限专业，均可报名参赛。竞赛按本科及以上和高职高专两个类型分别开展，竞赛内容和形式相同。

"三创赛"为团体赛形式。每个参赛队不超过 5 名学生，最多可以有 3 名指导教师。鼓励学生跨专业组队，鼓励指导教师进行产、学、研结合。

竞赛内容有企业需求、推荐选题和创意发挥三种来源。企业需求是竞赛网站上发布的企业需求项目；推荐选题是竞赛组委会推荐的题目；创意发挥是鼓励参赛队根据本地区或行业的社会经济发展需求特点开展能够产生社会或经济效益的创意、创新和创业项目。

（五）全国大学生物流设计大赛

主办单位：教育部高等学校物流类专业教学指导委员会、中国物流与采购联合会。

全国大学生物流设计大赛是国家高等教育"质量工程"建设的重要项目，是教育部高等教育司设立的又一项规格高、影响大、参与广泛的重要赛事，是面向全国在校大学生的一项群众性的非营利活动。其目的在于实现物流教学与实践相结合，提高大学生实际动手能力、策划能力、协调组织能力，促进大学物流人才培养模式、课程设置、教学内容和方法的改革，推动物流教学改革和科学研究，建立向社会群众宣传普及物流知识的平台，更好地培养和发现物流人才。大赛每两年举办一次，2007 年、2009 年已经成功举办了两届。

（六）山东省大学生"国泰君安"杯证券模拟大赛

主办单位：中共山东省委宣传部、中共山东省委高校工委、共青团山东省委、山东省文化厅、山东省科学技术协会、山东省学生联合会。

参赛对象：山东省各高校全日制本、专科学生及研究生。

大赛宗旨：培养大学生金融投资综合素质，发掘投资潜力，提高理财实践能力和投资风险意识，丰富校园文化生活。

比赛规则：

（1）交易品种仅限于深、沪交易所所有挂牌交易的 A 股、权证、指数基金、封闭基金。

（2）选手可实时查询本人股票账户、资金账户、委托成交等情况，对尚未成交的委托可办理撤单手续。

（3）在比赛期间总周转率达不到 150% 的，不记入最终排名并不颁发奖项。

（4）参赛者所填写的个人数据必须真实，以便最终比赛颁奖。在合法的情况下，得奖者须同意主办及承办单位使用其报名时所填写的数据的权利。

（5）其他按模拟炒股系统规则进行处理。

每个参赛者在网络账户内拥有 10 万元虚拟资金，可在指定的平台内支配和操作。每周五工作日结束后按当日其账户内资金、股票和其他有价证券的市价合计，进行统计收益排名，并在网上公布全省参赛者排名情况。每周按收益率排名，设周冠军。在最后一个比赛日根据参赛者的收益率最终确定名次。

（七）"调研山东"大学生社会调查活动

"调研山东"大学生社会调查活动每年一届，首届于 2009 年举办。本活动由山东团省委、省学联和大众日报共同发起，旨在倡导山东省大学生深入基层，关注社会热点和民生百态，反映山东省经济社会发展状况。调研选题力求切口小、立意深，最终入选题目将由山东团省委、省学联、大众日报社邀请专家组择优确定。参赛学生要深入基层，围绕山东经济社会发展状况，进行实地调查，撰写调研报告，真正做到在实践中"受教育、长才干、作贡献"。通过社会实践活动，青年学生更加深入地了解社会发展趋势，了解党的路线、方针、政策，了解国情、省情，了解社会民生现状，进一步丰富阅历、锤炼意识、提高修养，树立正确的社会观、人生观和价值观。大学生参加社会调研和实践活动，对于了解社会、认识国情、增长才干、奉献社会、锻炼毅力、培养品格，对于加深对邓小平理论和"三个代表"重要思想的理解，认真贯彻落实科学发展观，坚定走中国特色社会主义道路的理想信念，具有不可替代的重要作用。通过"调研山东"大学生社会调查活动把所学的书本知识与基层的丰富实践结合起来，在实践中丰富阅历、增强本领，培养注重实践、真抓实干的良好作风，为将来更好地服务祖国和人民打下坚实基础。通过直接接触基层群众的小切口，发现大问题，充分发挥专业特长，出谋划策、多办实事。在做好调研活动的基础上，适时宣传党的农村政策、推广农业科技知识，在发展农村教育事业、改善农村医疗卫生条件、促进地方经济发展等方面做出积极贡献。

由山东团省委、省学联和大众日报共同发起的第二届"调研山东"大学生社会调查活动于 2010 年 5 月启动，11 月圆满结束。本次活动历时半年，得到了在校大学生的积极响应，来自全省 52 所高校的 308 支报名团队、3000 多名高校师生参与此次活动。入选团队利用暑期时间奔赴山东各地展开调研活动，实地调研于 9 月上旬结束，最终提交调研报告 310 份。调研报告选题广泛，关注民生和社会热点，涉及基层医疗卫生改革、城镇居民收入分配、高校创业教育现状等方面，反映出当代大学生关注民生、积极参与社会生活的健康心态。经专家组评审：《关于山东省低碳经济发展现状及未来发展前景的探究》等 10 份调研报告获一等奖，《山东省"蚁族"生存状况调查研究》等 20 份调研报告获二等奖，《山东省新生代农民工城市适应性问题调查研究报告》等 40 份调查报告获三等奖。

二、综合类科技竞赛部分体例介绍

（一）大学生课外学术论文

撰写课外学术论文是"挑战杯"等许多竞赛的一个主要比赛形式，其中主要是考察学生的学术论文撰写水平，因此，掌握学术论文撰写的基本知识和技能是每个参加学术论文作品竞赛选手所必须具备的素质。下面简要介绍学术论文如何撰写。

1. 学术论文的概念

学术论文是对某一学术课题在实验性、理论性或观测性上取得新的科学研究成果或创新见解的科学记录；或是某种已知原理应用于实际中取得新进展的科学总结。学术论文种类很多，按学科分，大致有自然科学和社会科学两大类，相应地划分出自然科学论文和社会科学论文，其中各自又可能分出各门学科的论文，如物理学论文、法律类论文等。

学术论文是用思辨方法进行研究，以间接研究的第二手资料为主撰写的论文，如理论性研究、细则研究、目标研究等。学术论文以阐述对某一事物、问题的理性认识为主要内容，提出新的知识、新的见解、新的解释、新的方法和原则等，从而提高认识、指导实践。学术论文展示了崭新的论点以及理论体系形成的过程，富有深刻的哲理性、彻底的说服能力、辩证的逻辑力量等。不管哪种论文，其价值的大小取决于论文的内容。学术论文本质上是科技创新的成果，这是学术论文区别于其他文章的根本点。

一篇优秀的学术论文要具有新思想、新方法和新结果。这三者不是并列的，新思想是首要的，为了表达新思想才建立新方法，有了新思想必然产生新结果。所以，评价文章水平的高低，首先要看其有无新思想。优秀的学术论文应达到以下基本要求：

（1）学术价值

论文应具有科学性、先进性和创造性，能提供新知识、新见解、新观点和新方法，揭示科技活动的规律。论文选题应立足于该学科领域的前沿和热点，一些已经做过的工作如果没有新的进展最好不选择，重复选题或采用同一思路研究题目都是缺乏新意的。例如，有一篇研究降低齿轮噪音的论文，从提高制造精度方面进行了较系统的分析，并得出了一些结果。虽然论文在理论上和技术上都没有错误，但只是在前人的理论、方法和视角的基础上，把用现代分析技术测得的数据堆砌起来，没有新发现和新观点。这样的论文缺乏创新点，在参赛时是没有竞争力的。

（2）社会价值

创作任何学术论文的最终目的都是要实现它的社会价值，所以论文应具有时间性、应用性及价值推广性，能解决科技活动的理论和实际问题，对科技活动起到推动作用。

（3）资料和文字水平

撰写论文要资料翔实，数据可靠，概念准确；论证充分，逻辑严密，结构严谨，内容简明、通俗易懂，符合科技论文的格式。

除综述、专著和快报外，在学术论文（简报）中报到的原始数据，通常只出现一次，再次出现只能作为二次文献引证。在参赛的学术论文中，如果有较完整的可靠的原始性实验数据或统计数据，无疑会提高参赛作品的水平。

写好论文的关键是科技活动的水平和课题研究的成果，因此我们要仔细查阅有关文献，通过在实践中探索提出新的观点。

从课题研究成果到科研论义，是一个再创造的过程。要写好论文还在于作者的分析与综合能力、逻辑推理能力和语言表达能力。为了提高研究报告的学术价值和社会价值，必须学习撰写论文的基础知识，并参加与写作有关的实践。

2. 学术论文的结构

一篇论文的结构是一个统一的整体，从开头、中间到结尾，要做到首尾连贯、层次分明、逻辑严密、条理清楚。

一般论文的结构可归纳为前言、正文和结论三个主要部分。但由于研究方法、研究过程、研究成果不同，论文的结构也不完全一样。

（1）前言

应说明提出该课题研究的缘由和重要性，省内外、国内外对该课题的研究已进展到什么程度，哪些问题解决了，哪些还没有解决，课题研究是在什么基础上开始的，达到什么程度等。

（2）正文

要以论为纲，论点明确，论据确凿。学术论文应简明精当，以表达一项研究工作中最主要的、最精彩的和具有创造性的内容；结论必须有事实证明，但不宜罗列过多的事实；引用文献资料或别人的材料，必须在脚注中表明出处。

（3）结论

扼要提出研究的成果，解决了哪些问题，哪些问题有待今后讨论等。

3. 学术论文写作要点

（1）题名

科技论文的题名也称论题、命题或题目。题名，被喻为论文的"眼睛"。好的题名，既能提挈全文、标明物点，又能引人注目、便于记忆。阅读论文时，最先映入眼帘的是题名。从文摘、索引、题录中找到的也是题名。题名应便于科技工作者阅览、编目。基于这种不言而喻的重要性，对学术论文题名的写作提出如下要求：

题名应是鲜明、恰当词语的逻辑组合，并且能够具体、确切地反映论文的内容及其研究范围和深度。

题名应有利于索引分类。题名中应避免不常见的缩略词、字符、代号和公式，以便提供实用信息。信息情报人员往往把题名作为编录索引的重要依据之一。如果题名不恰当，容易把文中揭示的信息漏掉，造成文献的漏检。论文的中外题名应一致，但书眉上题名过长时，可用缩略题名。题名命好后，最好用主题词表检查一下，应该把可作索引用的字都包括进去，并把重要的字尽可能靠前写。

题名概念统一，简约精炼，切忌冗长空泛。要求题名精炼，并不是字数越少越好，一般不超过 20 个字为宜。有的论文题名貌似精炼，但会出现与其他同类论文雷同或不适当扩大的现象。如《×××的若干问题》、《×××机理探讨》等，前者有可能雷同，后者有可能不切实际，应注意避免。在有的情况下，还应考虑采用副题名。例如：

①题意未尽，用副题名提示特定内容，以示区别；

②论文分册或分篇出版，可用副题名提示特定内容，以示区别；

③用副题名引申题名或对题名进行说明，或对长题名进行改造。

副题名处在从属地位，一般可在题目下面用破折号引出；也可以用小字与主题名分开；也可以在题目与副题名之间用冒号隔开。论文应根据内容需要，安排章、节、条、款、项等小标题。一般论文小标题分四层：第一层标题居中写，占行；第二层、第三层标题缩二格写，占行；第四层标题缩二格写，不占行。

（2）署名

写作论文，应署名，一般写在标题下面。

论文的作者，只限于选定研究课题和制订研究方案，并直接参加全部或重要研究工作，做出重要贡献并了解论文的全部内容，能对全部内容负责解答的人。其余有关人员，或列入参加工作人员题名页，或另外对其逐一致谢。

个人研究成果，个人署名；集体研究成果，署名的次序按照对该课题研究贡献大小次序排列。在一项工作中，谁提出研究课题或设想，谁承担主要工作，谁解决关键问题，都是衡量贡献大小的标准。

（3）摘要与关键词

摘要是对论文内容不加注译和评论的简短陈述。摘要的作用有：

（1）报道作用。摘要即摘取论文的主要内容，读者看了摘要后就可以决定是否读全文，大大方便读者。

（2）索引作用。摘要是二次文献的著录内容，同时有利于文摘报刊转载。

摘要应有与论文同等量的情报信息，应该说明研究的缘起、问题及重要性，试验过程与方法，研究成果或结论，应用范围及意义等内容。

摘要的写作要求：

①简短。摘要字数以 200~300 字为宜，写作上要求突出具有新见解的内容。

②自含性。摘要要概括论文的主要内容信息，并有数据结构。

③独立性。摘要是一篇短文，能独立使用，可以引用或编义献卡片等。

④不评论。摘要必须忠实原文内容，无须对正文作评论或解释。

⑤特殊性。摘要中一般不用图表、化学结构式、非公知公用的符号和术语，一般只用标准科学术语和命名。

关键词是为了文献标引工作，从论文中选取出来用以表示全文主体内容信息的单词或术语。每篇论文选取 3~8 个词作为关键词，另立一行排在摘要左下方，并要求尽量用《汉语主题词表》提供的规范词。

（4）前言

前言又称引言、导言、绪言或绪论等，有时不署这些题名，但也是论文的一部分，写在正文之前。前言是向读者揭示论文的主题、目的和总纲。其作用是便于读者、新闻记者了解全文，引导读者了解有关科技成果的意义、试验方法和论文展开论点的计划等。常见的前言包括以下内容：

提出课题的现实情况和背景；说明课题的性质、范围及其重要性，突出研究目的或要解决的问题；前人研究成果及其评价；达到研究成果的研究方法和实验设计；研究工作的新发现等。

前言不要与摘要雷同或成为摘要的解释，不要注释基本理论，不要推导公式，不要介绍基本方法，不过谦也不吹嘘，应言简意赅，真正起到"引导"作用。学位论文前言中除了上述内容外，还应对主要范围内的文献进行评述，以反映对翻阅文献的分析、综合、判断能力。

（5）正文

正文是论文的主体。创造性的信息主要由这部分反映。因此，正文的水平标志着论文的学术水平。

要写好正文，首先要有材料、有内容，然后用观点去统率材料，并按照逻辑规律顺理成章。正文部分特别要注意内容准确先进，少而精；要求论点明确，论据充分；深浅程度适合既定读者对象；文字力求明确具体。

（6）结论

结论是全篇论文的归结，是对引言提出问题的呼应。结论从内容上讲，不是实验结果的简单重复，而是更深一步的认识，是从正文全部材料出发，经过推理、判断、归纳等过程而得到的新的观点。写作结论应包括：

说明理论的适用范围，解决了什么理论或实际的问题；说明成果的意义，对前人有关本问题的看法做了哪些检验，哪些与本结果一致，哪些与本结果不一致，进行了哪些修改与补充；本文尚未解决的问题，解决这些问题的可参考的关键及今后的研究方向等。

结论的写作，要慎重严谨。结论要有说服力，恰如其分，要用肯定的语气和可靠的数字写作，决不能含糊其辞，模棱两可。在科技工作中，若对下一步研究工作有新的设想、在研究中有新的问题（如仪器的改进，留待后人解决的问题等），可在结论中提出，以有助于搞好课题"接力赛"。

（7）参考文献

科学研究工作总是在前人基础上发展提炼的。凡论文中引用过的前人的文章、数据、结论等资料，均应按文中出现的先后次序，列在参考文献表中。这样做，足以反映出论文的科学依据、严肃的科学态度、尊重前人的科学成果，还有利于读者了解此领域里前人做过的工作，便于查找有关文献。列参考文献的范围应以与论文密切有关、确经作者阅读并有所借鉴者为限，多列或不列都是不妥的。

（二）创业计划书

创业计划书该怎么写？这让许多参赛学生感到很困惑，甚至是无从下手。"挑战杯"全国大学生创业计划大赛分为初赛、复赛和决赛三个阶段，不同阶段对创业计划书作品的要求也有所不同。

1. 初赛阶段

初赛时提交一份创业计划提纲，理想篇幅：A4 纸 3~4 页。

（1）基本部分

机会：

①描述创业机会：瞄准清晰的市场需求和具体的目标顾客（群）。

②描述产品或服务概念：使用类比，给出例子，解释怎样满足顾客的需求。

③描述市场中的竞争：竞争者是谁，他们的产品是什么？你的竞争优势是什么？如何保持这些优势？

策略：

在策略中应明确谁是顾客，怎样盈利，怎样把产品送到顾客的手中等。

怎么做：

①描述赢利潜力、预期收入、赢利能力、回收策略；

②描述管理队伍、全面均衡、经验、不足；

③行动计划；

④里程碑，即创业的分阶段发展计划。

（2）可选部分

产品或服务的命名。命名时应考虑的因素：直观、时髦用语、暗示创业模型、有说服力、吸引顾客的注意力。

（3）应注意的几个问题

①以顾客为中心描述这一讨论的框架。例如，你的产品或服务是一个正在出现的发展潮流的一部分；目前尚未解决的问题；特定的大型应用；顾客需求的特殊之处等。

②使用图表来说明概念，清晰简洁的书面材料，直截了当。

2. 复赛阶段

复赛时提交一份完整的创业计划，一份良好的创业计划（包括附录在内）篇幅一般为 A4 纸 20~40 页长。

创作时应注意以下问题：

①明确你的顾客群：把注意力集中到一个清晰的市场，并考虑潜在的顾客。

例如，大学生谁会购买笔记本电脑？以德州学院为例，现有大学生 20 000 多人，目标：比方说 30% 的人有购买计划，即 6000 人，每台价格 4000 元，估计市场容量为 2400 万元。

②说明谁会购买产品或服务。创业模型，即如何获得利润；销售方式，即如何把产品送到顾客手中；价格，即为你的产品或服务定价；了解与本产品竞争的产品的价格；销售方式的选择。

③展示项目的潜力。使用类比的方法说明，这是一种产品还是一桩生意？这次风险事业潜力是大还是小？举例说明潜力大的特点。例如，3~5 年之内的收益达 50 万~200 万元；市场年均增长率达 20% 以上；投资者可在多长时间内收回投资等。

④描述产品或服务。

⑤分析你的竞争对手。弄清竞争对手和替代产品；找到合作伙伴；扫清产品或服务进入市场的障碍；划出竞争空间；明确当前的角逐者或解决方案；谁是当前的直接竞争对手。

⑥与竞争对手相比，你有哪些优势？确立竞争优势；注意当前存在的缺陷，说明你能如何更好地弥补这一缺陷。

⑦保护你的优势。考虑到风险；树立品牌形象；如何采取行动占据市场。

⑧进行财务分析，量化创业项目的投资额、收入（营业额）、成本以及利润等，以量化的数据和表格说明创业计划的可行性。

3. 决赛阶段

在复赛作品的基础上进一步完善、提高，形成决赛作品，并准备参加答辩。

案例篇

    本部分共七章。在前五章的内容中，本书主要从大学生科技创新教育的理论层面进行讲解，在带领大家进行理论学习的同时，也重点就大学生科技创新活动的组织与管理、大学生科技创新活动的分类分别进行了讲解。为了增强本书的指导性和实践性，使在校大学生在从事科技创新活动时将所学理论与实践有机结合，本部分特选取在"挑战杯"等国家级、省级大学生科技竞赛中获得较高奖项，且文理科学生均能参与的案例，并对每一案例增加了较为详尽的案例评析。希望通过本部分的学习，广大在校大学生的科技创新能力有一个较大的提升。

第六章 "有你我心喜"（University）校园网络商城创业计划书

第一节 作品简介

第七届"挑战杯"中国大学生创业计划大赛国家银奖、山东省特等奖作品

参赛学校：德州学院

团队名称："有你我心喜"校园网络商城创业小组

团队成员：姜彤 张永福 石萌 匡磊 辛永青 张小蒙 周慧香 郭志远

指导教师：郑晓燕 张锋

图 6-1

一、项目简介

（一）开发前景

随着社会消费水平的提高，大学生的生活质量、生活方式和消费文化观念都发生一定的变化。对于大学生而言，有很多物品只是临时需要，用过一两次就不再需要，效用不高弃之又可惜，对于本身消费能力有限的大学生而言是一种不小的浪费。因此，大学生的二手物品交易有着广阔的市场空间。同时，积极鼓励大学生进行二手物品交易，也有助于大学生树立健康环保的消费观念，促进整个社会的可持续发展。

同时，随着我国电子商务的快速发展，网络购物已经成为人们消费的一种选择。

中国互联网络信息中心（CNNIC）发布的《第 24 次中国互联网络发展状况统计报告》显示，截至 2009 年 6 月底，中国网民规模达到 3.38 亿。从网民的文化程度来分析，大学生上网的比例已经达到了 39.3%。

对比传统购物形式，网络购物具有便利性和时效性、地理位置的非局限性、市场信息了解的主动性等优点；同时，大学生善于接受新事物，喜欢挑战、尝试，这使得网络成为大学生购物的重要渠道。

目前全国有几千万在校生，仅山东省高等院校的在校生就有几百万人，由于经济收入和家庭背景不同，多数大学生需要通过二手交易的方式购买或出售商品。传统的二手交易市场是面向大众的，没有特定群体，范围广泛，交易不方便，信息的传播速度缓慢。网上面对大学生群体的二手交易平台也屈指可数。

针对这一市场状况，我们成立了"有你我心喜"（University）校园网络服务有限公司，建立了"有你我心喜"（University）校园网络商城。

（二）服务特色

"有你我心喜"（University）校园网络商城，是一个专注于大学生二手物品交易的 C2C 电子商务系统。与传统 C2C 网络购物系统一样，本交易系统具有产品多样性、价格低廉性、购物便捷性等主要特点。同时，结合 B2C 在统一管理方面的优势，在保证为卖家降低门槛的同时，为买家提供一个相对安全又省钱的购物环境。真正做到让卖家省心，让买家放心。

公司坚持"同城交易为主，异地交易为辅"的交易模式。成立一年内，本项目将不断充实完善网站相关服务，提高网站知名度，3~5 年内将本项目打造成全国高校具有相对市场集中度、市场垄断力和影响力的二手交易平台。

（三）投资条件与财务分析

公司注册资本 80 万元，其中包括 50 万元的风险投资和 30 万元的管理层出资，公司将投入 60 万元的资金用于公司网站建立、宣传以及二手物品收购，15 万元购置固定资产。成立第一年，公司为运营投入期，主要侧重于公司形象知名度宣传与渠道铺建；第二年估计盈利 12 万元，以后利润率将稳定在年均递增 10% 左右。

二、公司简介

"有你我心喜"（University）校园网络服务有限公司以德州学院为起步点，于 2010 年 12 月在山东德州市工商行政管理局注册成立，注册资本为 80 万元人民币。

公司设立的"有你我心喜"（University）校园网络商城将是全国最大的大学生二手物品网上交易商城。商城面向的消费群体主要是全国在校大学生，在线交易的商品包括 IT 数码、图书、衣物等多类物品。

（一）公司使命

让全国在校大学生享受网上二手物品交易带来的乐趣——齐全的购物信息、丰富的种类、购物的自由、优惠的价格，架起无界限沟通的桥梁。

（二）运营模式

从纯粹的商业模式出发，与大量的风险资本和商业合作伙伴相关联构成网上贸易市场，专做信息流，汇聚大量市场供求信息。同时，依托网站启动公司二手物品收售业务，以其盈利支撑运营。

（三）公司结构（见图6-2）

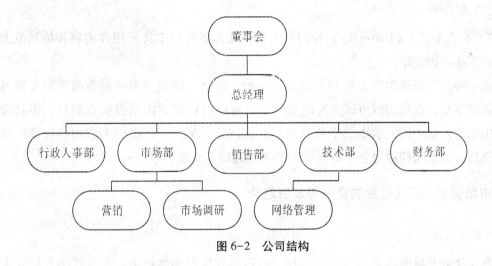

图6-2　公司结构

（四）经营策略

1. 市场定位

"有你我心喜"（University）校园网络服务有限公司把经营方向定位于通过"有你我心喜"（University）校园网络商城进行二手物品交易，二手物品信息发布、广告投放等。

同时，公司以倡导大学生理性消费，促进节能、低碳、绿色环保、循环经济的发展为最终目标。

2. 市场宣传

"有你我心喜"（University）校园网络服务有限公司将通过各大高校校园媒体、组织工作人员、人人网、开心网等社区网站进行推广宣传。

3. 关注公益事业

实施阳光行动。每年定期向大学生发起爱心捐助活动，向西部山区捐赠二手衣服、书籍等物品；每年暑假组织为期两周的大学生西部志愿者活动，如助教等。

4. 与众不同

公司的最终目标是倡导大学生理性消费，促进资源的可持续利用，促进低碳、节能、环保、循环经济的发展。

5. 公司形象

"有你我心喜"（University）校园网络商城坚持"诚信为本"的经营理念，用自己的成功实践经验将会为国内电子商务企业树立"诚信经营，健康发展"的榜样。

6. 服务承诺

"有你我心喜"（University）校园网络服务有限公司的全部商品质量可靠，交易安全。

（五）发展战略

"有你我心喜"（University）校园网络商城在发展过程中将采用在内容和地域范围内同时三步走的战略。

第一步，以德州学院为起点并逐步向滨州、济南、聊城等周边城市高等院校发展扩张；第二步，在周边城市试点发展成熟后，将范围扩张到山东省所有高校，将其发展成山东省内最大的大学生二手物品网络交易网站；第三步，在山东省内高校推广发展成熟后，将触角伸展到全国各大城市的各大高校，形成全国范围的覆盖。

三、市场需求和所属行业的竞争与发展趋势

（一）市场描述

面对经济发展中如影随形的高消耗、高污染和资源环境约束问题，我国开始寻求经济增长模式的全面转变，走节约型发展道路。"有你我心喜"（University）校园网络商城专注于大学生二手物品交易，有利于节约社会资源，循环利用社会闲置资源，发展循环经济，帮助当代大学生养成节约资源、环保的理念。

据调查，全国各地区存在规模不同的二手网络交易市场，如重庆、北京、济南等地的二手车市场、二手手机市场等，它们是一些专业性强的小区域市场，并不针对大学生群体。纵观全国，虽然有面向大学生的"孔夫子旧书网"等二手网络交易市场，但它们也只是针对书籍、电子产品等某一方面；虽然在全国有的高校存在二手网络交易市场（如天津高校二手市场等），但它们也只是覆盖范围很小的区域性二手网络交易市场。覆盖全国的综合性的二手网络物品交易市场为数不多。

（二）市场调查

1. 大学生对二手物品交易的态度

在当前市场经济的强劲走势下，随着人民生活水平的不断提高，大学生作为一个特殊的社会群体，一种崭新的、极具个性的消费意识形态正在他们身上悄然的萌芽。随

着大学生作为消费主体的地位日益凸显和当今社会环保问题的日益尖锐，二手物品交易也成为一种必然性。

然而，大学生对这种重复利用资源进行二手物品交易的态度如何呢？对此我们做了详细的调查问卷。

调查结果显示，无论是中国海洋大学、济南大学还是德州学院都存在 80% 以上的同学愿意购买二手商品，但有约 30% 的同学没有购买过二手物品。由此看来，二手市场存在巨大的潜力，同时还需要不断创新的手段。因此，我们建立一种为大学生群体提供二手交易的网络服务的方式必将蕴涵巨大潜力。

在不愿购买二手商品的原因中，尽管不同学生的生活环境不同，但关注的角度却极其相似，这就提醒我们大学生的消费行为有着某些相同的偏好。

2. 大学生青睐的二手商品（见图 6-3）

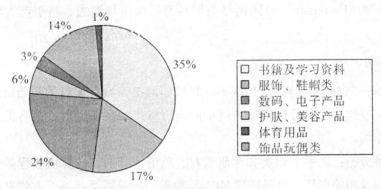

图 6-3　大学生青睐的二手商品

从图 6-3 可以看出，学生们愿意购买的二手商品主要有书籍及学习资料、数码电子产品。其中，德州学院的学生比济南大学和中国海洋大学的学生更愿意购买书籍；中国海洋大学的学生比德州学院和济南大学的学生更愿意购买电子产品。购买原因主要是价格便宜、实用、节约资源。由此可知，与学习有关的二手产品具有更广阔的前景，大学生的消费更倾向于理性化。

当前，随着计算机和网络的发展，网络购物和网上销售销售逐渐被人们认可，我们设计专门的问卷以调查大家知道的二手网站和市场有哪些等相关问题。目前大家知道的主要有易趣、阿里巴巴、淘宝、我来我往、成电 BBS 等。大学生的购物途径不再受地域的限制。

3. 二手市场反映大学生的消费特点和趋势

（1）实惠。从调查数据可以看出，购买二手商品最主要的原因是价格便宜和实用，而购买最多的是与学习有关的产品。现代大学生的消费观念更趋理性化。

（2）消费呈现多样化。以学习消费为中心，逐步向电子产品、体育用品和生活用品过渡。同时，随着网络的发展，消费领域发生了改变，很多大学生为了节约时间和资金，更愿意接受网上购买的方式。

（3）谨慎性原则凸显。数据显示，70%以上的人购买商品时最担心的是质量，60%以上的人愿意支付的价格要依据商品质量情况来定。购买二手商品最主要的原因是便宜和实用。由此可见，大学生在购买商品时风险意识更加强烈且消费意识也更加谨慎。

4. 结论与评价

此次大学生二手市场的问卷调查资料，不仅反映了大学生对二手商品的消费情况，而且透视了当代大学生的整体消费特征和趋势。一方面，大学生作为一个特殊的社会群体，其消费行为、特点和方式将左右和引领整个社会的消费趋向；另一方面，种种调查和数据表明，随着经济的持续快速发展、人们生活水平的大幅度提高，大学生的消费观念和消费心理发生了很大的变化，主要向实惠型、多样化和理性化发展。因此，"有你我心喜"（University）校园网络商城具有巨大市场潜力，将引起大学生的广泛关注。

（三）目标市场

目标范围："有你我心喜"（University）校园网络商城在运行的初始阶段将把山东省内的各个高校作为主要目标市场，逐步向周边省市的高校辐射，最终把全国各个高校作为目标市场。

目标业务分类：二手书籍类如考研资料、英语辅导书、计算机教程等；通信类如手机等；电脑及相关产品；电子产品 MP3 及数码相机等同类产品；衣物鞋帽类物；自行车、电动车等各类物品。

目标消费群：全国范围内各高校在校大学生。

（四）市场竞争

1. 竞争对手

我公司面临的竞争对手主要有淘宝网、易趣网、高校二手网、高校联盟二手市场等，除淘宝网以外没有大的竞争对手，因此也可以说校园二手市场还是未开发的荒芜之地。但我们还是要警惕潜在的竞争对手，即有可能进入该行业的后来者。

（1）淘宝网、易趣网。淘宝网、易趣网的最大业务为网上购物，而对于二手商品的开发并不高，与公司业务交叉较小。但它们的知名度很高，给我们的网站发展带来巨大压力，本公司采取同城交易定点收售的方式降低了运营成本，与其他投入大回收慢的购物网站相比具有较大优势。

（2）高校二手网、高校联盟二手市场。

这些公司的活动范围主要在京津地区，与本公司的初期发展并不冲突；而且它们的网络管理不善、人气不高，可以说它们与公司的竞争不会太激烈。

2. 竞争策略

（1）同城交易为主、异地交易为辅的交易模式。

（2）公司将寻找有资历的公司作为伙伴公司。

（3）建立竞争情报系统，负责对市场、竞争对手、客户情报的收集、分类、整理、分析以及建立统一的档案或数据库等多项工作。

（4）重视售后服务，对消费者建立用户档案，进行跟踪回访，关注消费者对服务的满意度、反馈信息及消费者的维权等各种交易后的行为，实施自己的品牌战略，发展潜在用户。

（5）实施阳光行动。

3. 保底市场和风险市场

保底即保证原有基础保证不低于最低额。"有你我心喜"（University）校园网络商城以山东省内作为保底市场，公司发展着重于山东市场，以此确保公司正常运营。每年公司利润的50%以上来自保底市场，以保底市场为基础开拓全国风险市场，用保底市场的盈利弥补风险市场上的亏损。

风险市场即是公司市场计划目标内存在的风险空间。"有你我心喜"（University）校园网络商城在保底市场的基础上，将山东以外的全国市场作为风险市场。风险市场是公司不稳定利润的来源。公司在风险市场的投入相对于保底市场较少，但市场前景广阔，利润发展空间较大。

4. 竞争优势

（1）安全时尚，信用度高。虽然网络交易存在一定的风险性和不确定性，但由于其具有广泛性和高效、快捷的特征，越来越被广大大学生所采纳。校园网络交易具有突出的优势——安全信用高。"有你我心喜"（University）校园网商城是完全针对全国各大高校开设的网络平台，交易人员仅限于全国在校大学生，每一个在"有你我心喜"（University）校园网络连锁商城上注册的大学生既是买家也是卖家。注册时我们将填写最真实的信息，在权益受到侵犯时工作人员将会通过在各大学设立的销售点进行相关调查核实工作，对于侵犯了对方权益的人进行严惩，我们将完全杜绝社会低信用商家，严格保证大学生交易信用安全。

（2）信息发布，终身免费。每一个在"有你我心喜"（University）校园网络商城上注册的大学生都是免费的，我们不以任何手段收取任何费用，并且信息的发布是免费的，而且我们将即时更新，使每一个大学生都接收到最新的信息。

（3）设立中介，数码检验。在每一所大学我们将设立专门的服务站点，负责发货、收货等工作，并且我们将推出一项全新的服务，由具有专门经验的工作人员在发货前对于一些产品进行检验（比如检查数码产品的成色、是否正品、配件是否原装等），如果与卖家发布信息不符将不提供发货，并且第一时间通知买家，请卖家与买家协商之后再做决定。

（4）针对宣传，深入人心。由于"有你我心喜"（University）校园网络商城的目标消费群为各高校在校大学生，宣传具有明确的针对目标，相对于其他二手交易网站来说可以降低宣传成本，且针对性宣传更容易提高知名度并获得广大学生群体的支持。

（5）同城交易，方便快捷。公司采取同城交易为主导的交易模式，消除了消费者对网购高邮费的忧虑，并使买卖双方在短时间内完成交易，且当面验货使商品质量得到较高保障。公司在各市设立同城交易营业网点送货上门、货到付款。

（6）绑定物流，运费低廉。如今在进行网上购物的人们都对运费颇有怨言，当消费者在网上交易时不论何种商品，每件至少需要十几元钱的运费。因此，本公司与信誉较高的物流公司合作，货物由物流公司统一发货，使成本大幅度下降。并且本网络商城是专门面向各大高校的大学生的，可以统一发货时间，统一发货地点，每件商品只收取6元、4元甚至更低的运费，减少了大学生在运费上的花费，从而吸引更多的消费群体。

（7）建立制度，追究责任。建立消费者权益足额保障制度。目前的网络商家遍布全国各地，往往形成维权成本过高的问题，打击了消费者的维权积极性。为解决这一问题，建立了消费者权益足额保障制。消费者为维权所支付的合理性开支均由商家赔付，让侵权的商家为消费者埋单。这样，一方面最大限度地保护了消费者的利益，另一方面也提高了商家的违法成本。

五、市场营销

（一）网站优化和网站推广策略

鉴于现在 Internet 中的网站总数已经超过了4000多万个，以网站最重要的关键词在主要搜索引擎中排名领先，这是搜索引擎推广中最重要的策略。搜索引擎的"搜索机器人"会自动搜索网页的内容，因此网站推广从优化网页开始。

根据"有你我心喜"（University）校园网络商城网站的功能及自身的技术、资金实力，我们将在以下五个方面进行"有你我心喜"（University）校园网络商城网站的优化：①网站的架构优化：结构优化，电子商务运行环境优化等。②网站页面优化：页面布局，页面设计优化。③导航设计：导航的方便性，导航的文字优化等。④链接整理：对网站的内外链接进行处理。⑤标签优化设计：对相关标签进行优化设计。

力求在最大程度上完善网站的模块分布，实现信息的及时发布使"有你我心喜"（University）校园网络商城网站内容充实，符合大学生群体的搜索与欣赏口味，文字组织新颖独特而又不缺乏传统传播优势，加强网站的可看性，保证大学生群体对校园网络商城的回头率、扩大网站的知名度。

"有你我心喜"（University）校园网络商城是针对大学生二手物品网上交易而建立的平台，因此网站推广是营销策略中尤为重要的一部分。

（二）传统营销策略

相对于网络推广这一种较为新潮的营销推广战略来说，现实中的网下的传统推广方法依然奏效且不容忽视。由于"有你我心喜"（University）校园网络商城的目标消费群为各高校广大的在校大学生，因此校园内的宣传与推广是尤为重要的环节。

（1）本公司通过"有你我心喜"（University）校园网络商城网站在各高校建立大学生网站的服务点、与各大社团合作、与学校的有关部门合作、组建校园人才库、举行多种校园联谊活动及比赛、发行《大学生二手物品交易资讯》刊物的方式进行校园内地的宣传。

（2）本公司通过组织工作人员或为高校学生会外联部提供赞助要求他们协助发放宣传单、印有网站名称的 T 恤或圆珠笔、笔记本等物品在高校校园内进行宣传。这种方法成本不高且效果良好。

（3）"有你我心喜"（University）校园网络商城可以为大学生们提供免费的服务，以"免费"二字吸引广大大学生群体的眼球。如免费的信息发布、免费的网站登记和免费的邮箱等最受大学生群体喜爱的免费服务。大学生们可以通过免费的信息发布在"有你我心喜"（University）校园网络商城所提供的平台上发布自己的二手物品信息并通过免费的邮箱进行相互交流，这对增加网站的访问量和交易量非常有效。

（三）网站的稳定期营销及管理策略

"有你我心喜"（University）校园网络商城所提供的是用户对用户的交易模式，其特点类似于现实商务世界中的跳蚤市场。其构成要素，除了买卖双方外，还包括"有你我心喜"（University）校园网络商城所提供的交易平台，也即类似于现实中的跳蚤市场场地提供者和管理员。对于这种以个人和个人之间的小额交易为主的商务模式来说，只有低成本高信誉才有生存空间。在经过初期的网站优化和推广阶段达到广泛宣传和吸引流量的目的后，"有你我心喜"（University）校园网络商城的发展必须以良好的形象、优质的服务、高度的权益保障和严格的管理为交易保障。

六、盈利模式

本公司建立"同城交易为主，异地交易为辅"的交易模式，采取逐步扩大规模的发展战略。将公司发展分为三个阶段，在各个阶段采取不同的盈利模式。

（一）创业阶段

公司以德州周边城市高校为目标市场。一方面，公司利用"有你我心喜"（University）校园网络交易平台向在校大学生收购和销售二手商品，赚取中间差额，以此作为公司收入主要来源；另一方面，公司为大学生免费提供信息发布平台，以增加网站点击量、浏览量，吸引商家注入广告。广告收入作为公司盈利来源的一部分。

（二）发展阶段

公司市场扩展至全省 17 个地级市高校。公司逐渐成熟，在省内网络交易市场占有一定份额。公司在山东省内仍采取二手物品网络交易自营模式——在省内下设分支机构，将二手物品销售作为盈利主要来源。同时，公司网站逐步优化，服务项目增多和服务质量提升，在省内有一定知名度，广告收入份额增加。另外，公司与几家专业、信誉度高的物流公司合作，异地交易绑定物流，收取一定的服务费用。

（三）成熟阶段

公司发展到全国。公司盈利多样化。公司稳抓省内市场，逐步向全国市场扩展，在山东省内仍采取二手物品网络交易自营模式，在各省市招专营大学生二手物品的加盟商，收取一定份额的代理费。此外，广告收入比重相应地增加。这两部分业务作为公司盈利的主要来源。与此同时，公司应允许商家免费在公司网城设立网店，经营各类商品，从网络交易中提取一定比例的利润作为盈利的一部分来源。

七、企业管理

"有你我心喜"（University）校园网络商城的管理理念是"以人为本"。

公司将牢牢把握"以人为本"这个主要立足点，营造一个人性化、鼓励创新的工作环境，对员工从改善其精神状态入手，对创造能力强的员工采取相应激励措施，定期开展员工培训学习，加强企业文化建设，激发员工的创造性思维，使员工在工作过程中不断加强自身职业化素质的培养和修炼，从而逐渐形成高度自觉性。同时，加强对本公司网络技术、商业机密等信息的保密管理，主要通过加强监督部门职能和与网络技术员工签订保密协议等手段防止机密泄露。对已经发生机密泄露的事件，要及时查出泄露机密人员，并通过法律对其进行制裁。

八、投资收益分析

（一）资金需求及流动预测

主要假设：公司的电脑、服务器等设备及存货供应商、购货商的信誉足够好，设备安装、调试在 2～4 个月内完成，交易中能够保证存货质量和交易时间以及服务的效率。

二手回购的电子产品能够及时与电子产品公司、回购公司或需求人员达成交易。租赁办公室选址在基础设施良好的德州科技创新园区，付租金即可运营。

投资预测表（略）。

（二）资本结构与规模

公司的注册资本为 80 万元。注册资本结构（略）。

（三）融资方案（略）

九、投资收益与风险分析（略）

十、财务报表及财务分析（略）

十一、存在的风险

（一）市场竞争风险

"有你我心喜"（University）校园网络商城建立 C2C 运营模式的电子商务系统，专注于大学生二手物品网络交易，会受到来自大型网络购物交易市场的很大冲击。

同时，"有你我心喜"（University）校园网络商城在网络二手物品市场上也面临着市场竞争，其中有孔夫子旧书网和专营闲置物品的舍得网等全国性的二手物品交易网，以及以京津地区为代表的区域性的二手物品交易网的部分竞争。另外，我公司还面临传统的大学生二手物品交易市场的竞争。

（二）网络安全风险

"有你我心喜"（University）校园网络商城主要面临的网络安全风险包括内部网络安全风险和外部网络安全风险两大方面。①内部网络安全风险：主要是内部技术人员因离职等原因造成核心技术及重要技术泄露。②外部网络安全风险：主要包括计算机硬件设施、网络操作系统、网络通信、数据、保密信息（主要是网站注册会员个人信息）等遭到病毒及黑客等的攻击。

（三）财务风险

造成公司产生财务风险的因素包括外部环境因素和企业自身因素。①外部环境因素：公司财务活动处于一定的环境之下，并受一定环境的制约，包括国民经济整体的形势及行业景气度、国家信贷以及外汇等政策的调整、银行利率及汇率的波动、通货膨胀程度等。公司理财环境的变化是难以预见和难以改变的，这必然影响到公司的财务活动。②企业内部因素：公司初期的财务管理基础薄弱，缺乏市场观念和对外部环境变化的应变能力。另外，公司建立初期，没有成熟的财务管理和监督机制作为借鉴，可能致使内部财务关系混乱。

（四）信用风险

现今网上欺诈行为愈演愈烈。网络欺诈不仅使厂商和消费者在经济上蒙受重大损失，更重要的是它使人们对网络经济这种新的经济形式失去信心，使市场陷入混乱直至最终瘫痪。"有你我心喜"（University）校园网络商城同样也可能会出现这一类信用风险。

十二、风险投资退出机制

在风险投资的运作过程中，风险投资的退出具有重要意义。风险投资能否顺利地退出关系到风险投资企业能否收回资本，进而实现企业投资者地位的转变，使风险投资资本得以较快的循环流动，链接式的实现"投资→升值→退出→再投资→再升值"这样一个风险投资的良性循环的过程。

为此"有你我心喜"（University）校园网络商城，建立了具有自己特色的风险投资退出机制，保持了风险投资流动性、连续性和稳定性的内在要求，为风险投资退出创立了必要的制度支持。

（一）企业管理层回购

管理层回购是时下讨论最为热烈的退出方式，也是"有你我心喜"（University）校园网络商城的重要特色之一。管理层回购是指创业公司发展到一定规模之后，公司的管理人员以及核心技术人员，利用信托等融资方式购买风险投资公司所持的股份，并通过这种重组方式改变创业公司的控制权结构、资产结构、所有者结构，以期激励管理层的创业激情、提高企业效益的一种并购方式。这种方式能够最大限度地保护老股东的利益，同时也是一种激励机制的创新。

（二）风险企业回购退出

回购退出是指通过购回风险资本家手中的股份，使风险资本退出。就其实质来说，回购退出方式也属于并购的一种，只不过收购的行为人是风险企业的内部人员。"有你我心喜"（University）校园网络商城回购的最大优点是风险企业被完整地保存下来了，风险企业家可以掌握更多的主动权和决策权。这将是校园网络商城的跳跃转折点。

（三）清算退出

清算退出是针对投资失败项目的一种退出方式。"有你我心喜"（University）校园网络商城，是一种投资较小、风险较低的投资行为，失败率较低。对于风险资本家来说，一旦所投资的风险企业经营失败，就不得不采用此种方式退出。尽管采用清算退出损失是不可避免的（一般只能收回原投资的64%），但是毕竟还能收回一部分投资，以用于下一个投资循环。因此，清算退出虽然是迫不得已，却是避免深陷泥潭的最佳选择。

十三、结论

"有你我心喜"（University）校园网络商城以二手物品网络交易系统为依托，以全国在校大学生为目标消费群，突破了现有二手交易平台的区域性和非综合性框架。"有你我心喜"（University）校园交易系统相对于其他大型交易网站的优势就在于大学生无需开设店铺，门槛低，并以高品质的服务、专业的中介检测、完善的责任制度及低廉的运费等优势吸引广大大学生的视线。

经过调查研究，"有你我心喜"（University）校园网络商城存在广阔市场前景，将在大学生群体中引起巨大反响，绝大多数将要或正在进行二手物品交易的大学生都会通过它来进行交易。假以时日，"有你我心喜"（University）校园网络商城发展壮大后必将成为全中国具有最大影响力的大学生二手物品交易系统。

第二节 案例评析

评价一份创业计划书优劣，首先要看该计划书的完整性，其次要看项目选择上的创新性，但仅有新颖的项目还不够，更重要的是要看项目的可行性。"有你我心喜"（University）校园网络商城策划书作为 2010 年获得第七届"挑战杯"创业计划山东省特等奖和国家银奖的作品，以大学校园网络商城的公司化运作作为表现形式，选取了具有广阔市场空间的大学生二手物品交易进行创业计划书的策划。既有与众不同的创业机会和目标市场的选择，又有针对大学校园和在校大学生独到的经营与发展战略。下面就"有你我心喜"（University）校园网络商城策划书的优点和不足做一点评，供大家参考。

一、"有你我心喜"（University）校园网络商城策划书的优点

（一）选题新颖、重点突出、独具特色

"有你我心喜"（University）校园网络商城，立足于网络时代，面向全国几千万在校大学生，抓住大学生的二手物品交易的广阔市场空间。同时，积极鼓励大学生进行二手物品交易，也有助于大学生树立健康环保的消费观念，促进整个社会的可持续发展。着眼点新颖，主要解决大学生二手物品的交易问题，做到资源循环利用，促进社会的可持续发展。

"有你我心喜"（University）校园网络商城是一个专注于大学生二手物品交易的C2C（消费者与消费者）电子商务系统。与传统 C2C 网络购物系统一样，本交易系统具有产品多样性、价格低廉性、购物便捷性等主要特点。同时，结合 B2C（商家与消费者）在统一管理方面的优势，在保证为卖家降低门槛的同时，为买家提供一个既相对安全又省钱的购物环境。真正做到让卖家省心，让买家放心。公司坚持"同城交易为主，异地交易为辅"的交易模式，从而保证了交易的品质以及交易价格的低廉。

（二）经营战略详实、发展战略定位准确

1. 经营战略

（1）市场定位准确

"有你我心喜"（University）校园网络服务有限公司把经营方向定位于通过"有你

我心喜"（University）校园网络商城进行二手物品交易以及二手物品信息发布、广告投放等。同时，公司以倡导大学生理性消费，促进节能、低碳、绿色环保、循环经济的发展为最终目标。

（2）市场宣传到位

"有你我心喜"（University）校园网络服务有限公司将通过各大高校校园媒体、组织工作人员、人人网、开心网等社区网站进行推广宣传。

（3）关注公益事业

关注公益事业是该作品的一大特色。即每年定期向大学生发起爱心捐助活动，向西部山区捐赠二手衣服、书籍等物品；每年暑假组织为期两周的大学生西部志愿活动，如助教等。

（4）倡导的理念与众不同

公司的最终目标是倡导大学生理性消费，促进资源的可持续利用，促进低碳、节能、环保、循环经济的发展。

2. 发展战略

"有你我心喜"（University）校园网络商城在发展过程中将采用在内容和地域范围内同时三步走的战略。第一步，以德州学院为起点并逐步向滨州、济南、聊城等周边城市高等院校发展扩张；第二步，在周边城市试点发展成熟后，将范围扩张到山东省所有高校，将其发展成为山东省内最大的大学生二手物品网络交易网站；第三步，山东省内高校推广发展成熟后，将触角伸展到全国各大城市的各大高校，形成全国范围的覆盖。三步走战略切合新开办企业的实际，定位准确。并且能够吸引更多的资源，具有可操作性。

（三）作品对市场需求、所属行业竞争的分析准确到位

"有你我心喜"（University）校园网络商城专注于大学生二手物品交易，有利于节约社会资源，循环利用社会闲置资源，发展循环经济，帮助当代大学生养成节约资源、环保的理念。并且通过调查问卷的形式做了详细的调查，结果显示随着经济的持续快速发展，人们生活水平的大幅度提高，大学生的消费观念和消费心理发生了很大的变化，主要向实惠型、多样化和理性化发展。因此，"有你我心喜"（University）校园网络商城具有巨大市场潜力，将引起大学生的广泛关注。

通过问卷调查确定了目标市场，即初始阶段将把山东省内的各个高校作为主要目标市场，逐步向周边省市的高校辐射，最终把全国各个高校作为目标市场。

对于竞争对手进行了详细的分析和调查，既保证了保底市场又开拓了风险市场，同时对风险市场进行了分析及预测。

（四）独具特色的组合盈利模式为公司的高效率运转打下了良好的基础

该方案建立"同城交易为主，异地交易为辅"的交易模式，采取逐步扩大规模的

发展战略。将公司发展分为三个阶段，在各个阶段采取不同的盈利模式。①创业阶段一方面赚取中间差额，另一方面以广告收入作为盈利。②发展阶段将二手物品销售作为盈利主要来源。另外，将与物流公司合作，异地交易绑定物流，收取一定的服务费用。③成熟阶段依靠吸纳加盟商，收取一定份额的代理费。

这种盈利模式考虑得非常实际，既保证了价低质优同时赚取广告利润来维持公司的正常运转，还能够吸引更多大学生的关注。

（五）风险及其防范分析到位

该作品详细分析了市场竞争风险中的大型网购交易市场的冲击、网络安全风险中技术人员的失误以及病毒黑客的攻击、财务风险中国家金融货币政策以及公司内部的财务管理失误、信用风险中的网络欺诈，并且针对每一类风险都制定了详细的风险防范措施，保证了公司能够顺利运转。

（六）制定了详细的风险投资退出机制（略）

二、"有你我心喜"（University）校园网络商城策划书的缺点

（一）投资收益分析过于乐观

首先，在资金需求及流动预测中对形势估计过于乐观。从投资预测表中我们看到，预期利润远远大于前期投入。其次，对于风险投资者的投资没有详细的分析，不能够让投资者相信该项目，看不到投资何时能够收回。这样一来，就无法吸引更多的风险投资者的投资。

（二）投资收益与风险分析和现实脱节

从作品中可以看出，由于是在校大学生的作品，所以，在投资收益与风险分析中，有重理论而脱离实际的成分。

三、作品整体评价

该作品突出了专注于大学生的二手物品交易，并且展现了自己独特的"同城交易为主，异地交易为辅"的营销策略。作品旨在借助于网络实现大学生二手物品的循环利用，促进节约型社会的发展，同时还传递出关注公益事业的理念。虽然在财务分析、投资回报以及风险控制方面的设计和策划有些欠缺，但从作品的整体上看，瑕不掩瑜。作品不仅具有理念的创新性、经营和发展战略的创新，而且由点到面的可行性分析也比较到位。

第七章 "微影时代"
——商业微电影策划书

第一节 作品简介

第四届全国大学生电子商务"创新、创意及创业"挑战赛山东省特等奖、国赛一等奖

团队名称：V 影团队

团队成员：白壮　左江月　杜文军　孙建强　张冉冉

指导教师：郑晓燕　任天晓

摘要

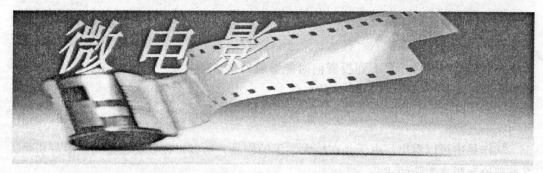

图 7-1

微电影以"微"见长，能在几分钟甚至几十秒内讲述具有完整故事情节的瞬间精彩。相比电视广告等传统媒体，微电影营销的性价比高、传播范围广、成本低，吸引了众多品牌商尝试微电影营销。广告植入微电影已成为观众喜闻乐见、企业认可的新兴事物。

自 2011 年至今，我们 V 影团队与"星感觉"影视传媒有限公司合作，先后拍摄了《以毕业的名义》《深深爱》《死亡烙印》等多部微电影，并取得了优异的成绩。我们V 影团队在发展的过程中制定了不同阶段的发展策略。

发展初期，我们 V 影团队与"星感觉"影视传媒有限公司合作，利用各种方式、渠道，积极开拓微电影市场，为企业提供微电影拍摄服务，业务范围确定在山东省内，盈利来源于商业微电影的拍摄收入。

发展中期，根据我们 V 影团队的规划，注册"微时代"影视传媒有限公司，建立"微时代"门户网站，为广大微电影爱好者提供学习、分享、参与的机会，提供展示、交流、合作的平台。网站提供在线观看、在线交流服务；商业微电影策划、拍摄服务、拍摄教程；接受原创投稿、视频上传等。这个时期，我们 V 影团队的利润来源为视频播放的广告收入和微电影的拍摄收入。

发展后期，我们 V 影团队采取招加盟商的方法来扩展商业微电影拍摄业务量，选择有微电影制作经验的影视传媒公司，在对方自愿的前提下，双方签订加盟协议。我们 V 影团队将微电影制作业务分配给各个加盟商，共同制作让商家满意的商业微电影。这个时期，盈利来源于我们 V 影团队和加盟商的利润分成。

一、创意背景

(一) 国家政策和网络视频平台的竞争推动微电影的发展

随着"限娱令""限广令"等一系列政策措施的执行，国内视频网站的平台价值借此机会获得了较大的提升空间。"限娱令""限广令"促使微电影借助视频网站的平台成为品牌内容的最佳接盘者。

同时，网络视频同质化竞争严重，网站需要寻找差异化的竞争路线，提升原创能力。在这种竞争环境下，自制微电影则是一个很好的选择。公司利用微电影的迅猛发展势头插入广告，使得电影中插入广告变成了"广告中插入电影的转变"，又赋予了其新鲜特色。

(二) "微时代"迎合了人们在快节奏生活方式下获取信息的需要

在"微时代"，媒体的表现因人们消费的需要而不断改变。当人们面临日益加快的生活节奏和获取更多信息的需要时，我们希望以最短的时间获取最多的信息。而微电影这种免费的、灵活的、短小精悍的电影形式更符合现代人的收视心理。

(三) 微电影开辟了商家营销宣传的新途径

随着中国网民素质的提高、自我意识的崛起，广大网民对广告的容忍度越来越低，尤其是那些生硬、直白、单调的叫卖式广告。而微电影采用了更软性、更灵活、更易接受的营销方式，将广告带入了我们的视野。

面对高昂的几十秒的电视广告费用投入，很多企业更愿意选择采用微电影的形式，以一种新颖的方式来抓住消费者的心。

影视技术的普及让更多的人尝试制作、发布微电影，这也正是微电影能够发展壮大的直接驱动力。

(四) 公司所在地及周边的竞争力小，市场潜力大

我们 V 影团队与"星感觉"影视传媒有限公司合作拍摄的微电影多次在省级比赛

或国家级比赛中获得过优异成绩。据我们了解，到目前为止，公司所在地——德州及周边地区，还没有其他专门制作商业微电影的传媒公司。经过近几年的合作发展，"星感觉"影视传媒有限公司已经成为一家拍过多部微电影的、技术成熟的公司，这些情况使得我们V影团队在这个地区拥有了宽广的发展空间。

（五）稀缺的专业微电影网站

目前，专业的微电影网站极少，还处于鱼龙混杂的状态。视频网站是微电影的第一批推动者，优酷网、搜狐视频都曾经参与微电影的拍摄制作，但作为平台商，其优势是具有平台播放的资源，但是不擅长微电影的创作、制作和整合推广，而发行也仅局限于自身的平台，规模很难做大；专业的影视公司擅长拍摄制作，但是没有发行平台，很难与企业客户建立起商业化的沟通与合作。

二、公司简介

"星感觉"影视传媒有限公司，下设包括星感觉录音棚、微电影工作室和影视专题部等部门。自2011年以来，"星感觉"影视传媒有限公司先后制作了10多部电影、微电影等影视作品，并且被德州电视台多次新闻跟踪报道与播映；与此同时，新浪、搜狐、优酷、土豆等全国各大专业视频网站播放累计超过上百万次，更获得省内多项奖项。

公司结构见图7-2。

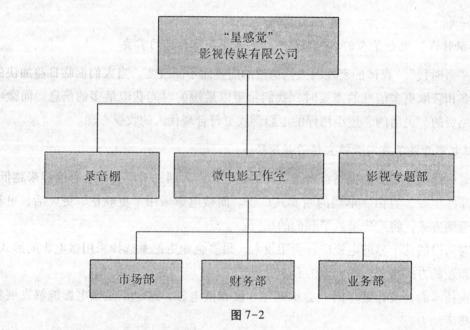

图 7-2

我们V影团队依托于"星感觉"影视传媒有限公司成立了微电影工作室。前期，工作室为企业提供细致周到的微电影定制服务；中期，我们在原有的基础上建立了微电影门户网站；后期，吸纳各地加盟商。

三、公司服务

(一) 初期——微电影制作

初期，我们 V 影团队与"星感觉"影视传媒有限公司合作，利用各种方式、渠道，积极开拓微电影市场，为企业提供微电影拍摄服务，包括全程拍摄及后期制作，业务范围确定在山东省内。我们 V 影团队在拍摄前与商家就商业微电影制作内容等签订合同，按照合同要求制作商家满意的短片，盈利来源于商业微电影的拍摄收费。

微电影制作流程见图 7-3。

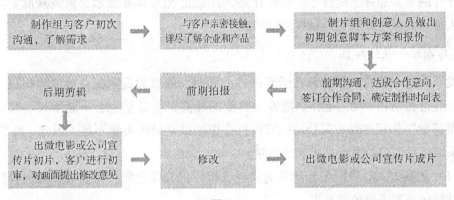

图 7-3

(二) 中期——网站运营

中期，我们建立"微时代"网（http：//thegxt. hostt. in/），致力于为广大用户提供最快速、最专业、最有效的微电影资讯，为专业从事微电影行业的人士提供展示、交流、合作的平台，为广大微电影爱好者提供学习、分享、参与的机会，旨在推动中国微电影行业朝着专业化的方向发展。

"微时代"网包含微电影在线视频、微电影资讯、剧本交流、合作拍摄等模块。同行业内专业机构合作，举办专业性的微电影、微剧本比赛以及各种活动。

（1）提供微电影在线观看服务。"微时代"网集合国内外优秀微电影短片，供网友、爱好者及专业人士在线浏览、评论、交流。同时，开发出手机客户端，为观众提供微电影移动观看平台，打破时间、地域限制。

（2）提供爱好者和专业人士在线交流服务。"微时代"网设有网友在线交流模块，爱好者或专业人士可以互相交换微电影创作心得、拍摄心得、经验。

（3）提供微电影制作服务。"微时代"网和"星感觉"影视传媒有限公司长期合作。"星感觉"影视传媒有限公司拥有专业的影视制作团队，包括摄像师、灯光师、化妆师、后期制作等专业人员。利用"星感觉"影视传媒有限公司的微电影制作团队，为企业量身定制适合其产品或服务的商业微电影，让企业花很少的钱达到比传统广告更好的营销效果。

（4）提供拍摄教程。"微时代"网提供微电影拍摄教程视频、文章，以及国内外优秀微电影作品的幕后制作遇到的问题和解决办法、导演手记等资料，为广大观众展示微电影的幕后故事，供爱好者交流学习。

（5）网站接受投稿。"微时代"网接受网友推荐的自己或他人的微电影视频或剧本，作品包括任何形式、任何题材的微电影视频、微电影剧本、改编视频、原创 DV、动画短片、艺术短片等。

（6）定期组织微电影比赛。"微时代"网和微电影组织合作，定期组织微电影比赛，呼吁网友参加并上传自己的短片作品，评选出优秀作品展示，供观众欣赏。让更多的人加入到微电影欣赏、制作的行列。

（三）后期——吸纳加盟

发展后期，我们 V 影团队在运营网站的同时，依然为商家提供微电影拍摄、制作服务。经过初期和中期的运作，随着知名度的提高，业务量也会不断增长。仅仅通过与"星感觉"影视传媒有限公司一家机构合作拍摄，显得力量不足，因此，我们 V 影团队采取招加盟商的方法来扩展业务量。

（1）加盟方式：我们 V 影团队为加盟者提供部分微电影拍摄业务，加盟者按照要求拍摄制作商家满意的微电影。

（2）加盟方法：我们 V 影团队根据自身需求，挑选出具有拍摄高质量微电影能力的影视传媒公司，经公司审核批准后，签订合作加盟协议。总部将部分微电影制作业务分配给各个加盟商，为加盟商增加业务量、提高利润的同时，也为自身带来利益。

（3）加盟对象：自愿加盟，并有一定影视制作能力的传媒公司。

（4）利润分配：微电影制作收入扣除费用后，我们 V 影团队与加盟商按照 7∶3 的比例分享利润。扣除的费用主要包括人员工资、策划费用、拍摄中各项新增物资和器材费用、后期制作费用等。

（5）加盟程序（见图 7-4）：

图 7-4

四、前期获奖及成果展示

(一) 奖项展示

自 2011 年至今，我们 V 影团队与"星感觉"影视传媒有限公司合作，先后拍摄了《以毕业的名义》《深深爱》《死亡烙印》等多部微电影，并获得第五届山东青年微电影大赛一等奖、三等奖等奖项。

(二) 成果展示

2011 年暑期推出的超清微电影《以毕业的名义》，首次引起轰动，被上百个视频网站转发，观众好评如潮。

2012 年 1 月推出的超感人贺岁微电影《深深爱》，让无数观众感动得泪飞如雨……

2012 年 2 月推出的超清惊悚微电影《死亡烙印》，以其独特的题材、完美的画面，给观众以巨大的视觉冲击和享受。该片被优酷网首页推荐，并和筷子兄弟的微电影《父亲》同期登上优酷最酷榜。

2012 年 7 月制作完成的毕业微电影《如果爱忘了》，上传十天就在新浪视频、优酷、56 网获得首页头条推荐，累计点击超过 300 万次，同时被微博、人人网、QQ 空间、百度贴吧等转帖超过 10 万次。

五、市场分析

(一) 市场机会分析

微电影的商业运作模式在为业界打开市场空间的同时，也有力地推动了我国电影产业文化的发展壮大。微电影作为一种新媒体，正站在巨人的肩膀上，前途一片光明。商业微电影虽然年轻，却有着强劲的发展势头和光明的发展前景，众多的市场机会带动着它的成长。

1. "限广令"的推出给商业微电影带来了机遇

2011 年 7 月和 10 月国家广电总局分别推出了"限娱令"和"限广令"。取消插播广告自然会带来收视率的提升，更优质稀缺的广告时段遇到不断增长的市场需求，广告费用也被自然地推高。

因此，面对有限的天价广告时段，众多企业只能选择另谋他途。成本低廉的微电影在这个节点上开始被更多的企业看到，被他们放在可选之列。将微电影与广告结合，既有商业性又带有娱乐性质。企业不用再担心高昂的广告费用，一部小小的微电影就能给企业做好宣传。

2. 快节奏、高效率的生活给商业微电影创造了机会

微电影高效快速、门槛低、放映渠道广泛等特性，不仅符合现代社会快节奏生活

方式下人们的观看习惯，也能令观众感受到更具想象力的影音表现，同时也可以满足注意力稀缺时代消费者自主参与感和注意力回报率的需求。微电影形式简单、短小精悍，恰好在"体型"上契合了受众即时消费的诉求，它既可以满足时间上的"碎片化"需要，也可以满足传播上的"碎片化"需求。人们可以充分利用各种时间"碎片"，包括坐车、等人、排队等闲暇时间，用 3G 手机或上网本看完一部"微电影"，感受一场关于青春和梦想的共鸣、海枯石烂的爱情。

3. 广阔的市场需求为商业微电影提供商机

相对于传统电影或是长视频，微电影更为贴合品牌传播的需求。品牌客户对微电影已经越来越重视，需求正在迅速增长，并且这种需求也在一步步地推动微电影产业链的拓展和延伸，并最终走向成熟。微电影成为落在电影与广告重合处的新事物。据专家估计，我国微电影产业价值将在未来五年内达到 100 亿元以上。在传统广告市场竞争日益激烈的行情下，商业微电影凭借强大的互联网传播平台和更为优越的表现形式，成为备受业界关注的广告营销新阵地。目前，越来越多的企业逐渐了解微电影，尝试拍摄商业微电影。

4. 网络时代的变迁给商业微电影以支持

网络和各种移动终端早已将集中在电视机前和电影院里的人群打散。在媒体多样化的当下，人们的关注习惯也经历了明显的碎片化过程，有更多的年轻用户流入网络。商业微电影正是顺应了网络时代的变迁，依靠带宽与云端技术的支持在网络上以不可思议的速度蹿红，引发了"核裂变"的效应。以《看不见的女朋友》为例，影片在十几分钟内就讲述了一段惊心动魄且感人至深的故事，在土豆网播放量达到 1 381 718 次，站外播放达到 666 785 次。商业微电影时代已经来临，而且势不可挡。

5. 影视技术的更新和普及是微电影产生的直接驱动力

影视技术突飞猛进，影视设备的购置成本大幅降低，技术壁垒越来越低，甚至用照相机、手机就可以拍摄制作微电影。例如，《纵身一跃》就是蔡康永用 Samsung Galaxy 拍摄出来的。影视技术的普及让更多的人尝试微电影的制作、发布，这也正是微电影能够发展壮大的直接驱动力。

6. 稀缺的专业微电影网站

目前，播放微电影的网站很多，但是专门播放微电影的网站很少，而且还处于鱼目混珠的状态。像土豆、优酷一类的网站，虽然也播放微电影，但并不是专业的微电影的网站。还有一类像爱微电影网、爱奇渔网等，也是专业的微电影网站，但这样的网站不多，且发展都是良莠不齐的。这恰好给我们网站的发展带来了契机。

(二) 市场调研

1. 调查方案

(1) 调查目的。掌握各企业对商业微电影的了解和看法；了解商业微电影市场存在的问题；了解有多少企业会接受微电影营销的理念，并尝试微电影营销，以了解市场情况，为我们提供资料和依据。

（2）调查对象。样本容量 200 份，调查对象是大、中、小型企业；调查地点选为德州、济南、潍坊、青岛，各占调查总量的 25%。调查对象的有效率为 91.5%。此外，我们还可以通过当今流行的网络进行调查，其结果已汇入总调查结果，作为重要数据来源。

（3）调查方式。本次调研主要采取访谈法，其中访谈法分为实际访谈和网络访谈。实际访谈即调查人员进入企业，与企业相关人员交流，通过交流由调查人员填写访谈报告。网络访谈即对于外地的企业，调查人员可以与相关人员通过网络交谈，按照实际调查结果填写访谈报告。

（4）调查时间。2012 年 7 月 20 日—2012 年 11 月 1 日。

（5）调查内容。主要调查各企业对微电影广告定制的看法、需求度等，预测市场潜力。

（6）数据整理。通过调查问卷统计得出如下有效数据：有效访谈报告为 183 份，其中大型企业为 93 份、小型企业为 90 份。

微电影和电视广告的顾客接受程度对比统计：根据调查，有 83% 的客户愿意接受商业微电影，有 12% 的客户倾向于电视广告，有 5% 的客户表示无所谓。见图 7-5。

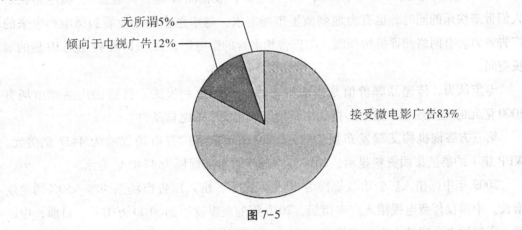

图 7-5

从企业类型来看：有 88% 的大中型企业接受微电影理念，有 66% 的企业愿意尝试这种新型的营销方式，只有 12% 的企业持观望态度。有 83% 的小型企业可以接受微电影营销理念，有 59% 的企业愿意尝试拍摄微电影，有 17% 的企业持观望态度。

从行业角度来看：①零售业，有 43% 的企业会尝试拍摄微电影，50% 的企业能接受这种理念；②旅游业，有 38% 的企业能尝试拍摄微电影，18% 的企业持观望态度；③文娱业，有 35% 的企业会尝试拍摄微电影，40% 的企业能接受这种理念；④其他，有 29% 的企业会尝试拍摄微电影，40% 的企业能接受这种理念。

2. 调研结果分析

（1）大部分企业认识到微电影的商业价值。通过对德州、济南、潍坊、青岛四个城市的调查发现，很多企业逐渐了解到微电影营销的商业价值，不再认为微电影仅仅是一种娱乐，更多的是它能为企业产品或服务带来很好的营销效果。微电影不但可以讲完一个完整的故事，而且可以提升品牌形象。面对天价的广告，更多的企业会接受微电影营销。

（2）不同行业对微电影的需求不同。通过对不同行业的分析，不同行业对商业微电影营销所持的态度不尽相同。零售业和旅游业愿意尝试商业微电影营销的企业比较多，原因是对于济南、潍坊、青岛各地的旅游业比较发达，带动经济的发展，为宣传自己的特色，很多企业愿意尝试拍摄微电影。受到益达和百事的影响，很多零售业乐于尝试适合自己品牌的微电影。在不同类型的企业中，大中型企业与小型企业相比，大中型企业对微电影的满意度较高，也更愿意尝试拍摄微电影。

（3）八成大中型企业乐于尝试微电影营销。通过数据分析得知，其中有大部分企业愿意接受微电影理念，并有八成大中型企业乐于尝试微电影营销，只有两成企业对微电影了解甚少，持观望态度。随着近几年经济的发展及微电影的普及，更多的企业逐渐认识到微电影的商业价值，能接受并乐意尝试微电影营销，以此宣传自己的品牌。

3. 市场需求预测——"小体积"的微电影，成就品牌的"大理想"。微电影在给人们带来快乐的同时，也有力地刺激了市场需求。越来越多的企业看到微电影带来的广告效力。有网络测评机构预测，与广告相融合的微电影，到 2014 年将达到 10 倍的增长空间。

专家认为，传递品牌价值是当前微电影主要的盈利模式。目前国内品牌市场有 3000 亿元的庞大规模，微电影将从中获得产业化发展的绝佳条件。

第三方咨询机构艾瑞发布报告显示，2009 年全球广告市场规模为 4437 亿美元。WPP 旗下的群邑集团资料显示，2010 年全球广告市场规模为 4740 亿美元。

2009 年中国植入广告市场规模为 20 亿人民币，植入广告市场以 40%～50% 的速度增长。中国仅付费电视植入广告市场，2010 年的规模就达到 3100 万美元。目前，中国植入广告约占全球植入广告市场的 2.56%，中国植入广告与国外既存在很大差距也具有很大的发展空间。

（三）SWOT 分析

SWOT 分析是进行企业外部环境和内部条件分析，从而寻找二者最佳可行战略组合的一种分析工具。在这里 S，代表企业的"长处"或"优势"（Strengths）；W 代表企业的"弱点"或"劣势"（Weaknesses）；O 代表外部环境中存在的"机会"（Opportunities）；T 代表外部环境所构成的"威胁"（Threats）。

优势（S）：

S_1——专心做微电影，因为专一，所以专业。"微时代"门户网站只集中微电影视频，提供各种与微电影相关的服务。

S_2——门户网站集周边服务于一身，不仅提供在线视频，还有微电影资讯、在线交流等模块。多数提供微电影的视频网站，只是将微电影作为一个小部分，没有提供系统全面的微电影讯息、教学、交流服务。

S_3——合作拍摄成本低，收费低。根据公司前期实体拍摄的经验，我们的微电影制作收费多集中于10万元左右，成本在3~5万元，这比其他拍摄机构低得多。

S_4——微电影营销成本低，传播迅速，性价比高。

目前广告商对微电影的态度更为积极、主动。相比于传统的影视剧产品，微电影片长短、制作快、投资小。通过新兴媒体传播方式得到广泛传播。对企业营销来说，拍摄商业微电影以及在微电影视频播放过程中加播广告，性价比明显高出传统方式。

劣势（W）：

W_1——门户网站运营经验不足。

我们的"微时代"视频门户网站正处在初期运营阶段，经验不足成为我们的劣势之一。

W_2——品牌知名度低。

初期实体店拍摄业务集中在山东省内。中期网站面向全国刚刚起步，"微时代"门户网站的知名度不高。自身品牌影响力尚需提升。

机会（O）：

O_1——"限广令""限娱令"的颁布促使企业转向商业微电影营销。

"限广令"即国家广电总局针对电视剧中插播广告的时间、长度以及广告类型等做出的一系列规定。

国家广电总局连续下发的"限娱令""限广令"，为网络视频行业带来了一次重要的发展机遇。一系列政策的出台，使得更多企业更愿意制作商业微电影，或在微电影视频播放过程中插播广告。

O_2——微电影迎合了人们在快节奏生活方式下对信息获取的需要。

微电影这种免费的、灵活的、短小精悍的电影形式更符合现代人的收视心理，同时也满足了注意力稀缺时代消费者自主参与感和注意力回报率的需求。目前，多数大中型企业已经认识到人们注意力转移，同时向商业微电影营销方式发展。

O_3——年轻用户看传统电视节目的时间减少，注意力越来越多的放在网络媒体上。

在线视频可以提供更多的主动点播、更好的广告环境。越来越多的年轻用户，可能会通过在线视频浏览方式看传统的节目。

（四）企业核心能力分析

图7-6是核心能力分析矩阵图。

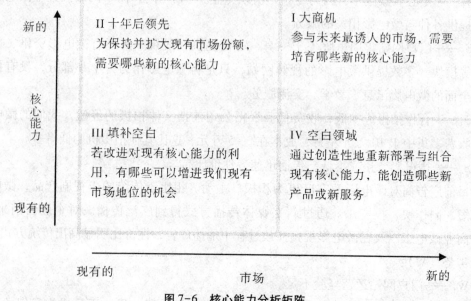

新的

核心能力

现有的

II 十年后领先
为保持并扩大现有市场份额，需要哪些新的核心能力

I 大商机
参与未来最诱人的市场，需要培育哪些新的核心能力

III 填补空白
若改进对现有核心能力的利用，有哪些可以增进我们现有市场地位的机会

IV 空白领域
通过创造性地重新部署与组合现有核心能力，能创造哪些新产品或新服务

现有的　　　　市场　　　　新的

图 7-6　核心能力分析矩阵

通过核心能力分析矩阵分析可以得知：

（1）填补空白。象限 III 是企业现有核心能力与现有产品或服务的组合。通过对本团队核心业务的分析，发现利用其他核心能力支持该项服务以强化其市场地位的商机。"星感觉"影视传媒有限公司通过扩大、改进对现有核心能力的利用，利用已有的专业影音创作团队、专业的设备力量及无限的优秀创意，推出商业微电影定制这一全新的服务，来提高现有市场地位。

（2）10 年后领先。象限 II 提出了一个重要问题：现在应该建立什么样的核心能力才能确保 5 年或 10 年后用户能将我们 V 影团队当做首选供货商？所以，我们 V 影团队团队现在需要做的是不断强化我们拥有精英创作团队及无限创意这一无法模仿复制的核心能力，并通过加速网络建设，来实现 10 年后的领先。

（3）空白领域。象限 IV 是指那些不属于企业现有业务领域的产品——市场商机。企业要做的是开发出或找到这样的商机，来扩展现有核心能力，将其运用到新产品市场上去。现阶段，我们 V 影团队团队推出的商业微电影定制这一全新的服务形式，将会首先占据德州这一空白领域的商机。

（4）大商机。象限 I 中标识的商机与企业目前的产品市场以及现有核心能力都没有任何关系，但如果这种商机意义重大或十分诱人也可以去捕捉。

六、营销策略

（一）竞争对手

发展初期，我们 V 影团队与"星感觉"影视传媒有限公司合作开展商业微电影拍摄项目。地处德州市的 V 影团队，作为德州最具有竞争力的一家公司，占据了德州绝大部分的市场份额，在当地拥有强大的市场地位，能够利用自己的经验能力很容易地在本地获得竞争优势。

发展中后期，我们 V 影团队成立了自己的公司，其主要竞争对手是在市场开拓的过程中遇到的外地的优秀的电影制作团队以及土豆、优酷等大型视频网站。具体分析如下：

（1）很多提供微电影制作的影视公司在经营过程中没有自己的专业推广网站，受地域的限制，使得其业务范围无法扩大。

（2）土豆、优酷、乐视网等大型视频网站虽然是目前无可争议的视频网站老大，但是它们也有自己的缺点：大多都没有自己专门的微电影制作团队，这给微电影创作、拍摄造成了一定的限制；这些网站与网友的沟通交流方面存在不足。

我们 V 影团队依托于"星感觉"影视传媒优秀的微电影制作团队，可以为顾客量身打造一部完美的微电影。

（二）竞争策略

随着"限娱令""限广令"等一系列政策措施的执行，国内视频网站的平台价值获得了较大的提升空间。乐视、优酷、土豆等视频网站受到广告商的青睐，网站收入大幅增加，大有与传统播出机构并行之势，微电影营销迎来了一个新的春天；而且微电影实现了艺术创意与企业文化的完美对接，与长电影相比更具有贴合品牌传播的需求，具有美好的发展前景。并且"星感觉"影视传媒有限公司在当地占有很高的市场地位，我们依托于"星感觉"影视传媒有限公司适合采用市场渗透的营销策略来逐渐扩大我们的业务范围。

在定价方面，我们根据自己的拍摄技术水平制定合理的价格；在运营方面，我们采用网络宣传策略并在末期招收加盟商的经营模式，既克服了地域的限制又避免了网络信息虚拟不可靠等缺陷。同时，电影工作室坚持在公司网上宣传交流业务，在全国范围招收实体加盟商，将拍摄制作任务分配给各地加盟商，为加盟商带去利益，也为自身减轻拍摄任务。

（三）4PS 分析

1. 产品（Product）

电影工作室制作《以毕业的名义》《深深爱》《死亡烙印》等多部微电影在新浪视频、优酷、56 网等网页上取得了大量好评和超高的点击量，使"星感觉"影视传媒有限公司小有名气。

我们的业务主要是为企业拍摄制作商业微电影，用一种新的、更灵活的方式将电影和营销宣传完美地结合起来，可以吸引更多的品牌商来尝试拍摄微电影营销。

发展中期，将设有自己的微电影门户网站，为顾客提供微电影制作、在限观看、在线交流提供等服务。

我们旨在拍摄一部高质量的微电影，为企业提供优质服务的前提下扩大我们的业务，将我们的业务推广至全国，做大做强。

2. 价格（Price）

采取错位竞争策略，相较于其他电影工作室的"天价"，我们团队根据实际拍摄收取合理的拍摄费，为顾客量身打造一部适合公司营销的微电影。

根据公司的自身状况及所在市场需求，我们将根据实际的制作成本采取浮动定价，在制定一般收费标准的同时，根据消费者的需要和特色服务采取与之配套的额外服务收费。

3. 渠道（Place）

我们借助"星感觉"影视传媒有限公司实体拍摄制作设备，通过专门的宣传网站，向全国推广我们的业务、招收加盟商，建立自己的微电影门户网站。具体的渠道如下：

（1）登录搜索引擎，使顾客能够从百度等大型搜索引擎中搜到我们的网站。

（2）提供 QQ、人人、微博等分享途径，欢迎转载分享，增加点击浏览量。

（3）在聊天室适时地向网友发出邀请，邀请网友访问我们的主页，并谦虚地请他们能够给我们的网站建设提出一些宝贵建议，借机会宣传微电影业务，以引起网友们足够的兴趣和注意。

4. 推广（Promotion）

我们 V 影团队推出的商业微电影定制服务面向全国各地有定制需求的客户，我们的促销主要有：

（1）广告促销

我们在"微时代"网上传自己制作的微电影成品，达到宣传商业微电影制作业务、吸引客户的效果。同时丰富网站的内容。

在当地我们可以采用发传单的方式进行小范围的宣传。

（2）营业推广促销

①为提高知名度，在后期制作过程中我们和客户策划、举办微电影首映。

②借助相关活动、节假日、捐助等进行宣传，增加公司知名度。

③定期举办微电影比赛、微电影展等活动。

④我们为每个注册会员提供会员价，实行一定的优惠政策。

（四）网站优化推广策略

1. 首页设计

首页是我们工作室网站的门面，好的首页会激发和引导用户进一步浏览，进而提高点击率。见图 7-7。

2. 网站优化

网站推广从优化网页开始。我们从以下五个方面进行网站的优化：

图 7-7

（1）网站的架构优化：结构优化、电子商务运行环境优化等。

（2）网站页面优化：页面布局、页面设计优化。

（3）导航设计：导航的方便性、导航的文字优化及各项服务的链接介绍等。

（4）链接整理：对网站的内外链接进行处理。

（5）标签优化设计：对相关标签进行优化设计。

通过上述措施，力求在最大程度上完善网站的模块分布，实现信息的及时更新发布，加强网站优化，扩大网站知名度。

3. 网站推广

我们制作的微电影满足了企业营销的需求，因此网站推广则成为营销策略中不可忽视的一个环节。我们结合各方面特色提出具有针对性和可行性的网站推广方法：

（1）添加网页标题。将"微电影制作""在线微电影""用户登录""合作加盟"等关键词添加为网页标题。网页标题将出现在搜索结果页面的链接上，吸引搜索者点击"微时代"网的链接。

（2）与盟友网站做友情链接。加强同网站盟友的联系，如北京深蓝视界、正午阳光录音棚等。

（3）在聊天室里发出邀请。在聊天室里适时地向一些网友发出邀请，请他们访问我们团队的微电影门户网站，为网站建设提出宝贵建议，在聊天之际提高网站点击率，同时宣传我们的商业微电影定制业务。

（4）在各大搜索引擎中注册、登记。搜索引擎是一个进行信息检索和查询的专门网站，是许多网友查询网上信息和进行网上冲浪的第一去处，所以在搜索引擎中注册"微时代"，是推广和宣传网站的首选方法。我们会在网易、搜狐、经济网、若比邻、中国雅虎等搜索网站填表注册，以便于我们的潜在客户群能够在引擎中查到我们注册的门户网站。

（5）请求互换链接。寻找一些与"微时代"网内容互补的站点并向对方要求互换链接。

（6）将网站提交到主要的导航网站检索目录。将"微时代"网提交到现存主要的网站检索目录中，如青年人网址、搜狗导航等。

（7）建立邮件列表，定期向用户发送邮件或其他信息。这是与客户保持联系、建立信任及长期关系的最好方法之一。请"微时代"网的访问者填写他们的电子邮件地址，从而随时收取 V 影团队发送的邮件。

（8）鼓励用户将网站加入收藏夹。在 V 影团队首页上添加收藏图标，为客户收藏提供方便。

（9）在电子邮件新闻邮件中购买短小的文本广告。选择目标定位适合 V 影团队的邮件列表，在发送给该系列用户的新闻邮件中发布简短的文字广告。

（五）网站管理策略

1. 管理方法

"微时代"网进入稳定发展期后，我们采取以下几点做法：

（1）公开信息来源，确保资源权威性；
（2）建立良好的企业形象，提高网络平台信誉度；
（3）运用广告监测系统；
（4）建立留言板，充分了解访客的需求；
（5）充分利用网络聊天功能，方便交流心得。

2. 注意事项

（1）网站由专业人员定期维护，谨防信息泄露、客源被盗；
（2）定期进行系统杀毒维护，避免出现系统瘫痪等情况；
（3）对注册客户的信息采取绝对保密制度，进行分类保存和管理。

七、发展战略与资金运营

通过 SWOT 分析，可以帮助我们把资源和行动聚集在自身优势上，并让我们的战略变得更加明朗；知己知彼、百战不殆，通过分析准确把握自己和对手的优劣得失，做好决策。

通过核心能力分析，我们可以准确把握核心能力的现状及未来的发展方向，以使公司随着市场的发展能够很好地把握自身核心能力，在激烈的市场竞争中能够未雨绸缪，重点发展。

（一）前期（1~2年）

1. 市场规模

我们将初期市场定位为山东，与"星感觉"影视传媒有限公司合作，推出商业微电影拍摄服务。通过近几年的努力经营，"星感觉"影视传媒有限公司的微电影拍摄业务已经走上正轨，在德州市已经具有较高的知名度和美誉度，我们将以此作为市场开拓的基础，突出业务核心，更好地服务于广大消费者。

2. 业务模式

我们的工作人员在山东各地以传统的行销方式招揽业务，由"星感觉"影视传媒有限公司提供拍摄服务。通过大量拍摄商业微电影筹集到足够的资金，为我们中期的网站建设奠定基础。

3. 资金投入

在资金运作方面，主要投入在宣传费用、专业人员的薪酬培训、微电影专业制作及"微时代"门户网站的开发维护费用上。

4. 盈利来源

前期业务以拍摄客户专门定制的商业微电影为目标，主要盈利来源为拍摄商业微电影的收入，为中后期网站的建设筹集足够的资金。

（二）中期（3~6年）

1. 市场规模

中期的市场将以山东为辐射点，面向全国，建立网络联系。同时，随着覆盖范围的增加，客源增多。资金积累到一定程度，我们随即着力构建微电影门户网站。

2. 业务模式

中期业务主要以升级后的门户网站为宣传阵地，构建一个大型微电影分享网站，用户可以在该网站上传、观看、分享、下载微电影，同时增强网络管理。对前期消费者在消费过程中所产生的新需求进行总结优化，充分利用网络优势做大做强。

3. 资金投入

在资金运作方面，前期赚取的利润额主要投入在微电影网站的建设上，其他还有宣传费用、专业人员的薪酬培训、微电影专业制作及门户网站的开发费用上。

4. 盈利来源

利润来源为两部分，一部分为广告商在"微时代"网站上投放广告的收入，另一部分为拍摄微电影的收入。

（三）成熟期（7~9年）

1. 市场规模

成熟期的市场面向全国招实体加盟商，实现全国各地统一收发单，将任务交付消费者所在地的加盟团队设计创作，经过营销创作网络的完善使之发展为一个具有娱乐前瞻性、有影响力的综合性微电影网站，使我们的网络覆盖全国。

2. 业务模式

成熟期工作室加速吸纳实体加盟商的步伐，扩大业务范围，在拍摄制作微电影的同时，通过微电影网站的运营也可以获得较丰厚的收益。

3. 资金投入

在资金投入方面主要集中于网络的升级改造和管理上，其他还有微电影拍摄制作费用、工资薪酬、广告投入等日常支出。

4. 盈利来源

此期间网络建设、运营均进入成熟期，并且我工作室占据了一定的市场份额，以吸纳加盟商带来的利润分成及广告收入为利润来源，盈利将会不断提高，后期的公司会越做越强。服务品质提升，设备更新，经营业绩稳步提高，也会给我公司带来比较可观的利润。

八、财务报表及财务分析（略）

九、投资收益分析（略）

十、风险及其防范

2008年爆发的金融危机使众多大型企业受到了不同程度的波及，股价下跌、物价上涨等都还历历在目。如果我们没有考虑到潜在风险，没有想出一些有效地规避风险的方法，公司会面临被淘汰的危险。简单的回避风险方法是设法远离、躲避可能发生风险的行为和环境，从而达到避免风险发生或遏制其发展的一种策略。

（一）财务风险

公司前期发展较为顺利，盈利较好，但随着中后期发展阶段一系列大型项目的启动，资金会产生问题，可能出现现金流不畅的问题。面对可能出现的问题，拟采取寻求贷款的方式予以解决。

（二）市场风险

社会发展，市场变数极多，这就要求合作公司要有较强的创新意识和开发团队，因市场突变、人为分割等而事先未预测到的风险，尤其是行业里众多企业的激烈竞争也会导致我们的市场份额下降。

（三）经营风险

公司的经营风险与财务风险在产生上是相互依存的。一个公司的存在必然会出现一定的经营风险，财务风险也会随之而来。当公司的决策人员和管理人员在经营管理中出现失误时，将会导致公司盈利水平变化。公司运营前期市场开拓阻力较大，客户资源较少，不利于业务的开展；企业诚信方面处理不当，会导致顾客减少等。

（四）防范措施

加大宣传推广力度，利用各种渠道进行宣传；注重产品开发创新，挖掘客户需求变化，推出新服务；稳抓本地区的客户市场，突出自己专营的竞争优势，尽可能规避利益冲突。

第二节 案例评析

该作品的创意新颖，适应当代发展的潮流，而且未来有很大的发展空间，可操作性强。从作品整体结构设计上看比较紧凑、合理，条理比较清晰。只是在财务数据以及预测上还应该改进和完善。

一、选题及创意分析

当今时代是信息化快速发展的时期，是网络快速发展的时期，因此以网络信息化为依托的微电影是非常好的题材。微电影是当前比较流行的一种广告植入以及商业宣传形式，因此说该项目符合时代发展。

二、创意描述评价

该项目从创业机会、创业背景和服务特色三个方面描述了市场机会，切入点准确，机会分析透彻、客观。

（1）创业机会：商业微电影将短小精悍的微电影与单调乏味的广告神奇地结合起来，把"广告"变成"内容"，把品牌、产品通过故事和流动影像来包装、传达，并且以微时长、微制作、微投资，短小、精练、灵活的形式风靡于中国互联网。

（2）创业背景：国家政策和网络视频平台的竞争推动微电影的发展，随着"限娱令""限广令"等一系列政策措施的执行，国内视频网站的平台价值借此机会获得了较大的提升空间，"限娱令""限广令"促使微电影借助视频网站的平台成为品牌内容的最佳接盘者；微电影迎合了人们在快节奏生活方式下获取信息的需要；微电影开辟了商家营销宣传的新途径；公司所在地及周边的竞争小，市场潜力大；专业微电影网站稀缺。

（3）服务特色："微时代"网是一个专注于微电影拍摄、制作、观看、交流的电子商务平台。该网包含微电影在线视频、微电影资讯、剧本交流、合作拍摄等模块。

三、营销策略应用评价

1. 自身发展以及竞争对手对比分析

发展初期，V影团队与"星感觉"影视传媒有限公司合作开展商业微电影拍摄项目。作为德州最具有竞争力的一家公司，占据了德州绝大部分的市场份额，在当地拥有强大的市场地位，能够利用自己的经验能力很容易在本地获得竞争优势，在山东省范围内也多次获得各种奖项。发展中后期，V影团队成立了自己的公司。

2. 主要竞争对手分析

竞争对手是指在市场开拓的过程中遇到的外地的优秀的电影制作团队以及土豆、优酷等大型的视频网站。该项目对对手的分析如下：

（1）很多提供微电影制作的影视公司在经营过程中没有自己的专业推广网站，受地域的限制，使得其业务范围无法扩大。

（2）土豆、优酷、乐视网等大型的视频网站目前虽然是视频网站老大，但是它们也有自己的缺点：它们把大部分成本放在购买正版长视频项目上，使得版权价格不断上涨。

（3）发展优势总结。V影团队是依托于"星感觉"影视传媒有限公司优秀的微电影制作团队，可以为顾客量身打造一部完美的微电影。该项目建立的"微时代"网的版权成本非常低，也不会出现各大视频网站的"烧钱"现象。在发展的过程中，充分分析对手的优缺点，使得在以后的市场竞争中知己知彼、百战不殆。

3. 竞争机会及策略评价

该项目的竞争策略主要是在外部环境分析的基础上进行了发展机会分析，并以此作为项目发展的前提条件以及定价策略的基础。

"限娱令""限广令"等一系列政策措施的执行，使得国内视频网站的平台价值获得了较大的提升空间。乐视、优酷、土豆等视频网站受到广告商的青睐，网站收入大幅增加，大有与传统播出机构并行之势，微电影营销迎来了一个新的春天；而且微电影实现了艺术创意与企业文化的完美对接，与长电影相比更具有贴合品牌传播的需求，具有美好的发展前景。并且"星感觉"影视传媒有限公司在当地具有很高的市场地位，该项目依托于"星感觉"影视传媒适合采用市场渗透的营销策略来逐渐扩大业务范围。

在定价方面，根据自身的拍摄技术水平制定合理的价格；在运营方面，采用网络宣传策略并在末期招收加盟商的经营模式，既克服了地域的限制又避免了网络信息虚拟不可靠等缺陷。同时，工作室坚持在公司网上宣传交流业务，在全国范围招实体加盟商，将拍摄制作任务分配给各地加盟商，为加盟商带去利益，也为自身减轻拍摄任务。

4. 竞争优势阐述评价

（1）专心做微电影。因为专一，所以专业。"微时代"门户网站只集中微电影视频，提供各种与微电影相关的服务。

（2）门户网站集周边服务于一身，不仅提供在线视频，还有微电影资讯、在线交流等模块。多数提供微电影的视频网站，只是将微电影作为一个小部分，没有提供系统全面的微电影讯息、教学、交流服务。

（3）合作拍摄成本低、收费低。根据公司前期实体拍摄的经验，该项目的微电影制作收费多集中于 10 万元左右，成本在 3~5 万元，这比其他拍摄机构低得多。

（4）微电影营销成本低，传播迅速，性价比高。目前广告商对微电影的态度更为积极、主动。相比于传统的影视剧产品，微电影片长短、制作快、投资小。通过新兴媒体传播方式得到广泛传播。对企业营销来说，拍摄商业微电影以及在微电影视频播放过程中加播广告，性价比明显高出传统方式。

四、公司的运营模式及盈利模式评价

该部分主要是通过对前期、中期、后期项目运营模式的规划，说明项目是切实可行的，同时也阐述了项目的盈利模式。

（一）前期

（1）运营模式：该项目的工作人员在山东各地以传统的行销方式招揽业务，由"星感觉"影视传媒有限公司提供拍摄服务。通过大量拍摄商业微电影筹集到足够的资金，为中期的网站建设奠定基础。

（2）盈利模式：前期业务以拍摄客户专门定制的商业微电影为目标，主要盈利来源为拍摄商业微电影的收入，为中后期网站的建设筹集足够的资金。

（二）中期

（1）运营模式：中期业务主要以升级后的门户网站为宣传阵地，构建一个大型微电影分享网站，用户可以在该网站上传、观看、分享、下载微电影。对前期消费者在消费过程中所产生的新需求进行总结优化，充分利用网络优势做大做强。

（2）盈利模式：利润来源为两部分，一部分为广告商在"微时代"网站上投放广告的收入，另一部分为拍摄微电影的收入。

（三）后期

（1）运营模式：后期该项目加速吸纳实体加盟商的步伐，扩大业务范围，在拍摄制作微电影的同时，通过微电影网站的运营也可获得较丰厚的收益。

（2）盈利模式：此期间网络建设、运营均进入后期，并且占据了一定的市场份额，以吸纳加盟商带来的利润分成及广告收入为利润来源，盈利将会不断提高，后期的公司会越做越强。服务品质提升，设备更新，经营业绩稳步提高，也会给该项目带来比较可观的利润。

五、发展战略评价

该项目在发展战略的制定上考虑了合作依托以减少风险、通过各种渠道宣传以扩大影响、通过加盟快速发展等环节，总的来讲比较为稳健，既不盲目也不急于求成，没有一味的贪多求快，比较符合公司的发展规律。

（一）在内容上

（1）初期，Ｖ影团队与"星感觉"影视传媒有限公司合作，利用各种方式、渠道，积极开拓微电影市场，为企业提供微电影拍摄服务。

（2）中期，根据该项目的规划，注册"微时代"影视传媒有限公司，建立"微时代"门户网站，为广大微电影爱好者提供学习、分享、参与的机会，提供展示、交流、合作的平台。网站提供在线观看、在线交流服务；商业微电影策划、拍摄服务、拍摄教程；接受原创投稿、视频上传；为用户提供免费的手机客户端等。

（3）后期，该项目采取招加盟商的方法来扩大商业微电影拍摄业务量，选择有微电影制作经验的影视传媒公司，在对方自愿的前提下，双方签订加盟协议。公司将微电影制作业务分配给各个加盟商，共同制作让商家满意的商业微电影。

（二）在地域上

（1）前期：该项目将市场定位为山东，与"星感觉"影视传媒有限公司合作，推出商业微电影拍摄服务。

（2）中期：此时的市场将以山东为辐射点，面向全国，建立网络联系。

（3）后期：面向全国招实体加盟商，实现全国各地统一收发单，将任务交付消费者所在地的加盟团队设计创作，经过营销创作网络的完善使之发展为一个具有娱乐前瞻性、有影响力的综合性微电影网站，使我们的网络覆盖全国。

六、市场营销策略评价

该项目从三个方面阐述了市场营销策略，这些策略也是非常符合当前网络信息时代现状的。

（一）网站优化和网站推广策略（略）

（二）传统营销策略

相对于网络推广这一种较为新潮的营销推广战略来说，现实中网下的传统推广方法依然奏效且不容忽视。V影团队推出的商业微电影定制服务面向全国各地有定制需求的客户，其中包括经常接触传统传播方式的人群。

（三）网站的稳定期营销及管理策略

进入稳定发展期后，该公司主要采取以下几点做法加强稳定期营销及管理：

（1）建立良好的企业形象，提高网络平台知名度；

（2）建立加盟制度；

（3）建立消费数据库，充分了解企业对微电影的需求和制作心理；

（4）不断开发升级网站，为大家提供更方便的微电影传播途径；

（5）充分利用网络聊天的功能；

（6）保障交易者的权益，推进网络交易的法律进程，加大诚信保障。

七、投资收益评价

这是创业计划书必不可少的部分。该项目详细做了现金流量预测分析，计算了投资净现值（NPV）、内含报酬率，估算了投资回收期。通过量化的数据和相关财务指标的分析，证明该投资项目具有较好的投资可行性，可以长期持续运营。

但是，在此部分仅仅是预估，有很多无法预料的市场变化，同时实际市场运作中将遇到的困难也无法预料，尤其是前期投入。所以说，该项目能否实现是未知数。这也是该作品在策划投资收益部分时应该考虑的，也就是如何策划才能吸引到金融（风险）投资家对自己项目的认可。

通过以上分析可以看出，该项目创意新颖，而且在竞争对手分析、营销策略策划等环节上做得很好，可以说的这是一个比较完善的策划案。但是该项目策划还应该在风险控制、前期项目启动上进行改进，以增强项目的可执行性。

第八章 "信飞扬 情满苑"
——电信校园营销策划案

第一节 作品简介

第八届(新加坡)国际市场营销大赛中国区选拔赛山东省一等奖、国家二等奖作品

参赛学校：德州学院

团队名称：飞扬五人组

团队成员：徐国栋 唐卫征 孟 云 吴玲辉 徐亚飞

指导教师：郑晓燕 杨淑萍

摘要

通过对通信市场的调查分析，发现大学校园通信市场极具发展潜力。我们通过走访调查与上网搜索统计得知，目前中国电信在学生市场的占有率较低，而电信的产品很好，只是在宣传与营销方式上需要进行调整。为了促进中国电信进一步走进学生生活，打开校园市场，本团队特撰写本营销策划方案。

本作品首先从当前校园经济环境、国家政治法律环境、中国电信自身的技术环境、大学校园文化环境以及大学生的消费特点等方面进行分析，详细阐述电信的优势、劣势、机遇与面临的威胁；同时，我们选择中国移动与中国联通作为竞争对手，在市场、产品（着重是业务与资费情况）等方面对三者进行竞争分析，最终将目标市场定位于校园市场，而且选中"学生"和"教职工"作为营销的主要群体。结合中国电信目前的营销策略，我们在此基础上不断进行创新，进一步拓宽营销渠道，制定切实可行的营销策略。在产品策略中，我们开创新理念、制定新的校园业务；在价格策略中，我们采用适当优惠价策略、低价渗透策略；在分销策略中，我们抢占"准大学生"市场，采用校企合作和校园代理的方式服务在校大学生，同时关注毕业生；在促销策略中，我们进行人员推销策略，设计了具体的广告内容进行广告促销，同时实行"预存话费赠手机"和"业务体验"、"快乐假期业务"等营业推广方案。公关关系方面，通过"电信与您同行活动"和校企合作的方式，树立良好的企业形象，对中国电信进行充分的宣传。最后，我们根据营销策略进行营销成效的分析，进一步论证本营销策划方案的可行性。

本方案的目的在于提升中国电信的品牌影响力,加强客户对电信产品的进一步感知度。方案的短期目标是:扩大中国电信在校园内的影响力,带动更多的大学生和教职工了解电信、关注电信、使用电信。方案的长期目标是:从一批批"准大学生"入手宣传,推出电信业务,在校期间对他们进行潜移默化地宣传,当他们走出校园,走向社会成为未来商业人士时仍会继续使用电信产品,让电信产品的优势扎根到消费者内心,抓住客户,从而赢得市场。

一、创意背景

随着科学技术的发展,中国通信领域得到长足地发展,作为中国信息化建设的主力军以及中国主体电信企业和最大的基础网络运营商,并且随着国家 2008 年实施新一轮电信体制改革和 2009 年年初发放第三代移动通信(3G)牌照,中国电信集团公司迎来了全业务经营和 3G 发展的新机遇、新挑战。中国电信拥有强大的业务支撑网络、固话、宽带、CDMA 手机业务等。2011 年 3 月 29 日 10 时 58 分中国电信移动用户过亿,成为全球最大 CDMA 运营商。虽然如此,但中国电信在我国校园市场的占有率和中国移动相比较仍显逊色。

人们在生活水平提高的同时,对通信的要求也逐步提高,其消费更加趋于理性,更加向往实用性强、绿色环保的产品。尤其是当代大学生,作为时代潮流的引领者,消费需求呈现多样化与现代化。因此,通信行业必须不断调整自己的策略,不断研发生产出更加人性化的、更加方便快捷的通信产品,不断满足消费者的使用需求。中国通信产业的三大"巨头"(中国移动、中国电信、中国联通)在面临巨大商机的同时,应该如何把握好机会,抢占高校市场先机?为此三大"巨头"进行着激烈的角逐。

在当今的高校市场中,由于中国移动较早地进入高校市场,使其占据了先入为主的优势,而中国电信、中国联通则相对来说处于劣势地位。但随着中国电信、中国联通逐步拓展高校市场,中国移动已不再是一家独大。面临着新的挑战,电信随着 3G 挑战,电信随着 3G 时代的到来,自身竞争筹码加重,拥有新的机遇。目前高校的绝大部分学生属于"80 后"、"90 后",以追求时尚潮流、新鲜刺激为主流思想,他们对手机使用要求特别高,同时因为自身条件的限制也很重视资费问题,而中国电信的低资费和强大的网络优势正好满足了当今大学生的这些需求。中国电信拥有高品质产品,但相对来说占据了较小比例的高校市场,营销策略上存在突破口,如果实行良好有效的营销策略,中国电信一定会有拥有一个更加广阔的校园市场。

中国电信要占据学生市场,就必须抢占先机,让消费者真正体会到中国电信的优势,抓住学生的消费心理,树立口碑,利用学生的消费特点,口口相传,进而大范围、高强度地开拓校园市场。本团队以中国电信的低资费和高品质为突破口,通过各种宣传及营销手段,大力推广中国电信,在校园中推广适合学生的中国电信业务。

二、营销环境

（一）PEST 环境分析

1. 校园经济环境

近年来，中国移动通信市场保持快速稳定的增长。根据工业和信息化部的统计，截至 2011 年 3 月，国内手机用户数量已超过 8.75 亿，同时中国电信 CDMA 用户总数达到 1.0025 亿户，超过拥有 9000 多万用户数的美国 Verizon Wireless，成为全球最大的 C 网运营商。此前，电信已建成全球规模最大的 CDMA 网络。另外，根据中国高等教育发展计划（2010 年 7 月份）最新统计，高校新生人数是 2960 万人，并以每年 1.3%~1.6%的速度扩招。2020 年入学率能达到 40%，高等教育在校学生能达到 5000 万。因此，电信产品校园推广项目市场前景广阔。

高校商业市场分析：高校有着无穷的商业价值，市场潜力巨大。随着我国经济的发展和高校不断扩招的趋势，高校市场正成为一个值得企业重视的、具有战略意义的市场。对于电信而言，必须好好地把握住高校市场。

高校通信市场的特点如下：

（1）容量大，呈稳健增长趋势。全国范围内，在教育部注册的高校共有 2621 所，而且高校学生数量每年都在增加。我国的大学生人数相对量和绝对量都非常大，并在持续增加。

（2）消费能力逐步增强。近几年，随着我国银行等金融机构进入高校开拓市场，大学生信贷消费将会有新的发展趋势。大学生消费能力不容忽视，学生市场是未来社会的主流市场，影响力与日俱增。

（3）连续性强。首先，大学生的消费具有连续性，他们一旦对某个产品或服务满意很可能会连续消费，若不满意很可能不再消费。而且，这种感觉会因为大学生之间信息的快速传播而感染到周围同学。其次，高校学生是具有高素质的群体。几年后，他们都将成为社会的主流人群，占有高校市场，就等于占有了未来的竞争优势，即"谁掌握了高校市场，谁就掌握了中国未来的高消费市场"。

（4）分布相对集中。由于历史原因和地区间经济文化发展的差异，我国高等院校分布的地区一般比较集中，多集中在大中城市，这一点有利于企业开展集中化和规模化的营销策略。

2. 政治法律环境

当今信息通信业仍然是国家重要支柱和先导性产业，在国民经济、社会管理和民生服务中起到重要作用。在刚刚出台的"十二五"规划纲要中明确提出：要加快建设宽带、泛在、融合、安全的信息网络基础设施，推动新一代移动通信、下一代互联网核心设备和智能终端的研发及产业化。

中国的通信信息产业，在经历了市场高速发展、运营商分拆与重组、3G发牌和放号后，经过不断深化改革和企业重组，形成了中国电信、中国移动、中国联通3家全业务基础通信运营商和2万多家增值服务商的市场竞争新格局。随着国家2008年实施新一轮电信体制改革和2009年年初发放第三代移动通信（3G）牌照，中国电信迎来了全业务经营和3G发展的新机遇。

《中华人民共和国反垄断法》（以下简称《反垄断法》）于2008年8月1日起开始实施。《反垄断法》对中国通信业最大的意义在于保障通信市场竞争的公平和有效促使电信重组，遏制行政垄断，提高通信监管透明度，限制基础通信运营商的垄断地位，促进互联互通，从而在一定程度上提供了电信运营商的行为标准，进一步规范了行业行为。同时，政府出台了多项通信市场的改革政策，使通信运营商拥有一个更加宽松自由、鼓励竞争的环境。

3. 技术环境

现代通信技术发展迅速，3G时代已经悄然来临。中国电信斥资1100亿元人民币收购了中国联通CDMA网，并进一步发展了CDMA2000技术。为了改善CDMA网络通信质量，完成南方大部分城市CDMA网络优化，升级后的网络可向CDMA2000平滑升级。随着C网的不断完善，迎来了电信的新时代。中国电信建成了国内商用最早、覆盖最广、全球规模最大的3G网络，凭借自身特有的网络优势抢占大陆市场，其网络通达国内绝大多数地区。

4. 社会文化环境——校园文化环境

高等学校的文化既是校园文化的一部分，又是社会文化的一部分，具有大众性和独特性综合的特点。新生代的高校学生热衷于各种时尚、潮流的"文化娱乐"方式，以此作为彰显自身个性的方式，同时又倾向于低消费，这些都预示着高校市场文化消费的巨大潜力。高校文化在普及的过程中，也将引发新一轮的文化消费热潮，而网络的迅速发展，使得校园文化加速传播与扩展。这种趋势将会打破以往校园文化仅作为社会文化的亚文化存在的现象，并将全国各个高校的校园文化连成一个统一、互动、活跃的整体，使得文化消费成为不可忽视的消费热点。

（二）消费者分析

1. 学生消费者分析

众所周知，中国高校人口基数大，学生消费能力正在逐步增强。随着网络通信技术的发展，手机、电脑成为大学生及准大学生们的必备品，相应的大学生在通信技术方面的消费也日趋增长，因此运营商在高校通信方面具有广阔的发展空间。我们调查的德州地区（调查对象：德州学院、德州华宇技术学院、德州科技职业技术学院）大学生月话费消费情况如图8-1所示。

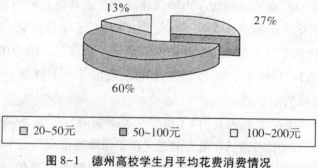

13%

27%

60%

☐ 20~50元　▨ 50~100元　☐ 100~200元

图 8-1　德州高校学生月平均花费消费情况

从图 8-1 可以看出，德州部分高校 60% 的学生月平均话费超过 50 元，甚至有 13% 的同学月平均话费超过 100 元，高额的月平均话费必然会给运营商带来巨大的利润空间。由此可见，高校通信市场消费前景巨大，电信应抓住高校市场这块大蛋糕，抓住机遇，抢占先机，立足并站稳高校学生通信市场。

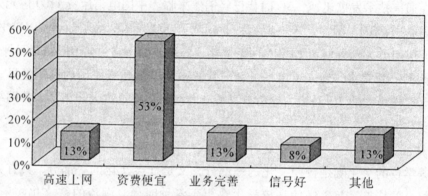

图 8-2　德州高校学生通信运营商选择的影响因素

从图 8-2 可以看出，影响大学生选择运营商的最重要因素即资费是否便宜，通过实地调查，我们得知在很大程度上资费优惠程度直接决定了消费者对运营商的选择。当然，其中也不排除通信运营商提供的业务是否完善、完备，适应性以及客服服务，而资费低正是电信业务的一个优势，也是中国电信开辟校园市场的切入点。

2. 学生消费的特点

（1）价值观念与消费习惯

①较强的可塑性、偏好性与冲动性。学生群体往往是所有人群中最易接受新事物的群体，对于一些流行与实用相结合的消费品往往消费欲望强烈。另外，由于大学生的价值观、消费观没有完全稳定，消费经验不够丰富，加之求新、求美的个性，因而消费时容易受外部环境的影响，带有浓厚的感情色彩，容易冲动性购买。

②广泛的群体性。在校大学生与电视媒体接触不多，信息多来源于广播和互联网，信息的普及和传播主要是靠同学间的口耳相传，形成了一个较为封闭但却活跃的消费市场圈。产品的接受度和知名度主要依赖于其在高校市场内，也就是学生消费圈内的

口碑，是利用关系营销手法的重要市场。

③多元化。大学生的消费已呈现明显的多元化趋势，主要有学习投资型、时尚信息型和娱乐休闲型等几种消费类型。

④学生消费具有可持续性。校园市场具有未来导向性，大学生处于人生消费的初始阶段，处于价值观和品牌观念的形成阶段，在这个时期开展品牌推广活动，将对大学生未来的长期消费产生强大的引导性。

（2）消费能力

由于大学生接受高等教育多在经济较发达的地区，本地经济条件也较好，加上消费观念和消费心理对其的影响。另外，好多大学生在校期间会利用课外时间做兼职，这些都增强了大学生的个人消费能力。

3. 消费流程与模式

图 8-3　消费者对电信产品的消费流程与模式

不同的电信产品针对不同的目标客户，15~25 岁消费者崇尚个性，思维活跃，他们有强烈的品牌意识，是容易互相影响的消费群体；从对业务的需求来看，他们通过对数据业务的应用集中在实用、娱乐休闲和社交等方面。

（三）中国电信校园市场的 SWOT 分析

1. 优势

（1）业务优势。校园电信的亲情号码及"校内互打长时间免费"等业务对于广大学生来说具有很大的吸引力，从低收费、多业务等方面使消费者最大程度上受益。同时不存在如中国移动的强制性消费等不合理业务。

（2）网络优势。中国电信拥有强大的网络支持，CDMA 网络覆盖范围广上网速度快，使用户能够获得前所未有的网络体验。这更好地满足了现阶段在校大学生的时尚消费需求，为大学生的上网提供了很好便利。

（3）环保优势。电信的 CDMA 网络最突出的特征是绿色环保，由于 CDMA 手机发射功率很低，因此产生的辐射很小，这正符合人们追求健康消费的标准。当手机成为生活必需品的时候，这时对消费者而言健康环保的产品才更能够更好地适应消费者需要。

2. 劣势

（1）市场规模较小。电信正式进入移动通信领域时间短，市场基础薄弱。特别是在大学校园领域，由于移动、联通较早进入市场，率先占据了绝大部分校园市场，已具有先天的市场优势。电信进入校园市场难度加大，市场占有率较低。

（2）终端限制问题。由于电信卡必须置于电信手机内才能使用，这就对电信进一步开拓校园业务有了一定的阻碍。大学生在进入大学前都已经有了自己的手机，对于更换手机卡会使一部分人放弃使用电信；同时购买手机会增加大学生的额外成本，这会使电信失去一部分学生客户。此外，工业和信息化的政策不明确，内置 WiFi 模块的手机无法上市推广或功能无法完全使用，成为发挥电信优势的一大瓶颈。

（3）没有形成品牌效应。由于移动的市场优势，加上中国电信对外宣传力度不够，所以现阶段在校学生对中国电信了解太少。通过对德州部分院校的问卷调查，我们发现：有相当多的学生对中国电信了解很少，校园内"电信意识"淡泊。同时中国电信并未将自身的优势充分地展现给消费者，知名度有待于进一步提升。

（4）业务组合受限。不同用户对电信的业务需求类型和服务方式均不相同。在性价比可承受范围内，高端用户对移动互联网业务需求远不如中低端用户强烈，电信天翼业务以移动互联网为核心，宣传时直接定位中高端，但市场中高端用户只是金字塔上层较小一部分，拓展成本较大。

3. 机遇

（1）移动互联网市场正在启动。我国政府大力推进国民经济和社会信息化的战略决策、电信业法律法规不断健全完善，使中国电信有更好的发展环境。

（2）校园通信业需求旺盛。一方面，高校学生众多，市场广阔，市场需求量大。特别是新生市场，由于近几年高校的不断扩招，使市场需求进一步增加。巨大的消费市场为电信的发展提供了很好的发展空间。另一方面，学生对手机网络功能特别是对上网、QQ 等的娱乐功能要求较高，这给拥有强大的网络优势的中国电信提供了施展拳脚的空间。

（3）电信的"天翼"产品具有较强的吸引力，特别能吸引追求时髦、新潮的高校学生的眼球。

4. 威胁

进入移动通信领域的时间较短，市场的占有率较低，竞争对手强大，特别是在移动通信市场，拥有很强的竞争实力，对中国电信的威胁很大。校园市场竞争激烈。目前，高校市场已被中国移动和中国联通占据 90% 以上的份额，中国电信移动业务在校园市场的占有率很小，市场再进入难度较大。

（四）竞争者分析

1. 三大运营商市场状况分析

近年来，中国移动通信市场保持快速稳定的增长。中国的电信市场非常广阔，根

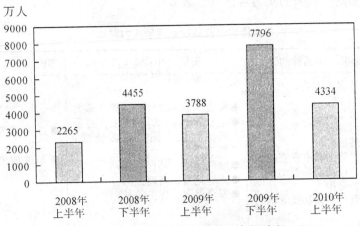

图 8-4 手机网民半年净增用户数对比

据工业和信息化部的统计，2011 年 3 月，中国手机用户数量已达到 8.75 亿。随着中国电信事业的不断发展，经过几年的不断改革发展，形成了电信、联通和中国移动三足鼎立的新局面。而中国移动在行业处于领导地位，占据优势，中国电信、中国联通紧追其后，导致通信行业的竞争十分激烈。随着 3G 时代的到来，我国三大通信运营商的 3G 用户市场份额非常接近，形成了三足鼎立的均衡态势。截至 2011 年 2 月底，三大通信运营商中国移动、中国联通、中国电信的 3G 市场份额分别为 43%、30%、27%。见图 8-5。

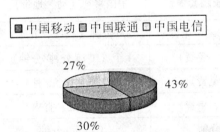

图 8-5 三大通信运营商 3G 市场份额对比

　　面对校园这块大蛋糕，三大运营商决战青春战场。为了获得更大的校园市场，三大运营商纷纷使出法宝：中国电信以最低资费杀出，中国移动高举品牌优势，中国联通携固网和 3G 出击，通信三大运营商的校园市场竞争非常激烈。

2. 三大运营商在校园的实力对比（见表8-1）

表8-1　　　　　　　　　三大通信运营商校园竞争实力对比

品牌	动感地带（中国移动）	天翼（中国电信）	UP 新势力（中国联通）
优势	●品牌优势深入人心，主动提及率高 ●市场占有量大，全省校园虚拟网和网内短信，是巩固学生市场的法宝 ●在渠道优势上具有完善的校园布点，以及高频赞助的排他性进校促销 ●成熟的营销模式和庞大的直销团队	●资费产品多样性，选择余地大 ●电信网内通话（如目前的手机拨打校内固定电话免费）特惠优势 ●绿色网络，环保手机 ●无缝宽带，高速上网 ●安全保密，保护隐私	●逐渐成型的3G 业务优势 ●单纯的资费和促销优势，但是收效甚微
劣势	●资费较高 ●无固定电话、有线和无线（校园 WLAN）业务，缺乏融合业务优势 ●3G 业务难以落地，成为市场拉动力	●终端劣势是根本问题 ●用户认知度低、接受度低 ●资费体系较复杂、认知度低 ●仍在探索校园营销的有效方式，短期内难以形成真正的市场号召力	●渠道布点严重不足 ●代理商每年一变，队伍不稳定，还急功近利 ●仅有的资费优势在移动大网辐射下逐渐丧失殆尽

3. 三大运营商业务及资费对比（见表8-2）

表8-2　　　　　　　　　三大通信运营商业务及资费对比

	中国电信（校园套餐）	中国移动（动感地带）	中国联通（UP 新势力）
虚拟网	1000 分钟（省内、免费）	500 分钟（校内、五元）	0.01 元/分钟（校内）
亲情号	5 个（全国、免费）	1 个（0.15 分钟/分钟）	1 个（省内、免费）
短信	300 条（免费）	150 条（10 元/月）	300 条（15 元/月）
手机流量	30M（全国、免费）	50M（5 元、省内）	50M（5 元）
市话	0.1 元/分钟	0.11 元/分钟	0.1 元/分钟
长途电话	0.2 元/分钟	0.25 元/分钟（前 5 分钟）	0.2 元/分钟

三、营销策略

（一）STP 战略

由于消费者需求差异的客观存在，任何一个企业都无法满足所有消费者的需求。所以，我们通过对现有通信市场的研究，分析消费者需求的差异性，结合中国电信自身的优势与特点，进行如下的市场细分、目标市场选择，并进行有效的市场定位。

1. 市场细分

通过对市场以及对竞争对手的分析，对于校园内特定的服务群体，我们主要选择社会阶层、消费行为和年级因素三个变量对校园市场进行细分。

（1）社会阶层

校园业务，如"信飞扬、情满苑"品牌业务的推出，主攻的就是学生市场。在校学生对新、奇、异的追求远胜于教师等其他群体，而中国电信推出的新业务正好可以满足他们的需求。加上学生群体在学校中所占比例最大，市场前景广阔。

教职工固定地生活在学校内或教职工小区，他们对通信和网络的要求偏向于信号的稳定性和资费方面。家中有固定电话和固定宽带，属于中国电信的老用户，也算是一部分固定的用户。中国电信推出的全新个性化服务对他们的吸引力不会太大，但我们可以通过中国电信服务的优化升级，慢慢向中国电信新品牌（如天翼品牌）转化，仍然可以吸引住这一部分客户，使他们成为中国电信的客户。

（2）消费行为

在开学、放假和一些重大节日期间（如国庆、中秋、元旦等节日），可大面积在学生群体中推广中国电信业务，抓住学生群体在这些时点上的消费时机。

对潜在的每一位客户，都需要通过宣传，以促使其在准备购买阶段通过对比，选择中国电信的优惠服务。

（3）年级因素

大一（含准大学生）、研一——他们新入学校，面临着换手机或者手机卡的问题，此时可挖掘很多新用户。另外据调查，部分高校不允许大一新生自带电脑，因此电信天翼固定宽带和无线网络可以把最优惠的价格和最优值的服务展现出来，以吸引顾客。

大二、大三——他们已经在学校度过了一两年而且不会马上毕业，他们是电信通信业务最大的一块市场。他们不愿意换新手机号码的主要原因是怕麻烦，换了新号码需要通知很多同学、朋友、亲人，但我们可以着力推广中国电信的优势，如"天翼"的可视通话、高速无线上网等功能。另外，大二、大三也是学生购买电脑的主要时期，一定要大力推广中国电信天翼的捆绑业务和高速无线上网。

毕业生——他们面临着人生中的大事——找工作！各处联系都必不可少的需要打电话，以及离开学校后需要更换电话号码。中国电信可以针对这 部分目标市场群体推出优惠话费和离开校园前优惠办理电信电话号码的服务。

2. 目标市场选择

根据目前市场现状，我们最终选定"校园市场"进行校园营销中国电信产品。在此基础上，我们可以细分为学生市场和教职工市场。目标市场要根据人群来选择，学生市场：低中端；教职工市场：中高端。

3. 市场定位

随着人们生活水平的提高，消费者的消费观念在不断提升，高品质消费已成为一种趋势，中国电信采用的 CDMA2000 技术信号好、辐射小、网速快，恰好迎合了广大消费者绿色健康消费的需求。另外，加上其在校园内通话低廉的特点，我们将中国电信在高校市场的定位确定为低价通话、高速上网、绿色健康。

（二）4PS 营销组合策略

1. 产品策略

（1）品牌

图 8-6 为我们团队设计的电信校园营销的品牌 LOGO，总体上以圆形会徽为基底，符合国人天圆地方的传统观点，主题为"信飞扬，情满苑"。其具体释义如下："信"寓意中国电信，同时也取其"诚信"之意，表达了中国电信做诚信企业的宗旨。而"飞扬"则代表了本次营销市场——校园市场，寓意高校中充满青春活力，激情飞扬。"情满苑"的含义则为中国电信校园行情系校园，情系广大学生及教职工用户，切切实实为他们服务的思想，本着一切为了消费者的利益着想的服务宗旨。中间的漫画的主题为中国电信校园业务在广大学校成功开展后，广大学生用户喜爱推崇电信产品，而旗上的 E 则代表了电信宽带业务，相信在大家的共同努力之下，电信的校园业务推广之路定会越走越宽！

图 8-6　中国电信"天翼"校园 LOGO

（2）产品——业务介绍

为了使消费者得到最大的实惠，我们实行校园大优惠活动。针对校园不同的消费群体，为他们制定了专门的特色业务，使消费者得以充分享受到真正的盛宴。我们将以最好的服务为他们提供最大的实惠。中国电信产品设计见表 8-3。

表 8-3　　　　　　　　　　　　中国电信产品设计

类型	业务内容
情侣型	推行"情侣畅聊"业务： 通过设定亲情号，全国任意号码免费且无时间限制。

表8-3(续)

类型	业务内容
毕业型	推行"电信随您行"业务： 此卡可以在两年内再次享受校园的优惠业务。即将毕业的大学生，可以凭借在校园内使用的电信卡，到任意电信营业厅可以免费获得一个您需要附有的50元电信卡。
社团型	推行"好友圈畅发"业务： 办理此业务后加入好友圈中，每月扣费3元，短信任意发。
大众型	推行"校园自由聊"业务： 校园内电信号码前1000分钟免费，超出部分每分钟0.1元。
组合型	一种主要产品为定价主体，自由加配以各种基本业务优惠、增值服务优惠赠送。

（3）品质保证

中国电信拥有强大的网络支持，CDMA网络覆盖范围广，上网速度快，网络通信质量水平高。

2. 价格策略

我们的目标客户群体是学生和教职工，而低资费对于许多大学生用户来说至关重要。同时由于学生的消费能力受到多方面因素的限制，因此，我们主要采用"适当优惠价策略"和"低价渗透策略"。

（1）适当优惠价策略

这一策略主要针对准大学生和毕业生。例如，针对毕业生，我们设计的营销方式是根据当年的高考情况，制定"电信分数线"。高考成绩揭晓后，超过"电信分数线"的学生凭相关证件到当地中国电信营业厅享受购机优惠。

（2）低价渗透策略

这一策略主要针对在校大学生和部分教职工，他们使用手机比较关注手机的功能与资费情况，加上电信天翼3G强大的网络功能也对其具有较大吸引力。另外，通过向其推出"校园欢乐套餐"、"天翼套餐"等业务使其享受最大的实惠。

3. 分销策略

（1）准大学生——抢占商机

电信校园业务的首要任务是打开学生市场，加之学生消费的连续心理，抢占准大学生市场，就等于占领了未来大学校园的主要市场。因此，我们将准大学生市场作为业务开拓的重头戏。具体策略如下：

第一，发挥地方营业厅的作用

为了抢占市场，各地营业厅应该在高考结束后，在生源地开展电信宣传工作，进行宣传造势；开展各种促销活动，把对大学生购买手机的宣传作为一个阶段重点工作，使准大学生入校前购买电信手机，抢占先机。

第二，与各地教育局、招生办合作

获得当年考生的详细联系方式。在高考结束一周内，通过邮寄的方式，向考生赠送"电信金榜题名邮包"（内赠当地电信卡一张），同时邮包中附有电信业务说明手册和大学入学须知手册，抢在准大学生购买手机之前，先入为主，使考生详细了解电信。

第三，与各高校合作

在"录取通知邮包"中赠送含50元话费的电信卡及电信主要业务说明书。考生凭录取通知书到中国电信营业厅购买手机，可享受一定优惠。

（2）在校大学生

第一，情侣业务

现阶段大学生谈恋爱已不足为奇，而且已成为校园里一道亮丽的风景线。对于电信高校市场占有率低的状况，我们打算以情侣为突破口，通过以下营销方式逐渐提高电信市场份额。

①宣传吸引。通过大力宣传电信的情侣低资费吸引客户，让校园情侣了解电信，第一意识是"爱情电信无时限"。

②赠送小礼品。我们可以赠送情侣手机链、情侣眼镜、情侣手链、情侣戒指等一些具有情侣意义的礼品。

③推出情侣手机。为情侣专门设计多款特色手机，时尚、新颖，体现情侣特色。

④每月消费最高的三对情侣可以免费获得一套情侣套装、情侣包或情侣纪念卡。

第二，关注毕业生

对于每年一届的毕业生群体，我们需要特别关注，他们面临着人生中的大事——找工作！根据这一部分目标市场群体，我们推出优惠话费和以卡换优惠活动。毕业生在校期间已经接受了近两三年的"电信宣传"的熏陶，电信的概念与优势已在他们心中根深蒂固，只要进一步推行优惠活动，同时把握时机、做好相关宣传工作，毕业生选择电信手机的几率很大。

（3）合作营销

第一，校企合作——院校内部设置中国电信营业厅

高校内设置中国电信营业厅的原因如下：

①方便在校的电信用户——为其办理业务，提供服务。

②加强对电信手机的宣传，在潜移默化中将非电信用户电信化。

第二，校园代理——院校内部设立"信飞扬学社"

学生之间的宣传与交流在某些时候远大于厂商通过各种媒体手段的自我宣传。在高校内寻找校园代理，制定相关规章制度；在电信相关人员的指导下让学生自主管理社团，创办"信飞扬学社"，每年评选一次"信飞扬达人"活动等，扩大天翼在学校的影响力，拓展天翼校园市场。

（4）网络营销

第一，与各地高校校园网建立合作，在校园网上适度植入电信广告。

第二，优化电信网上营业厅页面，开设"学生专栏"，介绍校园电信业务，并针对学生用户遇到的使用问题，设置"疑难解答"专栏，以便更好地为学生服务。

第三，安排工作人员专门负责在相关论坛中发布电信新出台的相关政策及优惠业务。

第四，通过QQ、MSN以及电子邮件等方式进行网络宣传与营销。可以借助"信飞扬学社"向学生发送QQ信息、电子邮件等，宣传电信校园业务，扩大消费人群。

4. 促销策略

（1）人员推销

人员推销是最常用、最有效的促销手段之一。通过调研考察我们发现，中国电信手机在这方面的宣传同中国移动、中国联通没有太大的区别。为凸显中国电信的特色，我们推行C2C的营销方式。通过客户发展客户、原有中国电信用户每发展一个新客户，老客户可获得50元话费，负责人要做好相关的登记，以此类推，最终会达到幂指数销售增长的效果。消费者之间的沟通常常会有不言而喻的效果。此营销方式，既为电信手机无形中做了很好的宣传，又能达到提高市场占有率的效果，可谓一举两得。

（2）广告促销

例如，针对天翼3G智能手机的广告方案（代言人邓超）：

邓超随意行走在某一大学校园里，随机在学校不同地方问三个学生同样的话题——"你用什么手机？"三个学生的回答分别是："我用天翼3G智能手机，打电话便宜。""我用天翼3G智能手机，信号好、网速快，手机中的掌上电脑。""我用天翼3G智能手机，健康、低辐射。"然后邓超被一群学生围住，大家手里拿着天翼3G智能手机对着镜头一齐说："我们都用天翼3G智能手机，中国电信欢迎您……"

让邓超走进校园与学生一起做广告，在谈话间将天翼3G智能手机的功能阐述得淋漓尽致。此广告更贴近大学生生活，显得贴切、自然，学生更易接受。

学校内部具体宣传方式如下：

第一，开展"电信影城欢迎您"活动

具体活动内容如下：

让校园代理——信飞扬学社负责此事，在院校内定期定点播电影以及与大学生学习、生活息息相关的视频，在视频播放的不同时段插播放电信的宣传广告，尤其是对电信产品及业务的宣传。邀请在校生中使用电信手机的学生上台亲自谈一下切身感受，并进行现场咨询，为电信做一下宣传。

第二，"我为电信而滚动"——校内电子屏广告

各高校内在教学楼、宿舍楼、餐厅等地都有电子屏，设计好广告标语——"信飞扬，情满苑"，可长期做电子屏的广告，进行电信宣传。

第三，及时贴、报刊广告

以高校餐厅作为固定宣传场地之一，通过协商，在各餐厅餐桌上粘贴电信宣传及时贴，在餐厅墙体的适当位置粘贴电信宣传海报，使学生在就餐时时刻注意到电信，扩大宣传力，突出宣传优惠业务，提高学生的电信意识。

中国电信要专门为我们的电信产品印制宣传刊物，针对不同的产品，业务将刊物定位于时尚消费年轻用户，倡导时尚、好玩、探索的生活观念；引领创新和动感十足的流行文化；打造增长见闻，享受彼此沟通的生活模式，发行渠道主要包括中国电信营业厅免费赠送，促销活动发送。

（3）营业推广

第一，存话费赠手机

方案如下：

针对不同的学生消费群体，建议中国电信联合手机生产商实行战略性合作，采取不同的策略。以下不同的措施，对于消费者来说一举多得，吸引力较大。

150元＝超长待机手机+50元话费

消费满300元话费，返还现金100元。

200元＝可上QQ手机+50元话费

消费满400元话费，返还现金150元。

350元＝3G手机+50元话费

消费满700元话费，返还现金300元。

700元＝智能手机+50元话费

消费满1400元话费，返还现金650元。

第二，快乐假期业务

每逢节假日推出相关优惠活动，如假期打电话优惠活动、假期发短信优惠活动。

第三，业务体验活动

开展业务体验活动，如提供校园业务/3G业务体验，宣传展现优势。

第四，举办"电信杯"校园电视广告策划比赛

举行电信校园电视广告策划比赛，要求策划的总体框架，包括广告的场景设置、广告的台词编写以及产品的种类和功能。广告语要突出我们电信业务的种类和学生群体，更重要的是要突出我们产品的质量好、资费低、功能全的特点。

（4）公共关系

①电信与您同行

方案如下：

每年学校开学和放假之际，通过与学校有关部门协商，由中国电信冠名赞助大巴车，在开学和放假的期间，在学校和车站之间为学校免费迎送学生，在每辆大巴车上张贴宣传海报，并发放相关宣传材料。在新生入学期间可以专设"电信新生服务网

点"，为新生和家长免费提供休息、饮水（做好纸杯广告宣传）场所，树立美好形象。

②校企合作

方案如下：

●设立电信报告厅

与各地高校合作，每校捐助建立"电信报告厅"一个，初步拟定该报告厅可以容纳300人，并配置多媒体设备。以供学校开会、举行小型活动之用，从而提高电信集团的企业形象。

●建立实习基地

与各地高校建立假期实习合作关系，经培训合格后，可以组织学生去电信营业厅当导购、去电信网上营业厅实习等。

为即将毕业的大学生提供电信就业机会，召开应聘会，通过考核合格的大学生可以在电信公司工作。既宣传了电信、加深了学生对电信的了解，又提高了企业形象。

四、营销费用分析（略）

五、创意总结

就目前状况而言，中国电信在校园通信领域虽然尚未占据主要市场，但中国电信产品及其优惠的业务已吸引了不少学生用户，中国电信以其卓越的经营理念及符合市场的产品配置、业务开展等已吸引了不少潜在用户的眼球。特别是在3G业务成为潮流的今天，中国电信定会开启移动信息新时代。

第二节 案例评析

对营销策划案的评价通常考量三个关键层面：一是策划案的创新性，包括选题是否新颖、方案是否有新意；二是可操作性或实用性；三是方案本身的完整性。下面根据以上三个指标对本策划案加以评析：

一、作品总评

该方案是针对中国电信"天翼"品牌产品和服务如何在高校市场扩大销售量及市场占有率，争取竞争优势所策划的一系列营销活动。该方案最大的特点在于主题鲜明，思路清晰，可操作性较强。但是该方案对于市场以及产品本身的分析不够完善和深入，同时对方案执行效果的预测尚需进一步完善。

二、选题

"飞扬五人组"团队选择中国电信移动通信业务进行营销策划，主要源于当前中国电信和中国移动相比，其竞争地位处于明显的劣势。但是，作为参赛作品，本选题的新颖性尚显不足。中国电信集团作为我国特大型国有通信企业之一，不仅实力雄厚，而且运作也较为成熟。"天翼"品牌经过 3 年的运作也有了一定的知名度。对这类产品和品牌进行策划，其难度不言而喻。

本选题的着力点或者优势在于：以高校市场作为研究对象，缩小了研究范围，不仅便于开展市场调查分析和营销策划，而且有助于制订更加符合实际和可行的策划方案。本团队成员作为在校大学生，研究这一问题显然具有主体优势。

三、方案的可操作性

反映方案可操作性的部分主要集中在 4PS 营销组合部分。在这一部分内容里，项目团队按照传统思路进行了分析策划，分别围绕产品策略、价格策略、分销策略和促销策略对"天翼"品牌展开策划。

（一）产品策略

团队为校园"天翼"设计了主题为"信飞扬，情满苑"的 LOGO，并赋予该 LOGO 深刻的含义："信"寓意中国电信，同时也取其"诚信"之意，表达了中国电信做诚信企业的宗旨。"飞扬"代表了本次营销市场——校园市场，寓意高校中充满青春活力，激情飞扬。"情满苑"的含义为"电信校园行"情系校园，情系广大学生及教职工用户，切切实实为他们服务的思想，本着一切为了消费者的利益着想的服务宗旨。LOGO 中间的漫画的主题为电信校园业务在广大学校成功开展后，广大学生用户喜爱推崇电信产品，旗上的 E 则代表了电信宽带业务。这一设计十分符合校园环境和氛围，情系校园的主题蕴含着浓浓的文化气息，同时也突出了电信校园营销的主题。

在产品（业务）设计中，团队为校园"天翼"设计了情侣型、毕业型、社团型、大中型和组合型五种业务类型。这五种业务类型基本上满足了学生对通信服务的各种要求。其中，社团型业务有助于聚集客户群，通过社团优惠产生客户数量上的聚合效应。大中型业务有利于吸引资费敏感型顾客，通过话费优惠吸引更多的消费者，扩大"天翼"在校园市场上的占有率。以上五种业务类型设计充分考虑了学生的消费能力和校园的实际情况，易于操作、便于实施，也有助于达到市场目标。

（二）定价策略

通信业务的定价是通信服务的关键环节，因为定价水平决定了顾客选择和市场占有率，而每一个顾客只要选择了一家公司的服务，就意味着该顾客将在一个比较长的时期持续消费和接受该业务。因此，定价时必须充分考虑顾客的接受能力和实际需求，分类定价。

在本方案定价策略中，本方案始终围绕"低价"进行设计，包括校园大众套餐、新生开学反馈大优惠、天翼套餐、组合套餐。套餐设计满足了学生的多种需求，任何一种套餐的设计都能使学生从中享受到优惠，不至于使话费成为学生的消费负担。

（三）分销策略

乍一看，移动通信服务似乎不涉及什么分销渠道问题。其实不然，渠道解决的是怎样让顾客比较方便地接触到一种产品或服务的问题。从整个市场上来看，中国移动通信的渠道比中国电信天翼的渠道分布要广泛得多，这也是中国移动通信市场占有率高的原因之一。

作为高校市场，严把入口是实现分销的主要手段之一。原因很简单，顾客一旦选择了中国电信天翼，短时间就不会成为中国移动动感地带的消费者，因为这里存在转换成本。如果中国电信天翼能够给学生提供满意的服务，那么这个顾客就可能成为忠实客户。

本方案在设计中，将地方营业厅、各地教育局和高校作为突破口，组成闭环商业圈，通过提供便利和优惠提前锁住大一新生这个潜在顾客群。此外，校内营业厅、校园代理和校内网营销也是本方案中比较出色的地方。以上几个环节结合起来可以覆盖整个校园市场，基本可以做到使学生一触即得"天翼"。

（四）促销策略

本策划案针对校园人口密集这一大特点，提出了 C2C 的促销方式，通过老客户介绍新客户，达到幂指数增长的效果。

在广告宣传中，选邓超作为本产品的代言人。其形象、性格、气质等方面符合高校年轻一代的偏好。

促销方案环节稍显俗套，方案设计缺乏新颖性，其促销方案对学生缺乏足够的吸引力。市场营销中的促销通常是为了吸引消费者购买，以达到促进销售、提高市场占有率的目的。但是通常促销的效果缺乏持续性，往往促销活动过去之后，其后续效应难以延续。所以，促销活动一定要能够产生即时的轰动效果和实际的购买。

四、方案内容及结构的完整性

本方案内容包括标题、摘要、目录、创意背景说明、营销环境分析、4PS 营销策略、营销费用分析和参考文献。下面对各部分的结构和完整性以及逻辑进行分析：

（一）标题、目录与参考文献

策划案所拟标题能够清楚地反映文章的内容和论述范围，目录完整，页码标注清晰一致。参考文献标注格式规范，语句较流畅。

（二）摘要

摘要应简明扼要地反映策划案的主要内容。本项目在摘要中阐述了策划案的由来，对策划案的环境分析及 4PS 部分进行了简要说明。符合摘要的撰写要求。

（三）营销环境分析

营销策划案中的营销环境分析首先要明确企业或者营销活动的目标和任务，明确开展营销策划的主要目标，后续的环境分析以及营销策划等一系列工作都要围绕前期确定的目标开展。

在此基础上还要明确市场现状是什么样的，在分析市场现状时要能够真实地反映实际情况，尤其是需要用数据说明存在的问题。

作为营销环境分析，不仅要分析企业所处的外部市场环境，也要结合实际数据展示企业的内部具体情况，以确定目前和预计的市场情况。本项目没有涉及企业内容环境或条件的分析，这是结构上的不足之处。

下面具体评析方案的外部环境分析：

1. PEST 分析

学生在开展营销策划时经常喜欢在环境分析中运用 PEST 分析工具。PEST 分析是用来帮助企业检阅其外部宏观环境的一种方法，是对宏观环境的分析。除非是对整个市场的营销策划，否则可以不用这种方法。本项目是对高校市场的营销策划，可以不使用 PEST 分析工具。

从策划案的撰写情况来看，该项目运用此种分析方法对校园的经济、政策、技术和文化环境进行了分析，得出的结论是：高校市场具有容量大、分布集中、客户群稳健且具有持续性、消费能力逐步增强、政策影响性小、文化趋同等特点。其分析思路基本合理，分析结论对本项目后期开展营销策划具有指导意义。

2. 消费者分析

该项目在消费者分析中主要分析了学生消费群体的消费心理和消费行为。通过学生月均花费调查发现高校市场对运营商有利可图；通过对运营商的选择调查发现资费水平是学生比较重视的因素。

通过分析认为学生群体具有以下几个消费特点：一是较强的可塑性、偏好性与冲动性。学生群体易接受新事物，对于一些流行与实用相结合的消费品往往具有强烈消费欲望。消费易受外部环境的影响，带有浓厚的感情色彩，容易冲动性购买；二是广泛的群体性。高校产品信息的普及和传播主要是靠同学间的口耳相传，消费选择受群体成员的影响较大，关系营销模式比较容易在这类市场发挥作用。

本项目对高校学生的消费特征分析全面、透彻，符合实际。消费者分析是开展营销策划的基础和核心部分，这部分内容必须通过市场调查并对调查结果加以合理分析，得出分析结论，其结论将作为开展营销策划的主要依据。

3. SWOT 分析

SWOT 分析是一种战略规划工具。其广泛应用于战略研究与竞争分析,成为战略管理和竞争情报的重要分析工具。企业通过 SWOT 分析明确自身的优势、劣势,认清外部环境中的机会与威胁,从而将公司的战略与公司内部资源、外部环境有机地结合起来。其结论往往直接影响决策。

由此看来,本项目采用的 SWOT 分析方法如果与方案后面的主要竞争对手分析结合起来,分析与主要竞争对手相比本企业的优势、劣势有哪些,分析会更加到位,效果会更好。

下面对方案中的 SWOT 分析情况进行点评:

(1)优势

该方案集中分析了中国电信在校园市场上的业务具有低收费、多业务选择以及强制性消费少等优势,符合学生的消费需求;其网络优势表现在中国电信拥有强大的网络支持,CDMA 网络覆盖范围广,上网速度快,使用户能够获得前所未有的网络体验,满足了现阶段在校大学生的上网需求。此外,电信的 CDMA 业务还具有环保优势,符合人们追求健康消费的标准。其优势分析切入点准确,符合实际。

(2)劣势

方案中提到:就校园市场而言,中国电信业务的终端限制问题成为学生选择其产品和服务的最大障碍。即电信卡必须置于电信手机内才能使用,对大学生来讲存在转换困难,因为学生群体物收入来源,其消费自由受到限制。

(3)机遇

本项目从两个层面分析了中国电信业务在校园市场上面临的机遇。一方面,高校市场广阔,需求量大;另一方面,学生对手机网络功能要求较高,这给拥有强大的网络优势的电信提供了空间。

(4)威胁

本项目注意到,对中国电信构成最大威胁的是中国移动通信业务的强有力的竞争。高校市场已被中国移动和中国联通占据 90% 以上的份额,中国电信作为后来者想要压倒对手难度可想而知。本策划案忽略了一点,在高校这一特殊市场中,互联网也成为与移动通信运营商争夺市场和顾客的主要方面。

4. 竞争者分析

在竞争者分析中,首先对三大通信运营商在市场上的竞争形势进行了总体分析,然后对三者在校园市场的优势、劣势进行了对比,最后列举了三者的业务及资费。项目对这一部分的分析主要借助图表和数据,缺乏深刻的分析和进一步的阐述,没有给出分析结论。具体体现在:

(1)三大通信运营商市场状况分析

本策划案在这一部分对三大通信运营商的竞争地位和各自的市场份额进行了总体

分析和说明。中国移动在行业处于领导的地位，占据优势，中国电信、中国联通紧追其后，导致通信行业的竞争十分激烈。三大通信运营商的 3G 用户市场份额非常接近，形成了三足鼎立的均衡态势。

（2）三大通信运营商在校园市场的实力对比

中国移动动感地带具有明显的品牌优势和渠道优势，以及成熟的营销模式和庞大的直销团队，市场占有率大。这些优势是中国移动动感地带在长期经营过程中积累的系统优势或者核心竞争力，短时间内很难被竞争者追赶。相比而言，中国电信天翼业务的优势主要体现在具体的业务类型和业务内容，易于模仿且不易对顾客产生吸引力。

营销环境分析是开展营销策划的基础性工作，环境分析的结论用于制定针对性的营销策略。本项目运用多种工具和方法对高校市场环境进行了全面系统地分析，其分析内容紧密结合研究对象和研究主体，分析结论直指研究目的。

这一部分分析比较全面，对项目的后续分析和方案策划有一定的参考价值。

（3）三大通信运营商业务及资费对比

该部分作者单纯运用表格反映问题，缺乏对表格的陈述与说明。

表格数据表明，三大运营商在校园市场的资费均比较低。其中，中国电信在校园市场的各项业务资费标准均低于其余二者。从资费标准看，中国电信具备一定的优势。

（四）4PS 营销组合

对营销策划案的创新要求主要体现在营销组合和营销策略中。本项目在设计营销组合策略时沿用了传统的 4PS 营销组合，这在参赛中往往缺乏优势。市场营销发展到今天，其营销组合策略先后出现了 4PS、6PS、10PS、4C、4R 等多种组合，并且根据行业不同、营销重点不同，还有更多的关于营销组合策略的新理论、新观点。这些需要我们不断地学习、探索和发现。

此外，营销组合策略中应该首先说明营销目标和预期收益标准等，包括销售额、利润和客户满意度标准。少了这一部分，就使营销组合失去了方向。

（五）营销费用分析

费用分析是营销策划案不可缺少的部分。项目列举的策划案中涉及的费用项目，并结合市场调查对每个项目的费用进行预算。在此基础上，详细估算了未来五年的收支情况和盈利情况，绘制了利润表。

通过利润估算，本项目的实施将带来营业收入和利润的逐年增加。

五、不足

从内容和结构上看，方案尚缺少行动计划安排。完整的行动计划安排应该包括活动日程安排（需要在日程表中明确说明营销活动的关系）以及营销策划案实施评估程序（通过售后顾客调查来评估其满意度，评估方法应该客观，不存在偏见或者主观性）。

第九章 "掀起你的盖头来"
——华夏衣韵古装摄影营销策划案

第一节 作品简介

全国高校"创意、创新、创业"电子商务挑战赛省级一等奖作品

参赛学校：德州学院

团队名称：俊驰团队

团队成员：史天歌 吴东岳 胡筱璇 张颖冠

指导教师：郑晓燕 潘光杰

摘要

随着社会主义市场经济的发展，人们对精神生活的追求也随之上升，审美观念开始从物质向精神转变，尤其是现代"80后"、"90后"青年人，随着穿越剧的热播，婚恋古装摄影成为他们的时尚追求。

我们俊驰团队为华夏衣韵古装摄影有限公司在摄影行业的发展，为企业开拓并占领古装摄影市场，创造了个人写真、婚恋摄影、全家福摄影三大品牌系列，并以诗词歌赋和传统唯美爱情故事为背景打造专属我们的特色婚恋摄影系列。华夏衣韵古装摄影企业的理念为：没有最好，只有更好，精诚服务，不断创新；企业宗旨为：诚信立业，顾客为尊，质量至上，回报社会；企业发展目标为：让世界有华人的地方就有华夏衣韵古装摄影；企业口号为：情留华夏古衣韵，聚焦东方第一美。

一、项目背景

（一）婚庆文化的多元化

随着日趋成熟的消费环境以及消费者追求个性化服务的需要，我国的婚庆文化也在悄悄地发生着变化，结婚对象渐渐地由"80后"取代了"70后"，现代人的婚礼正由"物质型"向"精神型"转变，新郎、新娘越来越多地关注文化层面，更加追求个性化的结婚形式，人们对婚礼摄影的要求也随之上升。

（二）中国传统服饰的回归

随着2006年中国婚博会的召开，七夕节、梁祝文化节的开展，吸引了大量新人采用复古式婚礼，举行夜间婚礼，兴起复古风潮。在经济政治迅速发展的当代中国，随着西方文化的入侵，民族文化的弘扬逐步提上议事日程。而我们正是抓到了这一先机，在广阔的市场前景下，创办了华夏衣韵古装摄影有限公司。我们的创意就是要通过古装摄影来宣扬中国古代服饰文化历史，弘扬中国传统文化，更好地推进中国古装摄影引领中国民族服饰摄影的潮流。

二、企业概况

华夏衣韵古装摄影有限公司是一家以拍摄古装摄影为主的公司，注册资本为300万元，将以已存在的影楼为依托，以北京故宫、天坛、圆明园等著名景点为主要外拍布景。我们创造了个人写真、婚恋摄影、全家福摄影三大品牌系列，并以诗词歌赋和传统唯美爱情故事为背景打造专属我们的特色婚恋摄影系列。通过完美的复古场景，高端的品质服务以及多方面的技术支持，为每对新人提供更多的选择。在复古的基础上创新，结合历史，使顾客真正做到回归古代，进一步占领摄影市场，从而开拓古装摄影的领导品牌。

我们将以一流的技术，独特的古装设计，专业的后期制作，为顾客打造铭记终生的婚礼影像，为他们人生最美妙的时刻留下永恒而又甜蜜的回忆。在我们的不断努力和追求下，一定能够成为摄影行业的领军者，带动整个摄影行业的发展。

三、项目环境分析

项目环境分析包括经济环境分析、政策环境分析、社会文化环境分析和竞争形势分析。

（一）经济环境分析

随着我国经济的快速增长，居民生活水平的不断提高，婚纱摄影也越来越得到广大青年的普遍关注和热忱参与。中国每年大约有1000万对新人喜结良缘，仅城镇新人在婚礼上的消费就达4183亿元人民币，其中婚纱摄影在整个婚庆支出的比例约为15%。

（二）政策环境分析

胡锦涛同志在党的十七大报告中提出：大力发展文化产业，实施重大文化产业项目带动战略，加快文化产业基地和区域性特色文化产业群建设，培育文化产业骨干企业和战略投资者。中华民族伟大复兴必然伴随着中华文化繁荣兴盛。在当代社会，大力宣传复古服饰品牌文化不仅让人重温几千年中华文化厚重的历史底蕴和每一时期的风俗特色，更是大力倡导建设精神文明社会，弘扬中华传统文化的时代要求。

（三）社会文化环境分析

现在大部分人对待传统、婚姻和人际关系的态度已经发生了变化。拥有一定经济基础的人对待消费对象已从"物质"转移到"体验"上。较为突出的表现在人们对婚纱摄影的看法，由传统的期望变为更个性化的喜好。

除了基本的消费需求之外，"80后"、"90后"越来越注重质量和品质，消费观念发生了很大改变。在消费选择上逐渐发挥自主力量，结合个性化创造和各种不同的消费态度，同时人们对消费意义及多种消费情感的体验也日益丰富。此外，我们还看到在当代中国人消费观念中，科学化、理性化是大势所趋，同时精神文化消费地位日渐突出，多样化、个性化消费趋势明显。

对于摄影，尤其看重婚恋摄影部分。而现今，千人一面、千篇一律的婚纱照片远不能满足人们的需求。随着古装剧的热播及人们心理上的变化，追求复古、个性张扬的婚纱摄影越来越受到青年人的青睐。经调查，大部分人逐渐趋于复古中国风，身临其境体验复古服饰魅力。

（四）竞争对手分析

据不完全统计，目前中国约有45万家婚纱影楼、摄影公司、图片社和摄影工作室，相关行业的人员近500万，中国婚纱摄影业已成为当今最具前景的产业之一，且竞争与机遇同在。在婚庆消费中，婚纱摄影是婚庆经济的亮点之一。与婚宴、喜糖等婚庆项目相比，婚纱摄影的利润空间还是比较大的，利润率在30%~40%。截至目前，全国大型婚纱摄影企业的营业额在2000万元以上，中型企业为800~2000万元，有的特大型企业年营业额达到5000万元以上。全国目前各类人像摄影企业已达45万多家，从业人员600多万人，年营业额900多亿元。

华夏衣韵古装摄影有限公司拥有技术力量强大的专业团队，全力打造中国新娘，让"情留华夏古衣韵，聚焦东方第一美"，合适的价目、众多的摄影系列吸引着无数顾客；名角儿古装馆仅是主打国粹体系，价目跨度较大；凝梦阁专业影视古装摄影虽是拍摄古装婚纱摄影，但其供顾客选择的婚纱系列较少，这也就限制了顾客的选择。

关于婚纱摄影风格，大部分婚纱摄影楼依旧是以远近几个固定场景、固定服装、固定动作来招揽顾客，拍摄团队拥有较低甚至没有创新开发能力；而华夏衣韵古装摄影有限公司主打的古装婚纱拍摄越来越受到大部分国人、华人以及部分外国人的青睐，凄美动人的爱情典故、精致华美的古代服饰、温馨的环境以及实惠的价目吸引着大众。中华上下五千年博大精深的传统文化感染着大众，为我们所主打的复古中国风带来了丰富的潜在客源；较受大家关注的还包括实景风格婚纱摄影，开设这类特色风格摄影的主要是近年刚刚崛起的摄影工作室一族。这类摄影机构大多具有较为个性的风格，是吸引大众的一大特色；美中不足的是由于其财源受限，摄影团队及技术达不到顾客要求。

四、SWOT 分析

（一）优势

（1）独具特色的古典场景设计；

（2）专业的服装团队、定型团队、摄影团队和别具匠心的设计团队。

（二）劣势

（1）服务管理流程设计有待提高；

（2）营销理念有待改进提高。

（三）机会

（1）中华千年文化传承提供了复古文化的源泉；

（2）中国百姓古装摄影观念的革新。

（四）威胁

（1）欧美、日韩婚庆文化的侵袭；

（2）新的数码摄像技术的发展和应用。

五、STP 战略

（一）市场细分

通过对婚纱摄影市场的全面调查，根据消费者不同的心理需求可把市场细分为婚恋摄影、个人特色写真摄影、全家福摄影和综合摄影四个子市场。随着人们生活水平的提高，摄影越来越被人们喜爱，拍摄写真的人越来越多，从而导致了影楼之间激烈的竞争。经市场调查，各类型摄影的比例如图9-1所示。

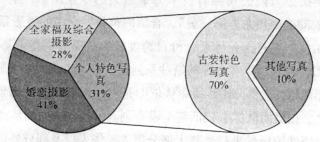

图9-1

通过对市场的分析我们发现，目前占摄影比例最大的还是婚恋摄影，但是由于婚恋摄影兴起较早且其市场早已趋近饱和，竞争激烈，难以获得较高的利润；而特色写真特别是古装特色写真是刚刚兴起的类别，前景好，竞争对手少，具有较大的发展空间。

（二）目标市场选择

通过对婚恋摄影市场进行细分，我们选择市场前景更为广阔、利润更大的特色摄影市场特别是古装婚恋特色摄影作为我们的目标市场。

（三）市场定位

我们主要针对追求独特、重温东方古典美的中高层消费人群，尤其为"80 后"、"90 后"的新婚族打造古装特色婚恋摄影，可以让他们亲身感受独特的中国古代婚恋服饰文化，满足其对于传统服饰的个性追求。

我们打造的古装特色写真可以让人们亲身感受独特的中国古代各类女性的柔美、含蓄、高贵。东方古典美和古代仕女美的形象在中国女性心目中根深蒂固，古装特色写真正好让人们重温东方含蓄古典美。可以让人们在历史中找寻适合自己的那个角色，以一种别具一格的特点来表现自己，追求个性。这是一种带有怀旧却又不缺乏时尚的风格。因此，在该市场投资能获得较高的利润。

六、7PS 营销组合策略

华夏衣韵古装摄影的古装摄影技术日趋走向国际化，我们根据其特点制定了相对应的 7PS 营销组合策略，主要包括产品策略、定价策略、分销策略、促销策略、人员策略、有形展示策略、过程控制策略。

（一）产品策略

产品策略是指企业为了在激烈的市场竞争中获得优势，在生产、销售产品时所运用的一系列措施和手段。

1. 个人古装写真集系列

个人古装写真集，顾名思义，就是现在的你穿上自己喜欢的古装，做一回人间的仙子，或翩翩起舞，或静若处子，或蹙眉而思，或笑语盈盈。只要你喜欢，你就可以变成端庄的大家闺秀、缥缈的人间仙子、灵动的小家碧玉；把自己变成"心若比干多一窍，病如西子胜三分"的林黛玉或"回眸一笑百媚生，六宫粉黛无颜色"的杨贵妃。个人古装写真集是我们用心打造，针对所有群体及个人。在这里，总会找到古代的你。

2. 婚恋系列

婚恋系列是我们巨资打造的主打产品，现在的婚纱摄影新意层出不穷，但是受欧美国家或韩国的影响颇大，中国风元素在当代婚纱摄影中占的比例较少。我们主打古装婚恋摄影，一是要体现创意，吸引顾客；二是要弘扬中国古老文化，推动中国文化兴盛。

（1）朝代系列

华夏衣韵古装摄影有限公司按照朝代发展顺序制定了不同的朝代特色服装摄影系

图 9-2

图 9-3

列,依次为秦朝、唐朝、明朝、清朝。

(2)唯美爱情经典系列

唯美爱情经典系列有梁祝化蝶、牛郎织女、白蛇传、长恨歌、西厢记、凤求凰、孔雀东南飞、天仙配、嫦娥奔月、红楼梦等爱情经典系列。

3. 儿童古装写真

儿童摄影也是我们倾力打造的特色产品。相信大多数父母都想记录孩子们的成长过程,相信孩子们会喜欢我们为他们打造的古装。毕竟受现在古装剧的影响,小孩子还是青睐不同于大众的古装。

图 9-4

4. 老年古装系列

携手共度一生，走过风雨，经历沧桑，我还握着你的手，还好，渐渐老去后，你还在我身边……共同度过了生命中的这么多年，相信大多数老年人都无比珍惜在一起的时光，现在结婚纪念照很流行，老年朋友也开始随潮流。于是，夕阳红就慢慢地红透了半边天。华夏衣韵古装摄影有限公司也致力于打造老年系列古装照，满足老年朋友和其子女的需求。

5. 全家福摄影

全家福摄影选取四组家庭照，除商周服饰家庭照、铠甲服饰家庭照、汉唐服饰家庭照和文革服饰家庭照四组家庭照外，消费者可以根据喜好自由选取其他搭配。

6. 新产品开发

我们以诗词歌赋打造专属我们的特色，歌赋、唐诗、宋词和明清小说都可以作为我们的意境，"结发为夫妻，恩爱两不疑""执手相看泪眼，竟无语凝噎"。泛舟湖上，感受那只属于古诗词中的唯美。

（二）定价策略

1. 团购式定价

华夏衣韵古装摄影有限公司可以给出低于店面价格的团购折扣和单独购买得不到的优质服务。

2. 会员积分式定价

会员积分表示我们可以为顾客办理 VIP 会员卡，采取积分形式，一个家庭可拥有一张会员卡、服务所有产品。

3. 尾数定价

华夏衣韵古装摄影有限公司大多数产品定价的尾数都会以 6、8 或 9 来确立。

（三）分销渠道策略

1. 加盟连锁店建设

北京作为华夏衣韵古装摄影有限公司的总部，前期在上海、广州、青岛等大城市建立连锁店，以扩大华夏衣韵古装摄影有限公司的品牌影响力和抢占复古婚庆服饰这一市场先机。

2. 网络渠道建设

通过在淘宝各个店铺投放广告，增加店铺的曝光率；通过在会员商城投放广告，提升会员价值；提供各种有效增值服务，比如会员卡、积分卡等。通过第三方监督付款、发货，交易安全有保障。

（四）促销策略

华夏衣韵古装摄影有限公司婚庆复古服饰处在产品生命周期的导入期阶段。这一阶段主要的促销手段是让消费者接受认可产品，挖掘潜在消费者，扩大品牌的影响力，占据复古服饰这一市场空白。

1. 广告宣传

（1）电视广告推广。为加强中国风华夏衣韵古装摄影婚庆复古服饰的品牌宣传力度，决定邀请名人拍广告，从而加大宣传效果。

设计广告词：华服美装天下闻——中国风华夏衣韵古装摄影。

（2）户外广告宣传。在各大广场、超市及路旁的电子宣传屏放映华夏衣韵古装摄影宣传片或者宣传字幕，以让人们能在日常生活中充分了解华夏衣韵古装摄影及其摄影情况。

（3）搜索引擎。购买关键字广告，在各大门户网站上做广告。通过在各大搜索引擎网站投放广告，提高知名度。

（4）充分利用 BBS、E-mail 等论坛。如聘请各种网络技术人员在各大论坛上撰写关于华夏衣韵古装摄影的帖子，扩大其影响力。

2. 营业推广

（1）积分促销。积分促销在实际生活中的应用比传统营销方式要简单和易操作。积分活动很容易通过编程和数据库等来实现，并且结果可信度很高，操作起来相对较为简便。积分促销一般设置价值较高的奖品，消费者通过多次购买或多次参加某项活动来增加积分以获得奖品。

（2）赠品促销。在新产品推出试用、产品更新、对抗竞争品牌、开辟新市场情况下利用赠品促销可以达到比较好的促销效果。

（3）折扣优惠。在五一黄金周、七夕情人节等重大节假日期间拍摄华夏衣韵古装摄影复古服饰，可以享受优惠服务。

3. 公共关系——树形象

（1）华夏衣韵古装摄影摄有限公司将建立华夏衣韵古装摄影慈善基金，继续开展爱心捐赠图书活动。

（2）华夏衣韵古装摄影摄有限公司将举办公益性的"中国古代服饰知识普及"讲

座，宣传传统文化。

华夏衣韵古装摄影摄有限公司通过举办一系列社会公益活动，能够宣扬公司的形象，树立公司的可信性，从而促进公司会员数量的增加。

4. 人员推销

（1）柜台推销：企业建立一整套的营销奖惩、激励制度，每一销售季度召开销售表彰大会，评比销售精英，并且制定相应的销售人员管理制度，加强对销售人员的管理，提高销售的效率。

（2）上门推销：企业聘用一批专业营销人才，组成强有力的营销队伍，通过网络、电话等方式预约企业的领导，主动上门拜访，宣传华夏衣韵古装摄影有限公司的摄影套系，以面对面的方式交流争取获得更多的会员。

（3）会议推销：通过带着自己的产品参加同行之间的交流会、展览会推销自己的摄影技术及作品。

（五）人员策略

一是以顾客为本。顾客是摄影公司生存和发展的根本，市场竞争就是吸引顾客的竞争，因此，营销的目的是培育忠诚的顾客，忠诚的顾客相信企业最尊重他们，能为他们提供最大的消费价值，从而成为企业谋求最大利润的主要群体。体现在营销中的"人本"，应高度尊重信任顾客，提供使顾客偏爱的产品、服务和承诺，让顾客享受到满意加惊喜的服务，最终成为摄影公司的忠诚会员。二是以员工为本，即以摄影公司员工为本，正确地激励人、培育人、选拔人、留住人，调动员工的创造力和积极性，为摄影公司的整体营销创造最大合力。

（六）有形展示策略

有形展示策略主要包括两个方面：一个是边缘展示，另一个是核心展示。

1. 边缘展示

边缘展示是指顾客在购买过程中能够实际拥有的展示。这类展示很少或根本没有什么价值，比如电影院的入场券，它只是一种使观众接受服务的凭证；我们可以为顾客提供更加漂亮的相册背景图片或通过在摄影过程中为顾客提供优质的化妆品等方式，使顾客满意，以顾客心中的需要为出发点，它们无疑是企业核心服务强有力的补充。

2. 核心展示

核心展示与边缘展示不同，在购买和享用服务的过程中不能为顾客所拥有，但核心展示却比边缘展示更重要。因为在大多数情况下，只有这些核心展示符合顾客需求时，顾客才会做出购买决定。因此，我们必须要为顾客提供更为美观的古装服饰，更为典雅的古装环境，这些都是顾客在购买这些服务时首先要考虑的核心展示。因此，我们可以说，边缘展示与核心展示加上其他现成服务形象的要素（如提供服务的人），都会影响顾客对服务的看法与观点。当一位顾客判断某种服务的优劣时，尤其在使用或购买它之前，其主要的依据就是从环绕着服务的一些实际性线索、实际性的呈现所表达出的东西。所以，我们必须在拍摄过程中为顾客提供优良的古装氛围。

（七）过程控制策略

过程控制是一个延续、反复发生的过程。在这样的过程中，管理人员总是设法采用各种手段，在特定的期限内以最经济、最有效的方式完成各作业目标，以满足企业的整体策略与目的。

七、行动策划

（一）策划方案一

华夏衣韵古装摄影有限公司 2013 年"七夕情人节"活动策划方案

 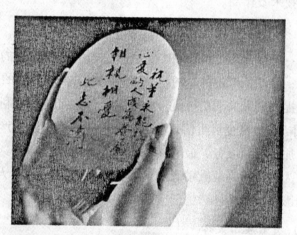

图 9-5

活动主题：掀起你的盖头来，千里姻缘一线牵

活动时间：2013 年 8 月 13 日

活动地点：北京陶然亭公园

赞助单位：北京华夏衣韵古装摄影有限公司

参加对象：单身女性、单身男性，如果是情侣一定要成对的来参加（仅限 7 对）

参加要求：凡参加七夕"千里姻缘一线牵"的朋友，都需穿古装参加活动，其中古装和造型由华夏衣韵古装摄影有限公司全程赞助。

活动内容：交友、游戏、摄影、庆七夕

（二）策划方案二

华夏衣韵古装摄影有限公司 2013 年戏苑古装剧摄影策划方案

活动主题：国粹美名天下扬，华服美装世界闻

活动时间：2013 年 9 月 9 日

活动地点：北京陶然亭公园

参加对象：古装爱好者

参加要求：凡参加戏苑古装剧摄影的朋友，都需穿古装参加活动，其中古装和造型由华夏衣韵古装摄影有限公司全程赞助。

活动内容：古装展示、歌颂美好的古代爱情故事、展现中国传统文化

八、财务分析（略）

九、项目总结

通过上述分析，《还珠格格》《宫心计》等电视剧的播出将我们带回那个曾经辉煌的远古时代，穿越复古等新的名词概念充斥大家的头脑中，华夏衣韵古装摄影将中国传统服饰文化与摄影相结合，挖掘中华传承文明，为"80 后"和"90 后"的新婚族打造古装特色婚恋摄影，选择目标群体明确，定位清晰，选择的渠道是可行的，促销手段多样化，具有很强的操作性和应用性。

十、调查问卷（略）

第二节　案例评析

伴随宫廷剧、穿越剧的热播，中华传统服饰再次受到年轻人所热捧。作品通过设计完美的复古场景，别具特色的消费主张，为消费者提供量身定制的服务。作品结合历史，在复古的基础上创新，通过个人写真、婚恋摄影和全家福三大摄影系列，以诗词歌赋和传统唯美爱情故事为背景打造个人专属的特色婚恋摄影。使顾客真正实现穿越时空、回归古代的梦想。该策划案把这种中国传统服饰文化和现代摄影相结合，作品选取角度有创新，但从整个作品来看，仍存在不足。下面就从该策划案的优点和不足两个方面来进行分析。

一、优点

（一）SWOT 分析全面，为公司的战略选择做了铺垫

在本案中 SWOT 分析清晰，一目了然，既有自己的优势也注意到了自己的劣势。

该企业的优势：独具特色的古典场景设计；专业的服装团队、定型团队、摄影团队和别具匠心的设计团队。

该企业目前的劣势：服务管理流程设计和营销理念有待改进提高。

（二）市场定位相对准确，营销创意新颖

主要针对追求独特、重温东方古典美的中高层消费人群，尤其为"80 后"和"90 后"的新婚族打造古装特色婚恋摄影，让他们亲身感受独特的中国古代婚恋服饰文化，满足其对于传统服饰的个性追求。个性的古典美的摄影追求作为创意选取的比较新颖，是较好的一个营销创意。

古装特色写真可以让人们亲身感受独特的中国古代各类女性的柔美、含蓄、高贵。东方古典美和古代仕女美的形象在中国女性心目中根深蒂固，古装特色写真正好让人们重温东方含蓄古典美。

（三）服务营销策略完整，产品、价格、渠道、促销四个策略设计合理，操作性强

1. 产品设计新颖

产品按主题分为个人古装写真、婚恋和全家福三大系列，而在婚恋系列的产品设计中加入中国历史不同朝代的服饰特色，并把中国传统的恋爱故事插入其中，为消费者创造出东方美的画卷。

2. 价格合理易接受

采用了团购式定价、会员积分式定价、尾数定价等几种目前在市场竞争中经常采用定价方式，消费者易理解和接受。

3. 渠道易操作

加盟店模式扩张速度快，易于控制和管理，网店模式能以较低的成本提高企业的业务量。

4. 促销设计较合理

促销从广告、营业推广、人员推销和公共关系四个方面进行了分析，使用的具体策略具有很强的操作性，如户外广告宣传、搜索引擎、充分利用 BBS、E-mail 等论坛等；营业推广的积分促销、赠品促销、折扣优惠等；人员推销的柜台推销等。

（四）大型行动计划可操作性强

华夏衣韵古装摄影有限公司开展的 2013 年"七夕情人节"活动和 2013 年戏苑古装剧摄影策划等大型活动无疑会提高企业的知名度和影响力。

（五）策划方案完整

该方案从环境分析、竞争对手和市场调研入手，图文并茂，语言流畅，专业术语规范。

二、不足

（一）竞争对手分析缺少数据的支持

在本案中，竞争环境的竞争对手分析部分，只是列举了几个竞争对手的目前在古装摄影方面的优缺点，没有具体的市场数据的支持和比较，这可能和学生对这样的公司的营业数据比较难以得到有关系，没有市场占有率等方面的分析数据和比较。另外，没有分析其他欧美风格的摄影在整个行业的市场占有情况，如果只注意古装摄影业务的竞争对手，往往会出现营销近视。

（二）市场细分采用的细分变量较少，目标市场特征描述不详细

在本案中，细分变量主要采用了根据顾客的需求分为婚恋摄影、个人特色写真摄影、全家福摄影和综合摄影四个子市场，选用的细分变量单一，目标顾客描述就会笼统，消费者描述宽泛，就很难抓住消费者的核心特征，那么后面的定位和营销策略针对性就差强人意。从本案所要选择的顾客来看，以顾客需求、年龄、收入水平作为细分变量来分析顾客得出的结论和实际情况就更具有针对性。

（三）营销策略中的人员策略、有形展示和过程控制策略设计欠缺

在本案中，人员策略、有形展示和过程控制等方面，学生实践较少，对服务的认识也不深刻，很难对这三个策略提出创新的创意和改进方案，在这方面需要学生进一步改进，首先理解这三个策略的理论和核心，然后才能设计出具有可操作性的方案。

（四）行动策划方案设计清楚，但两个方案的宣传力度和成本需要考虑

2013年"七夕情人节"活动策划和2013年戏苑古装剧摄影策划两个行动方案的创意不错，也符合该公司古装美的概念，疑问在于这两个方案的宣传范围、力度和成本能不能在可控范围内，这个公司有没有这么大的精力能承办这么大的活动，场地、人员、现场和媒体需要投入很大的人力和物力。

三、总体评价

通过对上述优点和不足的分析，通过《还珠格格》、《宫心计》等古装和穿越剧的播出，将我们带回那个曾经辉煌的远古时代，穿越复古等新的名词概念充斥大家的头脑中，华夏衣韵古装摄影有限公司将中国传统服饰文化与摄影相结合的创意还是不错的，既传承中华文明，也为"80后"和"90后"的新婚族提供古装特色婚恋摄影的选

择，选择目标群体明确，定位较为清晰，产品设计新颖，选择的渠道是可行的，促销手段多样化，具有很强的操作性。但在该作品中竞争对手分析以及营销策略、行动方案的可行性上需进一步改进，使作品的可操作性更强，更具有推广价值。

第十章 "刀光剪影"网上零售策划案

第一节 作品简介

第五届全国商科院校技能大赛移动商务网上零售比赛一等奖作品

参赛学校：德州学院

团队名称：飞扬团队

团队成员：高德风　李楠　韩翠

指导教师：吕志轩

摘要

剪纸作为一项独具中华特色的优秀民间艺术，具有深邃的历史文化内涵，被誉为"地上文物"和文化"活化石"，而且已于 2009 年被列入世界非物质文化遗产名录。随着世博会、文博会的顺利召开，剪纸以崭新的姿态走入了人们的视野。越来越多的人开始喜欢剪纸、学习剪纸。

剪纸形式多样，用途广泛，人们对剪纸的需求量逐渐增多。因此，我们开设了中国红剪纸坊，在网上零售多类剪纸产品。网店以"传承中国传统文化"为宗旨，出售多种主题剪纸。本店产品全部由周边村庄经验丰富的剪纸艺人纯手工制作，生产成本低，具有很大的价格优势。网店坚持"百分之百实物拍摄，优质服务，信守合同"的理念，保证诚信经营，真诚服务。

一、项目背景

(一) 中国传统剪纸文化备受欣赏与关注

剪纸已于 2009 年被列入世界非物质文化遗产名录，而且近一两年出现在各国举办的文化艺术节上。在 2011 年 5 月举办的戛纳电影节上，著名加拿大演员瑞秋身着一袭剪纸长裙，惊艳亮相红地毯。

(二) 行业前景广阔

我国"十二五"规划中将文化产业作为国民经济的支柱性产业。剪纸作为中国传统文化，不仅载体多样化，而且应用范围更加广泛，主要用于家居装饰、外事专用、旅游纪念等，市场需求量日益扩大。同时，我国网民规模已突破3亿，网购人数逐渐增多，网上购物已成为一种时尚。

（三）剪纸产业现状

目前，剪纸产业化已不是应不应该做的问题，而是应该怎么做的问题了。剪纸产业存在信息不对称问题，从而导致供需矛盾。"中国红"剪纸坊作为一个网上销售平台，能够满足供需双方的需求，有利地缓解了这种矛盾。

二、网店概况

（一）网店简介

"中国红"剪纸坊作为一个销售剪纸的网络平台，主要经营多种主题的剪纸，形式多样，产品丰富。同时，我们提供高效的快递服务，以使顾客在最短的时间内得到自己购买的剪纸产品。

（二）网店宗旨

本网店以"传承中国传统文化"为宗旨，坚持"百分之百实物拍摄，优质服务，信守合同"的理念，让顾客在购买剪纸文化作品之余还能感受到中国民族文化的魅力。

三、网店运营模式

"中国红"剪纸坊采用传统电子商务中B2C的经营模式，以网店为主要销售渠道，提供最具有中国传统特色的剪纸产品。

（一）生产模式

据调查，德州城区周边村庄的剪纸艺人还未被组织起来，她们无法有效地将剪纸产品转化为经济效益。我们与各村村委会签订生产合同，组织剪纸艺人为我们提供剪纸产品。

（二）物流模式

考虑到剪纸产品属于质量轻、体积小的手工艺制品，所以我们选择方便、快捷、价格低廉的快递方式，如申通、圆通、中通，让顾客在最短的时间内花最少的钱收到自己所订购的剪纸产品。

（三）支付模式

"中国红"剪纸坊采用信用卡、网银支付、支付宝余额、快捷支付、找人代付、消费卡、网点支付等支付方式供消费者选择。

四、SWOT分析

通过SWOT分析，我们可以更清楚地了解自己和竞争对手，从而制定适合自己的经营战略。正所谓"知己知彼、百战不殆"，只有清楚地了解自己和对手，才能在激烈的竞争中立于不败之地。

（一）优势分析

（1）本网店组织周边村庄经验丰富、技艺精湛的剪纸艺人纯手工制作剪纸，并非从其他企业购进，产品价格低，收藏价值高；

（2）网店专门经营剪纸产品，种类丰富，主要以中国传统剪纸为主，形式多样，充分满足不同顾客的需求；

（3）满足顾客的个性需求，可根据顾客提供的图案制作剪纸；

（4）货源可靠，诚信经营；

（5）送货迅速，到货准时。

（二）劣势分析

经营初期因经验不足，网店人气和交易量偏低，信誉等级低，短期内难以形成品牌效应。

（三）机会分析

（1）国际：剪纸已于2009年被教科文组织列入世界非物质文化遗产名录。

（2）国内：①我国"十二五"规划中将文化产业作为国民经济的支柱性产业；②传统的剪纸，在过去被人们看成登不了大雅之堂的民间"小玩意"，不能与宫廷艺术、文人艺术相提并论，现在剪纸艺术的审美价值被重新发现，并且许多专业美术工作者因此专门从事剪纸艺术活动；③由于学界和政府对民族传统文化的重视，剪纸艺术普遍进入了中小学的美术课堂，许多大学的艺术院系将剪纸艺术列为专业课程；④剪纸源于民间，因此具有广泛的群众基础和可观的消费群体。从以上几个方面来看，剪纸艺术向产业化发展的趋势已经十分明显。

（四）威胁分析

同类行业中已有一些比较成熟、经营时间长、信誉等级高、客户多且稳定的网店。

五、市场调研

（一）消费者分析

现代社会网络飞速发展，电子商务日益成熟，众多网站开始不知不觉地进入我们日常生活，这其中也不乏许多剪纸网站。许多人还记得儿时精美传统的剪纸，现在却无处寻觅，即使到淘宝网上搜寻也很难找到自己真正想要的剪纸。

调查中发现，有89%的人认为剪纸文化作为中国的传统文化之一应该传承下去；在购买方式上，目前只有21%的人选择网上购买，但随着电子商务的迅速发展，必将

图 10-1　市场调研

带来网购剪纸的热潮。

根据对山东省的剪纸市场调查，山东省每年的剪纸需求总量已超过 8000 万张，其中家居装饰类剪纸需求量为 2500 多万张，节日庆典类剪纸需求量为 2400 多万张，旅游纪念类剪纸需求量为 2000 多万张，外事专用类剪纸需求量为 600 多万张，其他类剪纸的需求量为 500 多万张。但是，由于供需双方信息不对称，顾客需要剪纸又苦于不知道去哪里购买，而卖方又联系不到需要剪纸的顾客，从而造成供需双方的矛盾。

（二）竞争对手分析

只有充分了解竞争对手，才能更好地经营下去。当下网上销售剪纸还处于一个待开发的状态，虽然各地区都有自己的剪纸市场，比如潍坊的杨家埠等，但只局限于当地，而且没有形成连锁效应。

1. 运营方面

潍坊的杨家埠剪纸等比较著名的剪纸销售商在运营上以实体店为主，客户受地域限制，难以形成规模效应。而我们在运营上以网店为主，在克服地域限制的同时，可以争取到更多的客源。本网店所有产品都标有合理的价格，并按产品类别详细分类，每一类产品的特点、价格以及优惠活动都一目了然，这为消费者在选购时节省了更多的时间。

2. 定位方面

潍坊的杨家埠剪纸主要定位于中高档产品，市场覆盖大中城市，价格高、竞争压力大。而我们的产品与同类商品相比，定价较低，在保证了质量的情况下，可以争取到更多的客源。

六、STP战略

(一) 市场细分

按内容分:人物类、花鸟类、山水类、建筑类等。

按形式分:普通剪纸、立体剪纸、磁性剪纸等。

按规格分:小型剪纸、中型剪纸、大型剪纸。

按材料分:纸质、布质、塑料、金银箔、皮、革等材料。

按题材分:古典类、时尚类等。

按用途分:装饰、收藏、外事专用、赠品、庆典等。

按价格分:低档剪纸、中档剪纸、高档剪纸。

(二) 目标市场选择

(1) 家居办公装饰市场:这是最常用的一种用途,一般是相框、卷轴及软包装。

(2) 旅游景区市场:在旅游景区销售。

(3) 外事专用市场:因为剪纸的独特表现方式,很多地方政府及企业会根据当地有名的景点及名人或企业的特色,设计一些剪纸作为商务、政务、外事等高档礼品赠送,我们也可以根据他们提供的图案制作剪纸,顾客自行加上高档的装裱即可。

(4) 促销品市场:跟产品厂商合作,开发促销装剪纸,价格一般在5元以上;根据客户的需要进行制作,这个市场销售量较大,多数企业比较认可。

(5) 儿童市场:中国现有儿童4亿之多,开发儿童卡通剪纸、动漫人物剪纸等,前景广阔;市场上这类商品还比较少见,利用孩子们的好奇心打开市场,儿童卡通剪纸的利润还是非常可观的。

(三) 市场定位

中国红——复古的时尚。

剪纸文化已逐渐成为一种复古的时尚。因为古老,所以经典;因为传统,所以继承;因为发展,所以时尚。

"中国红"剪纸坊作为一个继承和发扬中国传统文化的平台,期待着剪纸文化红遍全国、红遍世界。

七、营销策略

(一) 4PS策略

1. 产品策略

本网店以出售多种主题、多种形式的剪纸为主,品种齐全。有如下分类:

（1）推出不同题材的剪纸：山水、花鸟、人物、动物、古今中外建筑等。山水系列包括世界各名山大川风景剪纸，如泰山风景剪纸、清明上河图剪纸等；花鸟系列包括各种花卉、鸟类剪纸，如梅兰竹菊四君子剪纸；人物系列包括古今中外各个时期的著名人物肖像剪纸，如孔子肖像、桃园三结义系列等；动物系列包括各种野生动物或者家养宠物剪纸，如狮子、老虎等；建筑系列包括中华古老建筑剪纸和西方建筑剪纸，如故宫、埃菲尔铁塔等。

图 10-2　至圣先师孔子（卢雪作品）

（2）推出适合不同节日的剪纸：我们根据中西方的不同节日推出了一系列不同寓意的剪纸。春节期间推出"福"、"寿"字系列、十二生肖系列、年年有"鱼"系列等有祈福寓意的剪纸；端午节期间推出屈原系列、赛龙舟系列等；中秋节期间推出嫦娥奔月系列、全家福赏月系列等；情人节期间推出牛郎织女系列、永恒爱情系列等。当然，在母亲节、父亲节、儿童节等重要节日期间，本网店还会推出独具特色的剪纸，供顾客选择。

（3）推出不同用途的剪纸：家居办公装饰剪纸、外事专用剪纸、旅游景区专用剪纸、婚庆专用剪纸等。

（4）推出中国风系列剪纸：中国功夫系列、脸谱系列、四大名著系列、中国古代服饰系列、少数民族文化系列、长城故宫系列、苏州园林系列、十二生肖系列等。

（5）推出时尚个性系列剪纸：个人肖像系列、卡通系列等，可以根据顾客需要提供个性剪纸。

图 10-3 婚庆专用剪纸

图片来源：乐人剪纸布贴画的威客创意空间。

图 10-4 脸谱剪纸

图片来源：纸艺网。

2. 价格策略

本网店的产品全部由周边村庄剪纸艺人纯手工制作，并非从其他生产企业购进，生产成本低，与同类商品相比，产品价格低。

在网店开业初期，采取低价格销售，以争取更多的顾客，同时提高网店的知名度和信誉等级。随着客源的逐步稳定，为了网店的长久经营，可以将价格适当提高，但与同类商品相比，仍然要有很大的价格优势。对于工艺复杂、制作时间长的剪纸产品可以收取较高的价格。

3. 渠道策略

充分利用网络这一平台，不断提高剪纸的网上销售量。

4. 促销策略

剪纸作为一种传统文化，我们有必要去继承和发展。而对于剪纸产品本身，其促销可以分为以下几个步骤：

（1）实行会员制度：凡在本网店购物者可以免费办理普通会员，本网店普通会员可以享受8.5折优惠；凡在本网店购物5次以上者可以免费办理白金会员，白金会员可以享受7.5折优惠。

（2）定期开展一系列优惠活动：实行买二赠一优惠，凡在本店购买产品超过两件的顾客，都有精美礼品相赠；一次性购物满100元免邮费。

（3）活动促销：借助中西方节日大量促销与节日有关的剪纸（比如春节期间可以大量促销"十二生肖系列"剪纸，中秋节可以大量促销"嫦娥奔月"主题的剪纸等）；与产品厂商建立合作关系，作为赠品销售。

（4）网络宣传：通过博客、帖吧、QQ群、论坛等工具进行宣传；通过同学朋友宣传，以提高网店的知名度。

（二）网店优化推广策略

（1）及时更新网站的首页，根据实际需要添加或者删除内容，及时更新页面布局，始终保持顾客对本店的新鲜感。

（2）与相关网站做友情链接：加强与网站盟友（如装饰品、外事专用品等商品营销网站）的联系，与他们合作，方便顾客同时消费，也可以增加客源。

（3）鼓励用户将网站加入收藏夹：在我们剪纸网店首页上添加收藏图标，方便顾客查找。

八、网店发展战略

目前我们网店正处于初期发展阶段，信誉等级较低，通过为顾客提供高质量低价位的产品，增加产品交易量，从而提高网店信誉等级，最终使"中国红"剪纸坊的信誉度在剪纸网店中名列前茅。

九、财务分析（略）

十、项目总结

通过上述分析，民间剪纸艺人缺乏现代化的网络营销技巧，无法有效地将剪纸产品转化为经济效益，从而使消费者缺少一个购买剪纸的综合性平台。而"中国红"剪纸坊恰好缓解了这种信息不对称的矛盾，从而实现了三方共赢；再加上剪纸拥有广阔的市场，网店设立可行性强，相信"中国红"剪纸坊必将有很大的发展空间。

十一、调查问卷（略）

第二节　案例评析

一、作品总评

该方案旨在为中国红剪纸坊如何通过网络销售这一新的营销渠道解决剪纸市场信息不对称问题，从而实现艺人、网店、消费者三方共赢策划系列营销活动。该方案准确地把握了剪纸产业发展面临的问题，发现了剪纸（文化）产业的发展机遇，将现代营销方式与传统剪纸作品有机结合，项目的市场前景较好。但在营销策略、结构安排、市场细分等方面还不够清晰、准确。

二、选题

项目在从剪纸文化和剪纸行业两个角度分析项目背景的基础上选择传统剪纸作品作为网上营销对象，做到了特色鲜明、思路清晰、定位准确。从题目上看，"刀光剪影"一语双关、生动贴切，既让人感觉剪纸艺术跃然眼帘，又说明商场如战场，非一番"刀光剑影"不足以论商海沉浮。

随着中国传统剪纸文化受到越来越多的欣赏与关注，剪纸行业的前景十分广阔。互联网产业的蓬勃发展为剪纸产业提供了新的增长空间，是解决剪纸市场信息不对称的有效途径。因此，"中国红"剪纸坊作为传统剪纸产品的网上销售平台具有广阔的市场前景。

三、方案的可操作性

作为网上零售策划案，与一般营销策划案不同，该方案还必须要考虑网店的推广计划，因此，该方案的营销策略由两部分组成，即 4PS 策略和网店优化推广策略。

（一）4PS 策略

1. 产品策略

该项目以出售多种主题、形式的剪纸为主，品种齐全。主要有以下分类：①不同题材的剪纸：山水、花鸟、人物、动物、古今中外建筑剪纸等；②适合不同节日的剪纸；③不同用途的剪纸：家居办公装饰剪纸、外事专用剪纸、旅游景区专用剪纸、婚庆专用剪纸等；④中国风系列剪纸：功夫系列、脸谱系列、四大名著系列、中国古代服饰系列、少数民族文化系列、长城故宫系列、苏州园林系列、十二生肖系列、CHINA陶瓷剪纸系列等；⑤时尚个性系列剪纸：个人肖像系列、卡通系列等，可以根据顾客需要提供个性剪纸。这些产品几乎涵盖了剪纸的所有类型，能够满足不同消费者的各种需要。不过，该方案中的产品图片都是转帖于网络，难免会使读者对网店的真实性产生怀疑。如果作品中多展示一些实物照片会大大增强作品的真实感。

2. 价格策略

该方案采取阶段性定价策略，即在网店开业初期，采取低价格销售，随着客源的逐步稳定，再将价格适当提高，但与同类商品相比，仍然要有很大的价格优势。剪纸产品的市场潜力大，从多销中可以获得更多的利润。在网店开业初期，采取低价销售（渗透定价）可以以多销产品达到渗透市场、迅速扩大市场占有率的目的。随着网店销售能力的不断扩大，产品销售量迅速增长，客源逐步稳定，利润也随之大大增加，这时候的定价策略应该是选择能保证店铺实现目标利润或目标回报率的目标定价策略，而不应以单纯的提高价格为目的。同时，该方案没有考虑网店进一步成熟时的定价策略。

该方案指出，采取低价销售策略的原因是产品全部由剪纸艺人纯手工制作，生产成本低。但"手工制作"是否比"企业购进"更具成本或价格优势缺少市场调查和证据。

3. 渠道策略

该方案的渠道策略只有"充分利用网络这一平台，不断提高剪纸的网上销售量"这一句话，不具有可操作性。应该围绕如何吸引顾客、建立信任、促成销售、情感投资等方面进行深入分析。

4. 促销策略

消费者通常都具有贪图便宜的心理，我们在实体店里经常会发现，卖家的一些打折、减价、优惠、赠送等促销手段容易激发顾客的购买动机，使其做出立即购买的决定。对于网店来说，上述手段往往也同样有效。该方案中的"会员制度"、"优惠活动"、"活动促销"等手段，就是利用了顾客的消费心理，促使其尽快做出购买决定。另外，"限时抢购"也是网店常用的一种促销策略。但方案中提到的"网络宣传"与促销的关系不大，若将其作为渠道策略之一则更为合适。

（二）网店优化推广策略

网店优化推广是提高产品销量的关键所在。网店优化是对网站进行程序、域名注册查询、内容、版块、布局、目标关键字等多方面的优化调整，也就是网站设计时适合搜索引擎检索，满足搜索引擎排名的指标，从而在搜索引擎检索中获得流量排名靠前，增强搜索引擎营销的效果，使网站相关的关键词能有好的排名。"及时更新"、"友情链接"、"鼓励收藏"都是常见的网店推广方式。除此之外,"网摘入库"、"群发"、"论坛发帖"、"域名搜索"等也是非常有效的方式,可惜该方案中对此鲜有提及,使方案略显粗糙。

四、方案内容及结构的完整性

该作品结构规范,内容翔实。从结构上共有十二部分,分别是摘要、项目背景、网店概况、网店运营模式、SWOT 分析、市场调研、STP 战略、营销策略、网店发展战略、财务分析、项目总结、调查问卷。下面对主要部分的结构完整性和逻辑性进行分析。

(一)摘要

摘要是以提供文献内容梗概为目的,不加评论和补充解释,简明、确切地记述文献重要内容的短文。该方案的摘要提供了项目的背景、目的、优势和网店宗旨等内容,基本符合撰写要求。该摘要如果再提供 SWOT 分析、STP 战略、营销战略等其他重要内容的话,则更为完美。

(二)网店概况和运营模式

1. 网店概况

"中国红"原指一种陶瓷制品,其色彩非常鲜丽。由于红色在高温条件下很容易分解,极不容易上色,千百年来红色的陶瓷烧制难度非常高。像景德镇陶瓷一样,剪纸也是中国人民给世界留下的重要非物质文化遗产,且其产品以红色为主,又要求较高的技艺,因此,借用"中国红"作为网店名称显得非常巧妙、贴切。

2. 运营模式

值得一提的是,该项目的生产模式能够大大降低谈判(交易)费用。虽然周边地区存在大量剪纸艺人,但他们较为分散、规模也很小,若"挨家挨户"地与单个艺人分别进行谈判,其费用必定很高,而且达成共识或一致的可能性也不大。在剪纸艺人组织程度较低的情况下,与村委会签订生产合同是一种创新性的组织模式。

(三)SWOT 分析与市场调研

所谓 SWOT 分析,即基于内外部竞争环境和竞争条件的态势分析,就是将与研究对象密切相关的各种主要内部的优势和劣势与外部的机会和威胁等,通过调查列举出来,并依照矩阵形式排列,然后用系统分析的思想,把各种因素相互匹配起来加以分析,从而得出一系列相应的结论。可见,SWOT 分析中的外部机会和威胁分析应建立在充分的市场调研的基础上,内部优势和劣势分析应与主要竞争对手相对比。该方案将 SWOT 分析与市场调研割裂为两个部分(即方案中的第四和第五部分),而且市场调研在 SWOT 分析之后,其逻辑性和统一性稍显不足。

在 SWOT 分析部分，该方案较为准确、客观地分析了网店的优势和劣势、机会和威胁。

1. 优势分析

该方案认为，"中国红"剪纸坊的优势主要有：①网店组织经验丰富、产品价格低、收藏价值高；②网店专门经营中国传统剪纸产品，种类丰富，形式多样，可以充分满足不同顾客的需求；③网店可以根据顾客提供的图案制作剪纸，满足顾客的个性需求；④货源可靠，诚信经营；⑤送货迅速，到货准时。但应该指出的是，"货源可靠，诚信经营"是市场主体的基本素质要求，而非本网店的竞争优势；"到货是否准时"还要取决于本网店选择（注意，不是合作）的第三方物流商，这一点也很难作为本网店的优势。

2. 劣势分析

经营初期经验不足，网店人气和交易量偏低、信誉等级低，短期内难以形成品牌效应，这是新生网店普遍存在的劣势。因此，这部分内容与其他作品有些趋同，没有结合"中国红"剪纸坊的实际情况，如产品的特色、价值等方面做出分析。

3. 机会分析

该方案从国际、国内两方面分析了"中国红"剪纸坊面临的市场机遇。从国际上看，剪纸已于 2009 年被教科文组织列入世界非物质文化遗产名录。从国内看，一是我国"十二五"规划中将文化产业作为国民经济的支柱性产业；二是传统剪纸的审美价值被重新发现，逐渐受到学界和政府的重视；三是剪纸源于民间，具有广泛的群众基础和可观的消费群体。从以上几个方面来看，剪纸艺术向产业化发展的趋势已经十分明显。该部分较为全面、客观，是让读者对该方案产生信心的主要来源。

4. 威胁分析

该方案认为，本项目的主要威胁是同类行业中已有一些比较成熟、经营时间长、信誉等级高、客户多且稳定的网店。但在后文中却将潍坊杨家埠和蔚县荣升等实体店作为主要竞争对手，显得有些矛盾。

在市场调研部分，该方案从消费者和竞争对手两个方面分别做了市场调查和分析，从而进一步明确了项目的发展前景及自己的竞争优势。

1. 消费者分析

该方案首先调查了消费者对剪纸产品的态度，发现有 89% 的人认为剪纸文化作为中国的传统文化之一应该传承下去；在购买方式上，目前虽然只有 21% 的人选择网上购买，但随着电子商务的迅速发展，必将带来网购剪纸的热潮。其次以山东省为例，调查了剪纸产品整体和各种类型产品的市场需求量，调查结果全面、可信。

2. 竞争对手分析

如上所述，该方案将潍坊杨家埠和蔚县荣升作为主要竞争对手与"威胁分析"前后矛盾。但该部分中的"定位"分析非常准确，认为价格优势要以保证质量为前提。

（四）STP 战略

STP 是现代市场营销的核心战略，有助于企业发掘市场机会，开拓市场，充分利用现有资源，获得竞争优势，还有利于企业了解各细分市场的特点，制定并调整营销组合策略。

1. 市场细分

市场细分就是指按照消费者的收入水平、职业、年龄、文化、购买习惯、偏好等细节分变量，把整个市场划分成若干个需求不同的子市场或次子市场的过程，其中任意子市场或次子市场都是一个拥有相似需求的购买者群体。显然，市场细分是将消费者区分为不同的类型，但该方案却将剪纸产品分成了不同的类型。

2. 目标市场选择

在目标市场选择上，该方案的成功之处在于准确地发现并选择了儿童市场。中国现有儿童 4 亿多，而市场上儿童卡通剪纸、动漫人物剪纸等还比较少见，开发这类商品，利用孩子们的好奇心加上父母的爱心打开市场，前景广阔，利润可观。

至于外事专用市场，其对产品质量和档次的要求往往较高，如果"手里"没有非常有名气的剪纸艺人，作为普通的、新生的网店能否成功进入该市场，还有待慎重思考。

3. 市场定位

市场定位是指企业针对潜在顾客的心理进行营销设计，创立产品、品牌或企业在目标客户心目中搜索的某种形象或某种个性特征，保留深刻的印象和独特的位置，从而取得竞争优势。该方案的独到之处在于"复古的时尚"！"因为古老，所以经典；因为发展，所以时尚"。古老而不古板，时尚而又经典，与传承中国传统文化前后呼应。

（五）营销策略

该方案选择了经典的 4PS 营销组合策略。但"中国红"剪纸坊作为一个电子商务平台，其市场营销行为应更多地从站在卖方角度的"4P"向站在买方角度的"4C"转化。4CS 策略认为，应先把产品搁到一边，赶紧研究消费者的欲望和需求，不要再卖公司所能生产的产品，而要卖客户想要购买的产品；暂时放弃主观的定价策略，公司应了解消费者为满足其需求所需付出的成本；公司还应放弃已成定式的地点策略，而应优先考虑如何向消费者提供便利以购得商品；最后，用沟通来代替促销。因此，若该方案用 4CS 策略代替 4PS 策略则会更加完美。

五、结论

通过上述分析，我们可以看出，该方案的特色主要表现在以下几个方面：

（1）通过从剪纸文化和剪纸行业两个角度分析项目背景，为读者勾画出了剪纸网店的广阔的市场前景。

（2）以"刀光剪影"为题目，一语双关、生动贴切。

（3）巧妙、形象地借用烧制难度非常高的"中国红"瓷器作为网店的名称。

（4）创新性地设计了产品生产的组织模式。

（5）机会分析较为全面、客观，再加上选择儿童市场作为目标市场，这就大大增强了该方案的可行性，能够激发读者对于网上零售剪纸的激情。

（6）成功地诠释了产品独特的形象："复古的时尚"。

该方案的不足之处也是非常明显的，如作品中的图片不是实物拍摄，渠道策略缺乏可操作性，SWOT分析与市场调研等部分内容存在一定的结构和逻辑上的问题，市场细分的标准选择不当等。

第十一章　"福满一生"保险开拓
德州市场营销策划案

第一节　作品简介

第八届全国商科院校技能大赛国际市场营销比赛全国一等奖作品

参赛学校：德州学院

团队成员：崔玉玫　张琛　赵振芳　刘翔羽

指导教师：相子国　刘士全

摘要

在经济飞速发展的今天，人们的收入越来越丰厚，消费需求越来越多元化，可是与此同时，人们对于"幸福是什么"这个问题答案的探寻却从未停止。有人说，我要成为亿万富翁，这就是幸福；有人说，我希望自己和家人身体健康，这就是幸福；还有人说，痒痒的时候能挠挠，这就是幸福……温家宝总理在 2011 年 2 月 27 日与网民交流时这样解读幸福："我认为幸福就是让人民生活得舒心、安心、放心，对未来有信心！"而中国人寿保险股份有限公司呼应了这种构建国民幸福感的时代大潮，在齐鲁大地率先开展了"家庭理财年 福满千万家"系列主题活动，旨在为千万家庭送去人寿的关怀和呵护，为提升山东人民幸福指数贡献力量。幸福生活，源于对家庭财产的合理配置，而分红保险就是家庭幸福的支柱之一，"福满一生"即是一款庆祝中国人寿保险股份有限公司营销 15 周年，感恩回馈推出的幸福产品——一款集高返还、高保障、高收益于一身的即交即领、前期理财+后期养老的分红保险。在撰写的过程中，我们亲身感受到了"福满一生"的产品魅力，以及其无与伦比的优越性。

在本策划案中，我们将以深入浅出的产品实例讲解，有理有据的数据理论分析，别出心裁的宣传广告方式，步步为营的战略规划，注重实战的营销方案为您呈现一个多方位立体化的营销战略模式。

现在，让我们一起敲开幸福之门，走进"福满一生"的世界。

一、企业调研

（一）走进德州中国人寿保险股份有限公司

图 11-1　走进德州中国人寿保险股份有限公司

（二）我国寿险市场现状

　　通过进行企业调研，我们归纳出当前保险市场正在发生的几点变化：

图 11-2 中国人寿保险股份有限公司宣传资料

1. 目前我国各寿险公司的保费收入状况

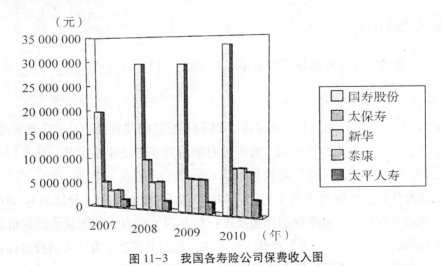

图 11-3 我国各寿险公司保费收入图

从图 11-3 可以看出，我国各寿险公司的保费收入状况均呈递增趋势，表明我国寿险市场正处在迅速发展的时期，中国居民参险的意识在不断提高。同时，还可以得出中国人寿保险股份有限公司的保费收入,在近几年中始终保持着全国寿险公司保费收入的领先位置。

2. 客户需求与认知

客户的需求越来越多元化、个性化,客户满意成为企业营销的核心理念。随着中产阶层的增加,综合性金融投资与理财需求越来越旺盛,金融保险机构为保持可持续发展,必须顺应客户需求,为客户创造价值。

我国公众对寿险行业价值的认知在提升,意味着中国寿险市场正在迎来新的发展契机。

3. 寿险险种同质化现象严重

保险产品是保险行业竞争的核心部分,保险产品的差异主要体现在险种设置、保险责任和保险费率等方面。目前我国保险市场保单的公开性使得同行业间保险产品的同质性十分严重。

4. 金融保险业混业经营成为趋势

自 1999 年美国通过《金融服务现代化法案》以来,银行、保险、证券、基金业相互渗透,混业经营越来越普遍,我国平安集团早在几年前已经混业经营银行、保险、证券业务。2006 年《国务院关于保险业改革发展的若干意见》(以下简称"国十条")进一步明确规定:"稳步推进保险公司混业经营试点,探索保险业与银行业、证券业更广领域和更深层次的合作,提供多元化和综合性的金融保险服务。"中国保险监督管理委员会发布的《中国保险业发展"十一五"规划纲要》规定:"支持保险机构参股商业银行和证券机构,鼓励保险机构设立基金管理公司,研究对其他机构进行股权投资,探索邮政等行业经营简易保险的新渠道,稳步推进交叉销售和综合拓展。"因此,保险业的混业经营成为趋势。

二、企业及产品介绍

(一)中国人寿保险股份有限公司简介(以下简称中国人寿)(略)

(二)"福满一生"产品介绍

"福满一生"是一款中国人寿庆祝营销 15 周年感恩回馈特供产品;一款集高返还、高保障、高收益于一身的即交即领、前期理财加后期养老的幸福产品。让我们一起敲开幸福之门,走进"福满一生"的世界。

中国人寿分红险家族再添新丁——"福满一生"两全保险(分红型)。2011 年,经济形势依旧复杂多变,通胀预期加强及银行利率调节压力下如何使资产保值仍是人们最为关心的话题。"福满一生"由此应运而生,它的正式上市为广大消费者提供了养老保障与理财产品的新选择,极大地丰富了分红险市场的多样性。

"福满一生"的投保范围广,凡出生 28 日以上 55 周岁以下,身体健康者均可作为被保险人,保险费的交付方式为年交,交费期间分为 5 年和 10 年两种,保险期间为保险合同生效之日起至被保险人年满75周岁的年生效对应日止。

1. 产品特色——多福临门，多重回馈

为了最大限度地发挥分红险保障与理财的双重功能，最大限度地帮助被保险人抵御通胀、实现资产保值，继而打造一个安心、舒适的无忧晚年，"福满一生"特别设置了多重回报，分别为"生存金"、"关爱金"、"福寿金"、"满期金"和"保障金"，可谓多福临门。

"福满一生"保险合同生效以后，被保险人便可以领取第一笔钱，包括首次交费金额1%的"特别生存金"和高达基本保险金额10%的"关爱金"两个部分（大约为首期保费的20%），领取速度快、金额高。被保险人每年可领取一次特别生存金和关爱金，直至客户自行选定的55周岁或者60周岁截止。

客户的"特别生存金"和"关爱金"领取到期后，即迎来"福寿金"领取年龄，分55周岁和60周岁两个年龄档次，在投保时由客户自主选择。假设被保险人选择60周岁开始领取"福寿金"，可以一直领取到74岁，这是一笔固定而可观的养老补助金，金额高达基本保险金额的20%。这为老年人的小病护理提供了补充，对保障被保险人老年生活的品质具有极其重要的作用。

至75周岁保单期满日，"福满一生"还将按基本保险金额的100%给付"满期金"，为被保险人的老年生活额外提供一笔丰厚的养老金。

除以上责任外，"福满一生"还将分红收益与意外保障双重功能进行了优化。依托中国人寿强大的投资实力，被保险人每年可以分享公司的投资分红收益，如果被保险人选择的是红利累积生息的话，这笔长期收益将会相当可观。与此同时，"福满一生"还设置了"保障金"，为客户提供意外情况下的高额保障，最高可达基本保险金额的10倍。

2. 产品亮点——即交即领、高额返还、自由选择、全面保障

亮点一：即交即领、高额返还。"福满一生"在继续保持其前身"美满一生"即交即领特点的同时，在领取额度上进行提升，使得被保险人领取金额更多、返还速度更快。

亮点二：自由选择、全面保障。该产品按照人的生命周期进行设计，按照人生各阶段的关注点设计保险利益点。"福满一生"产品针对少儿类客户，面对日益增长的教育投入，在产品领取初期加入了"特别生存金"和"关爱金"，两重领取保障孩子的教育投入；针对中青年客户群体，福满一生除提供每年10%的"关爱金"领取，满足客户理财性收入的需求外，考虑到该类人群是社会的中坚，量身设计高额保障功能，最高可享受10倍基本保险金额加所交保费的高额保障；针对中老年客户群体，该产品充分考虑养老需求，每年可以领取20%的基本保额的"福寿金"，是"关爱金"的两倍。

亮点三：在满足客户固定收益和浮动收益的同时，充分考虑保险的功能，可以享受最高10倍基本保险金额加所交保费的高额保障。

三、开拓德州市场战略规划

(一) 同质产品比较

目前保险市场产品的同质现象比较严重，与中国人寿"福满一生"两全保险（分红型）有相似保障功能的保险险种主要为：华泰人寿的"吉祥年年"年金保险（分红型）和太平洋人寿的"鸿鑫人生"两全保险（分红型）。见表11-1。

表11-1　　中国人寿"福满一生"险种和其他公司同类产品对比表

内容	华泰人寿的"吉祥年年"年金保险（分红型）	太平洋的"洪鑫人生"两全保险（分红型）	中国人寿的"福满一生"两全保险（分红型）
关爱金	60周岁之前，每个保单年度都获得基本保险金额一定比例的关爱年金，最高为20%；60周岁之后，每年获得关爱年金在上年基础上固定增加（增加金额为首年度关爱年金的20%）。	又称"祝福金"。自主险合同生效日起，每年都可领到相当于主险基本保险金额9%的祝福金。	关爱金+特别生存金+福寿金：在55岁（或60岁）前，按基本保险金额的10%给付关爱金，按首次保费的1%给付特别生存金；55岁（或60岁）按基本保险金额的20%给付福寿金。
期满金	客户将在80周岁的保单周年日获得基本保险金额5倍的满期金作为祝寿金。	又称"祝寿金"。在70周岁时，将领取到一笔相当于已交主险保费总额的祝寿金。	又称"祝寿金"。在客户75周岁时给付保额的100%。
保障金	若被保险人60周岁之前身故，则会无息返还已交的保险费与现金价值的较大者；若被保险人60周岁后身故，则给付未领取的关爱年金与5倍基本保险金额之和。	无身故金。需另加保费购买附加鸿鑫人生重疾保险，组成更为全面的保障计划。	18岁前，无息还本；18~55岁（或60岁）疾病身故，一年内，无息还本；一年后，按基本保险金额的200%给付并返还所缴全部保费。55~75岁（或60~75岁），返还1倍的基本保险金额和已缴全部包费。
分红金	客户每年可以根据公司的经营情况享受上一年度的分红，使客户收益能与公司的发展同步增长。	公司每年根据分红保险的业务经营状况，确定红利分配方案，客户可以每年分享到公司经营的成果。	又称"红利金"。客户每年可以根据公司的经营情况享受上一年度的分红，一般为所获利润的70%。

(二) 目标设立

作为德州寿险市场的开拓者，我们的营销目标是最大限度地推广"福满一生"产品，提高品牌的市场影响力，尽最大力量占据市场优势，使产品逐渐发展成为寿险市场领军者以及成为消费者喜爱的寿险产品。

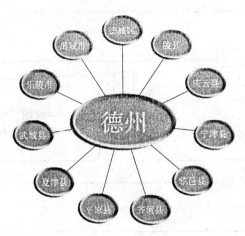

图 11-4 产品辐射地区

（三）市场开拓战略

2011 年 4 月 1 日中国人寿的"福满一生"在全国各省市同步上市，到目前为止，产品上市期和试卖期已经过去。上市期一般为半个月，公司在这一时期内，先要对讲师组进行产品培训，与此同时用一个星期进行广告宣传。接下来的预售期大约是十天，公司根据预售情况进行销售目标的确定，然后根据不同地域分别采取相应营销手段。对于本节的市场开拓战略就是在试卖期后进行的。产品发展过程见图 11-5。

四、产品宣传推广规划

在产品市场目标明确以后，进入营销阶段，首先要对新上市的产品进行宣传推广，让消费者了解中国人寿为庆贺公司成立 15 周年感恩回馈客户而推出的新产品——"福满一生"保险。产品宣传推广规划图见图 11-6。

（一）讲座宣传规划

随着社会的不断发展，人们更加侧重于家庭理财、资产保值，倾向于养生保健，关注于孩子成长教育问题。为满足社会需求，体现中国人寿感恩回馈客户的销售理念，公司举办了系列专题性讲座，以提高产品宣传效果。在各项专题讲座中，公司以感恩回馈的形式对客户发放免费讲座卡，欢迎客户带领家庭成员、亲戚朋友参加，以充分挖掘潜在客户。

1. 理财系列讲座——幸福敲门 财富人生

如何进行家庭理财、资产保值升值是目前大多数人津津乐道的话题，而普通人对于金融、财经往往处于一知半解状态，投资理财知识成为大多数人迫切希望学习和掌握的内容。为此，中国人寿邀请专业财经讲师，详细解说目前各项投资渠道的发展现状，展现保险分红特色，从正面打开人们的保险投资之门。

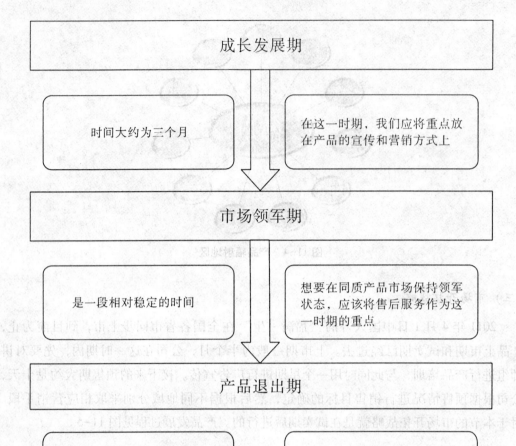

图 11-5　产品发展过程

2. 教育系列讲座——牵手人寿　共育未来

家长们往往最为关心子女的教育问题，中国人寿针对孩子的不同成长阶段举办相应的教育讲座，不仅可以为家长排忧解难，而且可以促使家长在关注孩子成长的同时为孩子的未来"加保"；同时，参加讲座的人群又兼顾了"福满一生"产品面向的全部消费群体——出生 28 日以上至 55 周岁的所有身体健康者人群。以下是教育类系列讲座主题形式：

（1）"天使妈妈　宝贝计划"——育婴专题讲座

没有育婴经验的准妈妈和婴幼儿妈妈，常常为育婴过程中出现的各种小问题而困扰。育婴专题讲座将为妈妈们量身打造"宝贝计划"，让孩子的成长赢在起跑线上。

（2）"和孩子一起快乐成长"——孩子教育系列讲座

学龄前儿童、小学生、初中生、高中生的教育问题该如何解决？孩子的教育方式

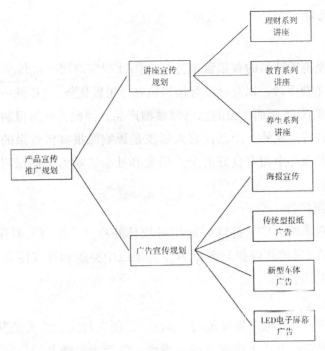

图 11-6　产品宣传推广规划图

该如何适应其成长历程？在孩子的成长过程中可能遇到形形色色的问题，而作为孩子第一任老师的家长该如何提高孩子的教育质量，教育专家将根据孩子的实际情况为家长做出最满意的解答。

（3）"提高学习效率　铸就精英梦想"——学生学习系列讲座

孩子的学习是家长最关心的问题之一。如何提高孩子的学习效率、提高孩子的记忆力水平、增添孩子的学习乐趣都是家长需要去了解。中国人寿举办学生学习系列讲座，专家可以根据孩子的学习阶段提出综合性建议，为孩子的精英梦想铺砖添瓦。

（4）"专家志愿指南　为你开启大学之门"——如何填报高考志愿系列讲座

高考之后，如何填报志愿成为不少考生和考生家长迫切需要解决的问题。中国人寿组织专家举办高考填报志愿的专题讲座，专家可以根据孩子的兴趣性格、高考成绩，现场给予考生志愿填写建议。

3. 养生系列讲座——幸福人寿　精彩生活

养生是一门深奥的学问，不同阶段的人群养生方向不同，养生关注点也不同。女士往往热衷于保健，男士偏好健康调理，老人侧重气血健康。在养生系列讲座中，专家可以根据人群需要解答养生之道，还可以现场传授传统养生适用于现代生活的方式方法，同时增强人们的健康保险意识。

（二）广告宣传规划

1. 海报宣传

面对面销售是寿险产品的首选营销方式，因此拟定海报、宣传单页作为"福满一生"产品宣传的主要手段，以充分配合销售员发挥销售优势。"福满一生"产品是中国人寿为庆贺公司成立 15 年而推出的感恩回馈型产品，因此，在海报制作过程中更加侧重于产品优惠性宣传。此外，产品代言人形象是影响海报宣传效果的重要因素，中国人寿选择在中国群众心中拥有良好的个人形象和社会影响力的体坛明星——姚明作为产品代言人。

2. 传统型报纸广告

报纸宣传具有影响力广、持续时间相对较长的特点。作为人寿保险德州分公司，可以在《德州日报》《德州晚报》等地方主要报纸中整版刊登宣传页，提高"福满一生"在德州地区的知名度。

3. 新型车体广告

目前，车体广告正成为广告宣传的"新宠"，便宜且流动性大是其最主要的特点，宣传效果也是其他宣传方式无法睥睨的。现今，活跃于公路上的公交车愈来愈多，采用车体宣传方式突出产品更引人注目。

4. LED 电子屏幕广告

目前，公司主要采用 LED 电子屏宣传方式。

5. 生活用品广告

农村地区的生活消费方式与城镇差距较大。然而，印有公司产品宣传标语的扑克牌、购物袋、伞具等生活用品可以轻而易举地走进广大农村家庭，并且有长期使用、宣传的效果，宣传成本也相对较低。

五、产品营销

（一）消费群体锁定及产品定位

1. 消费市场划分

为满足消费者的多种需求，中国人寿"福满一生"保险产品的客户范围极广，几乎涵盖了全部年龄段人群。按生命周期，可以分为婴幼儿市场、少儿市场、中青年市场、老年人市场。婴幼儿市场是最具有发展潜力的市场。当下，大多家庭都只有一个孩子。而父母出于对孩子的保护以及对孩子未来教育、婚嫁等方面的考虑，相对于其他方式，更乐意为自己的孩子去购买一份保险。所以，少儿市场是潜在客户群最多的市场之一。

同时，中青年市场也具有很可观的发展前景。随着人们收入的增加，理财意识的提高，更多的中青年人开始注重自己的生命健康和生活的保障，乐意为自己购买一份保险，也为家人增添一份安心。

老年人市场一直是一个不太容易进军的市场。老年人正处于人生中的疾病高发期，加上身体的衰老，更容易发生意外。所以，老年人参保费用比少儿和中青年都要高。而老年人多数已退休在家养老，投资理财意识不强，更不愿意高额的消费支出。因此，老年人市场很难有所突破。

2. 目标市场的选择

（1）婴幼儿市场—— 越早投资，越早受益，前程无忧

婴幼儿身体机能发育不完善，抵御疾病侵蚀的能力较弱，所以孩子患病尤其是患重大疾病的几率较高。理赔数据显示，在0~18岁儿童的理赔案件中，意外医疗费用补偿和疾病医疗费用补偿类型的理赔案占比超过70%。0~6岁儿童因疾病发生理赔的比例最高，占比超过80%，并且其中将近一半的理赔原因是支气管炎和肺炎，平均每次理赔金额在900元左右。意外伤害已被视为幼儿的一大杀手。除了重大疾病和意外伤害为家庭带来巨大的精神痛苦和经济压力外，日益增长的教育费用也成为家庭所面临的一笔不小的开支。所以，越来越多的家长认识到，通过保险储蓄足够的教育基金也是一条重要的途径。为孩子购买保险，不仅可以缓解困难来临时的经济压力，而且也是为将来储备一定的经济保障。

（2）中青年人——完善人生保障，呵护家庭幸福

随着我国人口年龄结构的变化，很多家庭成为"4-2-1"模式的家庭。现在的中青年人上有老人需要赡养，下有儿女需要抚育，外有来自社会和工作中的压力，正承受着巨大的压力。伴随而来的是越来越多的职业人群患上了各种各样的疾病。除此之外，身边瞬息万变的社会环境也埋藏了很多隐患，比如交通、高危险职业带来的意外，无法控制和难以预料的不幸成为了中青年人的致命杀手。重大疾病和意外伤害在打倒了一个人的同时也会拖垮一个家庭。所以，对于这些处于家中顶梁柱地位的人群来说，很需要有这么一份保险在身，以便增强抵御风险的能力。编制家庭理财计划，为自己和家庭构筑心理的防线。

3. 产品的市场定位

着力在消费者心目中打造"幸福来敲门，福满千万家"的产品形象。

现在是信息爆炸的时代，在各种媒体广告的狂轰滥炸下，消费者最需要简单明了的信息。"幸福来敲门，福满千万家"的宣传语简单易懂、朗朗上口，相比大篇幅的宣传，更容易为消费者所接受。

消费者会按照个人的经验、喜好、兴趣甚至情绪，选择接受和记忆信息。"幸福来敲门，福满千万家"的宣传语很容易让人联想到《当幸福来敲门》这部经典的电影。借用电影的影响力激起消费者的兴趣，拥有打入消费者记忆的先天优势，更能引起消费者的购买欲望。同时，购买一份保险可以为幸福保驾护航，并带来可观的收益。

由于缺乏安全感和从众心理，消费者会购买跟别人一样的东西，免除花冤枉钱或被朋友批评的危险。所以，人们在购买商品前，都要经过缜密的商品调查。而广告传

达给消费者简单而又易引起兴趣的信息，更易于自己的品牌在消费者中传播。如果一位消费者要买寿险，必然先向朋友打听，一说"福满一生"，既满足了消费者安全感的需要，也无须记一些专业名词。

消费者对品牌的印象不会轻易改变。虽然一般认为新品牌有新鲜感，较能引人注目，但是消费者真能记到脑子里的信息，还是耳熟能详的东西。所以，需要反复向人们宣传"幸福来敲门，福满千万家"，强化本产品在消费者心目中的形象，也就是自己的特色。

（二）面对面 NBSS（Needs Based Selling Seminar，需求销售导向）销售策略（见图 11-7）

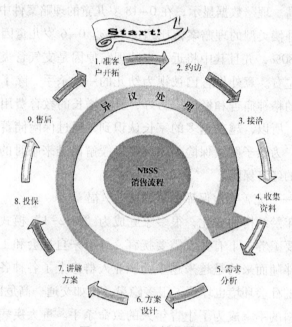

图 11-7 NBSS 销售策略

1. 销售前提

需要解决销售中的四大障碍：没有信任感；没有需求；没有帮助；不着急。

由于存在障碍，从准客户到客户流失率达到了 9/10，仅有 1/10 的人能够成为真正的客户。所以，首先要有足够的准客户量才能保证推销成果。如何通过良好的沟通留住客户就是我们需要着重努力的地方。一个推销员始终在推销的就是自己，让客户喜欢你，他们才会接受你推销的产品。

2. 需求销售导向流程

（1）准客户开拓

●持续的准客户开拓；

●不同类型的准客户开拓；

●详细的追踪系统。

每个人都在推销。除非有人推销，否则一切都不会发生。首先要保证的就是准客户量，持续开拓、源源不断。另外，需要注意的是准客户来源有哪些，哪些渠道可以产生高质量的客户。准客户来源可以产生高质量的客户。准客户追踪，记录每位客户资料，以便了解准客户的有效来源并提高签单成功率。

准客户开拓过程中需要注意的四个问题：询问的时机；询问的方式；追踪的方式；追踪的时。

（2）电话约访

工作准备：准客户名单；相关话术；良好的工作环境；办公工具。

自我准备：练习；放松；热情和信心；微笑。

一定要把客户约出来见面交流。

电话约访要领：①不要试图重新发明新的约访流程；②使用经过证实的话术；③给出见面的时间选择（二择一法）；④三次要求面谈；⑤承诺之后继续行动。

（3）接洽

一个高明的寿险推销员，在介绍寿险产品时，不是着重介绍它的性能，而是在于向客户重点解释清楚风险随时随地存在、随时随地地发生以及保险的意义和作用，着重要分享的是产品带来的保障和幸福，而不是单单推销寿险产品。

（4）收集客户资料

在向客户介绍产品的过程中，客户会提出保不保大病、参保费用多少、有多少收益等问题。在此过程中，寿险推销员就要有意识的问及客户的家庭结构、工作及收入状况，收集客户资料。向准客户提出问题要基于渐进式的沟通之上，贸然的提出问题，容易引起准客户的反感，导致关系的破裂。

（5）寻找购买点

在需求销售导向销售流程中，要注意异议处理和客户资料收集。由浅入深的攀谈以找到其家庭保障的残缺之处，挖掘客户的购买需求并提出潜在的风险，列举客户投保后对自己及对家庭其他成员的好处。

（6）设计解决方案

根据已发现的准客户购买需求点，要着重列举"福满一生"相对应的保障之处。比如，对婴幼儿的人身意外保障，对中青年人群的投资理财效果，对老年人则注重其养老功能。总之，要让准客户感受到这款产品对他个人的有效保障作用。

（7）成交保单

促成签单：

●推定客户已基本同意购买；

●讲解客户购买保险的保障功效；

●举例第三方事故，提高客户的危机意识，增强其入保的欲望；

●核保促成。

（8）递交保单

● 重温客户需求；

● 为下一次销售做准备；

● 要求转介绍名单；

● 建立专业信誉。

（9）售后服务

● 赋予自己义务，对每一位客户负责；

● 卡片系统，赠送卡片以方便客户查阅自己的保险信息；

● 年度拜访；

● 孤儿保单服务，保单豁免；

● 受益人服务；

● 持续做好售后服务。

（三）售后服务体系

销售的完成并不意味着推销工作的结束，而良好的售后服务才是真正推销的开始。见表11-2。

表11-2　　　　　　　　　　中国人寿售后服务项目表

	服务内容
缴费	投保作为一项长期事务，客户未必能够每年准时缴纳保费，提醒客户每年定时足额缴纳保费是售后服务的一项最基本内容。
转账	客户如有其他事务在身，不方便亲自缴费时，经客户授权后，可由保险业务员代为缴费。缴费方式为直接从银行转账，保险业务员不接触现金。缴费完成后，发票会邮寄或者直接送到客户手中。
变更	客户相关信息发生变动时，如联系方式变更，受益人的添加，地址、姓名、身份的变更等。保险业务员需要将变更信息及时收集整理，做好信息保全。
理赔	当客户要求理赔时，保险业务员应当及时完整地收集好相关事件信息反馈给理赔科，由理赔科去调查该事件的真实性并进行具体理赔服务。
再保险	当客户有新要求，保险业务员应当推荐介绍本公司其他产品以满足客户要求。
保单年检	有的客户手中有数张保单，保险内容各有不同。保险业务员会定期整理保单资料，将保单现在的缴费时限、参保费用、保障金额、分红收益等信息反馈给客户，使客户能掌握自己的保险状况。
鹤卡服务	给客户信息卡和打折卡。信息卡可以让客户凭卡号登录相关网站随时查看自己的保单现状；而打折卡则可以使客户在一些特定的消费场所享受打折优惠，并在签约商家变动时及时收到通知。

（四）产品营销态势分析（见表11-3）

表11-3   人寿公司"福满一生"产品SWOT分析表

<table>
<tr><td colspan="5" align="center">"福满一生"产品SWOT分析</td></tr>
<tr><td colspan="2" align="center">项目</td><td align="center">评判内容</td><td align="center">应对策略</td></tr>
<tr><td rowspan="4">优势</td><td rowspan="4">内部因素</td><td>1</td><td>公司实力雄厚、专业领先，拥有社会最广泛客户的信赖，始终占据国内保险市场领导者的地位</td><td rowspan="4">先入为主。依托人寿保险良好的品牌形象，发扬优势，迅速拓宽市场，赢得消费人群</td></tr>
<tr><td>2</td><td>服务到位、全面、及时，我们始终能够坚持不变的服务宗旨：用心服务，创造感动</td></tr>
<tr><td>3</td><td>产品新，有特色，亮点多，惠及面广，有保无险、无险升值</td></tr>
<tr><td>4</td><td>本产品具有即交即领、高额返还的特点，易于建立起差异化竞争优势</td></tr>
<tr><td rowspan="4">劣势</td><td rowspan="4">内部因素</td><td>1</td><td>目前国家政策略偏重于政府福利性保险，对商业保险的发展构成价格上的潜在威胁</td><td rowspan="4">加强对保险业务员的业务水平和整体素质培养，通过业务员和客户的良好沟通，赢得其信赖，树立产品良好形象</td></tr>
<tr><td>2</td><td>诸多消费者对保险业务的信任程度不高，存在着对保险的错误认识，购买积极性不高</td></tr>
<tr><td>3</td><td>业务员业务素质良莠不齐，个别业务员处理问题不当，造成部分消费者对保险的质疑</td></tr>
<tr><td>4</td><td>在广告媒体宣传方式上还没有找到更具创新性和更加切实有效的渠道</td></tr>
<tr><td rowspan="4">机会</td><td rowspan="4">外部环境</td><td>1</td><td>随着经济和社会的发展，德州地区人民生活水平的提高，支付能力增强</td><td rowspan="4">通过企业推广、群众推广、赞助活动等方式扩大产品影响力，进而推动产品促销</td></tr>
<tr><td>2</td><td>人们的保险意识和理财意识的增强，使得人们对保险的需求越来越大</td></tr>
<tr><td>3</td><td>商业保险行业得到政府的支持，发展前景良好</td></tr>
<tr><td>4</td><td>国家保险 建设方面筹资水平有限，且保障程度较低，这就为商业保险在的发展提供了机会</td></tr>
<tr><td rowspan="4">挑战</td><td rowspan="4">外部环境</td><td>1</td><td>同行业竞争者拥有强大的竞争实力，竞争压力不断加大</td><td rowspan="4">及时调整营销策略和推广侧重点。完善保险售后服务工作。注重产品创新</td></tr>
<tr><td>2</td><td>可能会受到很多消费者的投诉及质疑</td></tr>
<tr><td>3</td><td>国家和地方法规的不确定性</td></tr>
<tr><td>4</td><td>销售量大增后，会致使同行业竞争者推出相似的产品挤占市场</td></tr>
</table>

六、策划可执行性——PEST环境分析及财务分析

（一）政治环境

2011年开始实施的"十二五规划"中，"富民"首次取代传统"国强"目标成为首要任务，让百姓"安心"、"舒心"、"放心"、"有信心"被作为今后发展的重要工

作。在官方看来，"十二五"需要解决的首要问题是产业结构、城乡结构和区域结构等诸种结构构成的难题。因此，加快现代服务业发展研究被政府视为改善方案之一。而保险作为一项福利性服务业，不仅可以满足人们平时的意外保障之需，还可以作为升值资金应用，保险在现代服务行业发展中占据越来越重要的地位。此外，"福满一生"寿险产品是中国人寿为庆贺其成立 15 周年感恩回馈之作，以分红方式降低客户因通货膨胀带来的资产损失，能最有效地抵御通货膨胀、保证资产安全。中国人寿用最专业的方式打造最完美的产品，从解决百姓的"安心、信心、舒心、放心"问题倾力于保障和提高客户的利益与收益。

（二）经济环境

目前，人们广为应用的五大经济投资方式分别为：银行储蓄、基金、不动产、股市和保险。首先，受通货膨胀的影响，作为传统投资方式的银行储蓄已是贬值行为。存款利息无法超越消费物价指数增速已是不争的事实。其次，普遍被认为风险很小的基金投资，2010 年整个基金行业的盈利规模仅为 0.1%，尽管相比上证指数 14% 的跌幅还算不错，但是这仅仅是过半数偏股型基金跑赢指数，这就表明大多数基民都在亏钱。最后，作为目前炒得火热的房地产也成为政府政策调控的对象，"十二五"规划中也提出了为数众多的解决方案，未来房地产风向如何，都将成为未知数。股票投资其风险性最大，专业知识欠缺、经验不足的普通投资人贸然入市，多数情况会被套牢。

与此同时，保险的全面保障、保值福利性逐渐成为人们投资的一种新风向。目前，多数保险都实行分红型政策，资金一年一返还，利率远远高于银行，风险远远低于股市，起到抵御通货膨胀的作用，逐渐发展成大众特别是中低等收入人群喜闻乐见的一种新型投资方式。

（三）社会环境

社会生活的变化促使保险行业呈强劲发展态势。一方面，保险是一种人民生命及财产的保障方式。投保寿险，平时可做财产保值甚至升值之用，出现意外情况时又可做补贴之用。保险的宣传手段日益成熟，使人们逐渐改善对保险的传统型理解，不少人开始认可甚至购买多项保险。另一方面，社会生活水平日益提高，人均收入不断增加，居民手中富余资金增多，投资理财成为不少人津津乐道的话题，保险的实惠性被接受并认同。但是，由于此前一部分业务员素质不高，在人群中造成不良影响，使得大部分人对保险仍存在很深的误区。走进这部分人群，用积极的行动改善这部分人对保险的认识，则保险的普及推广率将进一步提升，市场前景广阔。

（四）技术环境

技术环境对保险的发展影响主要体现在售后服务方面。首先，在缴费方面，电子化转账方式让客户足不出户便可以完成缴费手续，快捷、省时、省力的办理业务更加适宜于现代人的消费理念。其次，客户通过上网便可以获知本年度企业分红状况，了解自身收益。最后，中国人寿官方及地方网站上都有网上购买业务，客户看好产品类型后便可以在网上购买；对产品有疑问也可以在网上留言，工作人员在线解答，让客户对产品更加放心、舒心，对人寿更加安心。

（五）财务可行性分析（略）

第二节 案例评析

一、本策划案的特色

《"福满一生"保险开拓德州市场营销策划案》的主要特色是突出了可行性和创新性。

（一）可行性

1. 项目本身可行

选择了"福满一生"险种，本险种亮点突出，能满足投保人的多种需求，投保后可以得到多重回报，对投保人有较大的吸引力。

2. 市场细分及目标客户群锁定准确

根据本险种的特色，选择了婴幼儿到中年人作为主要目标市场。

人寿险种按人的生命周期可以分为婴幼儿市场、少儿市场、中青年市场、老年人市场。根据"福满一生"险种的特点，其目标市场定义为从婴幼儿到中年人。婴幼儿市场——越早投资，越早受益，前程无忧。为孩子购买保险，不仅可以缓解困难来临时的经济压力，而且也是为将来储备一定的经济保障。中青年人——完善人生保障，呵护家庭幸福。中青年上有老人需要赡养，下有儿女需要抚育，外有来自社会和工作中的压力，现在的中青年人正承受着巨大的负担。身边瞬息万变的社会环境也埋藏了很多隐患，比如交通、高危险职业带来的意外无法控制和难以预料的不幸也成为了中青年人的致命杀手。重大疾病和意外伤害在打倒了一个人的同时也会拖垮一个家庭。所以，对这些处于家中顶梁柱地位的人群来说，很需要有这么一份保险在身，以便增强抵御风险的能力，编制家庭理财计划，为自己和家庭构筑心理防线。

3. 宣传推广策略可行

一个险种的推出能否成功，关键在于宣传推广。只有让消费者充分了解了本险种能满足他们哪些需求，才会有可观的销量。为了扩大"福满一生"险种的宣传效果，本策划案选择了举办相关系列专题性讲座和广告宣传。

（1）策划举办系列专题性讲座，以提高产品宣传效果。在各项专题讲座中，公司以感恩回馈的形式对客户发放免费讲座卡，欢迎客户带领家庭成员、亲戚朋友参加，以充分挖掘潜在客户。

第一，理财系列讲座——幸福敲门 财富人生

如何进行家庭理财、资产保值升值是目前大多数人津津乐道的话题，而普通人对于金融、财经往往处于一知半解状态，投资理财知识成为大多数人迫切希望学习掌握的内容。为此，可以邀请专业财经讲师，详细解说目前各项投资渠道发展现状，展现保险分红特色，从正面打开人们的保险投资之门。

第二，教育系列讲座——牵手人寿 共创未来

家长们往往最为关心子女的教育问题，可以针对孩子的不同成长阶段举办相应的教育讲座，不仅可以为家长排忧解难，而且可以促使家长在关注孩子成长的同时为孩子的未来"加保"，同时参加讲座人群又兼顾了"福满一生"产品面向的全部消费群体——出生 28 日以上至 55 周岁的所有身体健康者人群。教育类系列讲座主题形式包括：

一是"天使妈妈 宝贝计划"——育婴专题讲座

二是"和孩子一起快乐成长"——孩子教育系列讲座

三是"提高学习效率 铸就精英梦想"——学生学习系列讲座

四是"专家志愿指南 为你开启大学之门"——如何填报高考志愿系列讲座

第三，养生系列讲座——幸福人寿 精彩生活

在养生系列讲座中，专家可以根据人群需要解答养生之道，还可以现场传授传统养生适用于现代生活的方式方法，同时增强人们的健康保险意识。

（2）广告宣传。

第一，海报宣传。

第二，报纸广告，可以在《德州日报》、《德州晚报》等地方主要报纸中刊登宣传页，提高"福满一生"在德州地区的知名度。

第三，新型车体广告。

第四，LED 电子屏幕广告。一是在市区的电子屏设立产品广告宣传，二是与出租车公司建立联系，在出租车后 LED 屏幕上呈现产品宣传标语。

（3）生活用品广告。印有公司产品宣传标语的扑克牌、购物袋、伞具等生活用品可以轻而易举的走进广大农村家庭，并且有长期使用长期宣传的效果，宣传成本也相对较低。

4. 开拓德州市场策略可行

针对人身保险险种的特点，开拓市场主要靠业务员的促销，采取 1 对 1 面对面需求销售导向，针对性强，能和准客户当面交流，双向沟通，能现场解答准客户的疑虑，便于促成投保意向，效果较好。

该策划案通过明确的目标市场选择，有针对性的宣传推广，加上寿险推销员的

NBSS 销售策略，经过大量寻访，找到足够数量的准客户，再辅以不断的走访、详谈，将准客户转化为公司客户，进而实现打开德州市场的营销目标。

5. 营销策划的费用预算可行

根据本险种的预计销售额，确定了合理的营销策划费用，避免了费用超支情况。

（二）创新性

（1）选择的险种新。和其他保险公司的同类产品比，具有与众不同的特色和亮点。

（2）宣传推广策略有创新，策划了理财系列讲座、教育系列讲座、提高学习效率讲座、填报高考志愿系列讲座、养生系列讲座等，满足了不同年龄段人群的不同需求，扩大了本险种的受众面，宣传效果较好。广告宣传策略有创新，策划了车体广告、出租车后的 LED 屏幕广告、生活用品广告等。

二、本策划案的不足之处

保险产品的营销策划不太好做，众多的保险公司每年都要推出许多保险品种，几乎每个险种的宣传推广和市场开拓策略都大同小异，同质化比较严重，很难有较大的创新和突破，能做到有一两个地方有所创新已属不易。

第十二章 "德州梁子黑陶"参展策划书

第一节 作品简介

第四届全国商科院校技能大赛国际贸易专业竞赛总决赛全国一等奖作品

参赛院校：德州学院

团队名称：开拓者

团队成员：刘杰 张超群 赵煜 刘翔羽 孙慧 徐亚飞 胡晓云

指导老师：毛丽君

一、参展背景及目标设定

（一）参展背景及参展宗旨

通过参展集中展示具有文化特色和市场增长能力的梁子黑陶产品，寻找有意合作的精品专业设计师，共同为中国黑陶产业升级与国际流行时尚努力；同时，开发新的区域代理与经销商，拓展梁子黑陶在中国乃至国际市场的占有率。增加商品销售价值，是梁子黑陶产品既重要又经济的营销手法，进而稳固企业形象并创造更大的利润；同时，也是企业了解世界市场及各国时尚设计元素，进一步拓展产品、增加品牌曝光率的重要渠道。

（二）参展目标

1. 公司品牌宣传

山东德州梁子黑陶文化园于 2005 年创立，秉持"环保、低碳、优质、创新"的理念，以手工制作为主，响应当前低碳经济的主题；同时企业不断扩充产品系列，优化取材，积极寻求具有陶艺专业知识的人才，保证产品的优良品质；观念的创新加技术的创新，把黑陶艺术与德州的地域特色、社会的时代特色相结合，凸显梁子黑陶的独特之处。通过这次参展，希望广泛建立"梁子黑陶"品牌形象并测试公司产品的接受度。

2. 渠道拓展

通过此次展销会，借助营销与媒体传播的力量，为企业提供一个宣传产品的平台，提高知名度，进一步连接中国乃至国际市场。同时，寻找全国各地的合作伙伴及区域代理商，并加快开拓国际市场的步伐。

3. 业务拓展

（1）产品研发与创新；

（2）市场供需信息采集；

（3）产品意见反馈；

（4）服务质量提升；

（5）稳住老客户。

二、产业及产品的调查和分析

（一）产业调查与需求分析

1. 中国陶器业发展现状

作为与文化、旅游、家居装饰产业紧密相连的工艺美术产业，含有中国民族传统文化的工艺品不断引起国内外的广泛关注。2008 年北京奥运会上具有民族特色的奥运印章被世界认可；2010 年上海世博会民族文化被世界消费者集中关注。经过近 20 年的发展，在工艺品行业，中国已成为世界上最大的生产国和出口国。

陶瓷是中国文化宝库中的瑰宝，是最富民族特色的日用工艺品。陶器艺术是工艺品中的造型艺术之一。随着中国历史的发展，通过对外经济、文化的交往，陶瓷艺术传播到世界各国，许多国家瓷器工艺的发展都直接或间接地受到中国陶瓷工艺的影响。陶瓷与茶叶、丝绸并称为中国三大特产，成为中国的代名词。由此可见，我国陶器具有非常好的外销基础。

2. 中国陶器业对外贸易现状

目前我国陶器的主要出口厂商为欧盟、美国，分别占总出口比例的 17%、13%，陶器出口市场受欧美市场影响较大，欧美对陶器品质要求适中，喜欢简洁流畅、新奇多变的产品风格，价格适中，量比较大。同时，以日本、俄罗斯等为代表的中国周边市场，同样在陶器出口中占据较大比例，这些国家喜好中国传统文化，比较欢迎具有民族特色的产品。此外，今年陶器出口受欧盟反倾销政策和与中东迪拜建立陶器合作伙伴的影响，在欧盟的出口比例将有所下降，而中东市场将得以进一步扩大。与此同时，东盟、非洲等一直是中国陶器出口较为稳定的战略合作伙伴（见图 12-1、表 12-1）。

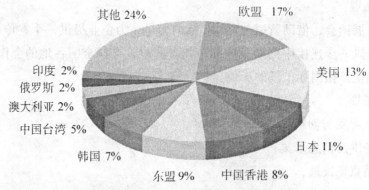

图 12-1　中国陶器主要出口分布图

表 12-1　　　　　　　　　　　国际市场需求概况

市场名称	需求特点
日韩市场（特别是日本市场）	偏爱精致优质的产品，高、精、尖、小巧、美观，喜好中国传统文化，一些具有民族特色的产品常能得到欢迎，也能接受高价格，但数量不会太大。
北美与欧洲市场	一般对品质要求适中，喜欢简洁流畅、新奇多变的产品风格，价格适中，量比较大，是中国出口商喜爱的客户。
中东市场	对品质要求不高，对产品的审美方面较为朴实，甚至俗气，价格也低，数量比较大。
非洲市场	弹性最大，本土文化与前英语殖民地国家、前法语殖民地文化交织，口味复杂，奢侈品和品质极差的产品都能接受。

从图 12-2 可以看出，1992—1998 年中国陶瓷进出口进入稳步增长阶段，自 2002 年，中国加入世贸组织，陶瓷贸易进入腾飞阶段。2009 年中国陶瓷进口额达到 4.18 亿美元，较 1992 年增长近 3 倍；陶瓷出口额达到 80.63 亿美元，较 1992 年增长超过 7 倍。近几年，中国陶瓷行业外贸呈现以下特点：对东盟、南非、俄罗斯等新兴国际出口额增加；出口仍将保持良好势头，虽然受欧洲债务危机、退税政策调整等的影响，出口增速将有所放缓，但外贸增长的有利因素依然存在，预计 2011 年全年可实现陶瓷出口额超过 90 亿美元。

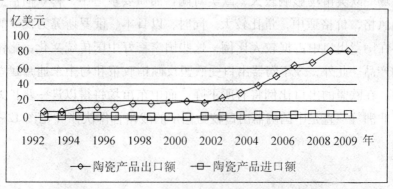

图 12-2　中国陶瓷进出口贸易额

（二）参展厂商介绍

1. 公司简介

梁子黑陶是德州黑陶业的领军企业，是集"研究、设计、生产、销售黑陶和休闲、体验为一体"的黑陶文化产业基地，公司占地 50 亩（1 亩＝0.0667 公顷），现已建成5000 平方米的研制中心和生产车间以及德州第一个企业自建的黑陶博物馆、休闲陶吧厅等。2008 年，山东梁子黑陶文化园被确定为第一批省级文化产业示范基地，同时该企业是清华大学陶瓷系、山东艺术学院、德州学院等多所高校的实习、实验基地，并建有黑陶文化交流中心，为学术交流提供了一个非常有利的平台。

2. 公司基本资料（略）

（三）公司产品介绍

公司产品包括复古蛋壳陶、传统软刻陶、创新硬刻陶、漆陶、中国印、无釉彩陶、红陶七大门类两百多个品种。代表性产品见表 12-2。

表 12-2　　　　　　　　　　"梁子黑陶"参展产品

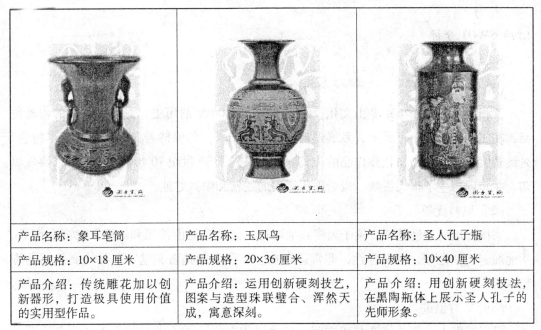

产品名称：**象耳笔筒**	产品名称：**玉凤鸟**	产品名称：**圣人孔子瓶**
产品规格：*10×18 厘米*	产品规格：*20×36 厘米*	产品规格：*10×40 厘米*
产品介绍：传统雕花加以创新器形，打造极具使用价值的实用型作品。	产品介绍：运用创新硬刻技艺，图案与造型珠联璧合、浑然天成，寓意深刻。	产品介绍：用创新硬刻技法，在黑陶瓶体上展示圣人孔子的先师形象。

表12-2（续）

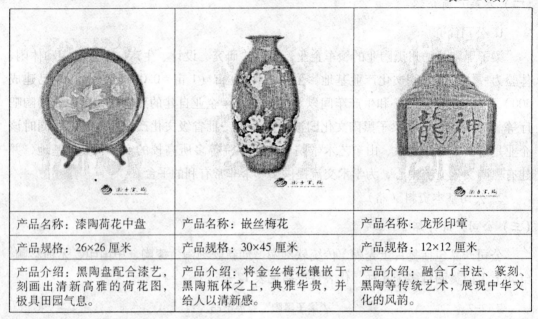

产品名称：漆陶荷花中盘	产品名称：嵌丝梅花	产品名称：龙形印章
产品规格：26×26 厘米	产品规格：30×45 厘米	产品规格：12×12 厘米
产品介绍：黑陶盘配合漆艺，刻画出清新高雅的荷花图，极具田园气息。	产品介绍：将金丝梅花镶嵌于黑陶瓶体之上，典雅华贵，并给人以清新感。	产品介绍：融合了书法、篆刻、黑陶等传统艺术，展现中华文化的风韵。

（四）SWOT 分析

1. 优势

（1）历史悠久

德州黑陶起源于山东龙山文化，距今已有近 6000 年的历史。龙山文化中的陶器制品，在工艺、造型、色泽上，发展到现在的黑陶产品，仍保持着深厚的民间艺术特色，延续着大汶口—龙山文化陶作品的传统。德州率先于 20 世纪 70 年代开始研制、再现黑陶，在全国产生了很大影响，成为现代黑陶的发轫和中兴之地。

（2）原料优质

京杭大运河途经德州，梁子黑陶就地取材。此地胶泥由沙泥和红泥天然混合而成，质地细密，粘性好，富有弹性，非常适合拉坯，便于塑造各种造型，是烧制陶器的理想原料。

（3）与时俱进

梁子黑陶人本着"缔造艺术空间，传播黑陶文化"的企业精神，不断创新，拥有自己独特的创新技术发明、多项图案设计专利。

（4）销售地人文气息浓厚，政府支持

在外交部面向全国征集、筛选外交礼品过程中，梁子黑陶作为山东省唯一的黑陶企业参选，为黑陶文化立于世界文化之林打下良好基础。

2. 劣势

（1）梁子黑陶对外宣传力度不够，知名度和美誉度有待进一步提高。

（2）实用型产品缺乏，致使黑陶难以跻身生活必需品行列，不能持久吸引大众消费。

（3）营销网络狭窄，尚未建立起覆盖全国的营销网络；企业没有充分利用现代通信工具拓展国际市场。

3. 机会

中国外贸经济不断发展，黑陶市场潜力巨大，梁子黑陶文化有限公司可以充分利用各种展览将黑陶产品推向全国乃至世界；德州当地不断开发旅游业，而黑陶是德州"三宝"中唯一的文化产品，具有巨大的发展空间，为梁子黑陶走向世界创造了机会。

4. 威胁

（1）替代品较多，市场竞争激烈

陶器制造业遍布大江南北，南有宜兴紫砂陶，北有绥棱黑陶。除此之外，市场上还存在着瓷器、木雕等工艺品，这也加大了对陶器市场的冲击，使得市场竞争更加激烈。

（2）成本较高，竞争力较小

有着悠久历史的瓷器占据很大的陶瓷市场份额，也比较适合大众消费，而黑陶产品成本和价格一般偏高，使得梁子黑陶在陶瓷市场的竞争力较小。

三、参展策略规划

（一）参展活动目的

（1）认识国内外厂商，收集商品资讯及寻找国内外区域代理商；

（2）扩大企业品牌知名度，提高购买对象群对梁子黑陶产品的认知；

（3）增加20%的客源；

（4）有效提升市场占有率，以达成两年内增加20%～30%的销售目标。

（二）参展活动策略

1. 目标市场

（1）从顾客需求角度，将黑陶产品划分为装饰型、工艺收藏型、实用型。

（2）从产品性质角度，将黑陶产品划分为复古型、创新型、传统型。其中，复古型的代表产品为蛋壳陶，创新型的代表产品包括硬刻陶、漆陶、陶艺，传统型的代表产品以软刻陶、彩陶、红陶、中国印为主。

2. 在细分产品系列的基础上，将六大系列产品融入目标市场

（1）欧美市场。针对欧美市场，出口应以实用型、传统型产品为主，如集观赏与实用于一体的黑陶台灯、笔筒，展现镂空、浮雕与附加堆纹技法的传统软刻陶等；创新型、工艺收藏型产品可作为次要出口产品。

（2）日韩市场。日韩文化与中国传统文化相似，民众欢迎和接受具有中国传统文

化特色且做工精细的产品。因此，装饰型黑陶产品、创新型硬刻陶产品可以作为该市场出口的主要产品，如具有装饰意义的金丝硬刻黑陶盘等；传统型产品可以作为该地区的次要出口产品，如中国印等。

（3）中东市场。中东是最早进口黑陶产品的地区之一，民众喜欢做工朴实且价格适中的黑陶产品，因此传统型、实用型黑陶可以作为该地区出口的主要产品，如简单素雅的小孔子雕像笔筒、三件套组合产品等。

（4）非洲市场。非洲市场的弹性最大，喜好较为复杂，奢侈品和普通物件都能被普遍接受，可以根据不同消费者的选择按照实际情况划分。

3. 参展活动时间：2011 年 5 月 21 日

4. 地点：国家会议中心展厅

5. 促销策略分析（略）

（三）展前行销规划

1. 产品推广

（1）网络推广：公司通过公司主页和外贸网站对产品进行了一系列的推广活动，"硬广"（在网站的侧栏、顶部等处做相关的宣传横幅）、"软广"（通过发布新闻来宣传梁子黑陶）两手同时抓，以利用好网络这一具有丰富资源的平台。梁子黑陶有限公司网站始建于 2009 年，现点击量已逾万次。公司在网站上不但详细地介绍了梁子黑陶文化园的基本情况以及公司的发展历史，还展示了彩陶、创新硬刻陶、儿模、漆陶、软刻陶、陶艺、印章等近百件优秀产品（见图 12-3）。

图 12-3 "梁子黑陶"公司网站图

同时，公司还在外贸B2B网站发布了出口产品供应信息，通过这些网站，寻找出口商机，从而将产品推向世界。在某商务网站发布的产品信息（见图12-4）。

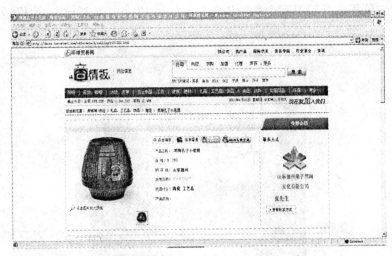

图12-4 "梁子黑陶"产品信息

（2）参展推广：公司积极利用博览会、展销会等展示平台进行产品推广。2008年10月，公司参加了在广州琶洲展馆举办的第104届中国进出口商品交易会（广交会），并签订一系列出口销售合同。2009年，德州梁子黑陶产品入选上海2010年世博会。通过世博会，德州梁子黑陶产品得到进一步推广，品牌价值得到大大提高。2010年9月梁子黑陶参加了在山东德州举办的第4届世界太阳城大会，梁子黑陶产品成为"第4届世界太阳城大会指定礼品"。

2. 产品宣传

（1）新闻媒体报道。《德州晚报》曾对梁子黑陶及其产品进行了大量的采访报道，通过这些报导，梁子黑陶品牌在省内乃至全国陶瓷界的名声得以提高，梁子黑陶产品得以推广。

（2）广告宣传。公司通过墙体广告、车体广告、路牌灯箱、LED电子屏等户外广告媒体对梁子黑陶品牌进行宣传推广，同时公司还通过宣传手册、宣传彩页等移动宣传媒介对公司产品进行宣传。

（四）展中行销规划

1. 摊位布置规则

梁子黑陶展位为3×3米正方形半闭合展位，融入传统中国文化的设计元素，以深色色彩基调加以传统图案设计元素，为整个展台融入浓厚的文化气息，带有龙纹图案的展台、融入传统元素的幕布背景，再将梁子黑陶象征古老艺术再现和发展的犹如凤凰涅槃的企业标识置于展厅中央，全面而深刻地烘托出黑陶艺术古老而神秘的文化特色。

以梁子黑陶有限公司的商标为主题，使用大型海报，呈现古典中国风的韵味；摆设一组桌椅，方便洽谈、问询；左右两面墙体覆盖梁子黑陶简介、制作流程及企业简介等，展室左侧摆放参展黑陶产品。相关介绍如图12-5、图12-6、图12-7所示。

图 12-5　展室效果图

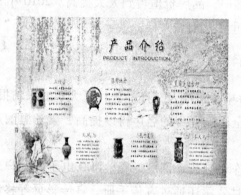 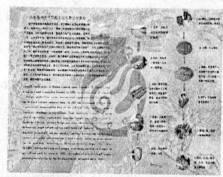

图 12-6　展室墙体宣传画

2. 展品陈列方式——单件陈列（略）

3. 展场活动规则

（1）产品发布会：现场解说梁子黑陶 PPT。

（2）梁子黑陶展：具体介绍每种展品。

4. 访客接待规则（略）

图 12-7　宣传彩页、纪念品、宣传册

（五）展后处理与买主追踪计划

1. 展后检讨

（1）产品检讨

对展会上客户提出的问题、获取的资料和信息（名片等）进行整理分类。从客户填写的意见函中，找出改进的地方；借助售后服务，建立客户对产品的信心。

（2）展览检讨

观察其他厂商的现场展览，了解竞争对手成本及宣传手法；编制展览记录表，作为内部检讨及改善方针；对参展工作成果进行总结，然后做出参加展览的总结报告；对展会现场进行跟踪报导，即现场活动跟踪拍照和 DV 录影。

2. 客户关系

（1）在整理资料信息时发现重要客户，要及时跟进服务和营销。

（2）寻求企业家赞助，或者与对梁子黑陶产品有兴趣的客户合作。

四、参展进度规划（略）

五、人员安排及训练规划

（一）人员培训规划（略）

（二）团队成员简介（略）

（三）会展人员分工

会展人员按业务部门、公关部门、财务部门、客服部门分工负责。

六、财务预算规划

财务分析如下：

我们预估本次参展的总支出为 8411 元，预估本次参展销售总量为 6000 件，因此而得到的预期营业收入为 4 787 100 元。

由于出口退税率为13%，增值税为17%，所得税为25%，因此得到：

$$\underset{\text{业利润}}{\text{预期营}} = \underset{\text{业收入}}{\text{预期营}} + \underset{\text{退税额}}{\text{出口}} - \underset{\text{成本}}{\text{营业}} - \underset{\text{及附加}}{\text{营业税金}} - \underset{\text{费用}}{\text{国内}} - \underset{\text{支出}}{\text{预算}}$$

$$= 748\ 488.15\ \text{元}$$

预期净利润=预期营业利润-所得税=561 366.11（元）

预期利润率=预期净利润÷（营业成本+国内费用+参展预算总支出）

$$= 14.42\%$$

参考文献（略）

第二节 案例评析

与强调创新性的创业策划书或者营销策划案不同，参展策划案更加看重切实可行和预期目标的达成。因此，对参展策划案的评析主要侧重于三个方面：一是参展背景分析的准确性与参展目标的明确性；二是市场调查与竞争分析的全面性；三是参展策略规划的可行性和完整性、参展进度的有序性。

一、作品总评

本策划案的参展产品选择了起源于山东龙口文化的黑陶艺术品，合作企业是山东省德州梁子黑陶有限公司。选择参展产品的依据有三点：一是此产品受到国外消费者的喜爱，有一定的外销基础；二是此产品须具有一定的特色，能够代表中国浓重的历史文化和东方色彩的产品尤其受欢迎；三是此产品最好能够代表地方特色。梁子黑陶恰好满足了以上三个要求，因此"开拓者"团队选定了"梁子黑陶"作为此次模拟展销的产品，并撰写了参展策划书。

本策划案是针对梁子黑陶进一步打开国内高档工艺品市场和拓展其在国际市场的占有率进行的一次展销策划。此次参展目标明确，方案切实可行，参展活动策略安排详细有序，但在方案执行效果的预测评估方面有待欠缺。

二、在参展背景分析的基础上对参展目标做出准确选择

本策划案从企业宣传、品牌建设和销售拓展三个方面分析了德州梁子黑陶的参展背景和参展目标，通过参加展销寻找发展黑陶行业的新契机，进而使中国黑陶产业与国际市场接轨。切入点准确，参展背景分析较为准确，参展目标分析客观且明确。

（一）参展背景及参展宗旨

本策划案对于本次模拟展销的定位是：希望通过这次国际贸易模拟商品展，配合

"品牌与营销"以树立中国传统黑陶产业的口碑,寻找发展黑陶行业的新契机,进而使中国黑陶产业与国际市场接轨。本次参展策划方案的着眼点正是希望代表山东龙口文化的梁子黑陶产品能够进一步拓宽市场,虽然是一次模拟展销,但评委均是来自外贸进出口企业的业务人员,能够起到将黑陶产品推向国内甚至国际市场的作用。

（二）参展目标

本策划案中对公司品牌的宣传侧重在山东德州梁子黑陶秉持"环保、低碳、优质、创新"的理念这一点,强调公司的产品制作以手工为主,响应当前低碳经济的主题,将环保落到实处。通过这次参展,参赛团队希望广泛建立"梁子黑陶"的品牌形象并测试公司产品的接受度。

本策划案使得梁子黑陶借助营销与媒体传播的力量,为企业提供一个宣传产品的平台,提高知名度,进一步打开中国乃至国际市场。同时,寻找全国各地的合作伙伴及区域代理商,并加快开拓国际市场的步伐。

通过此次模拟展会,本策划案希望能够推动产品研发与创新,采集最新的市场供需信息,得到及时的产品意见反馈,提升服务质量,稳住老客户。

三、市场调查与竞争分析到位

本策划案对中国陶器业的发展现状和对外贸易现状进行了分析,详细介绍了山东德州梁子黑陶有限公司的发展和公司产品。通过对梁子黑陶的 SWOT 分析得出梁子黑陶已具备良好的外销基础的结论,提出应抓住绝佳的市场机遇开展外销、拓展销路的建议。

（一）产业调查与需求分析

"开拓者"团队通过查找资料和文献以及发放一定数量的问卷,对中国陶器业发展现状和对外贸易现状进行了分析和总结。通过团队成员对资料和问卷的整理和调研,得出中国陶器具有一定的外销基础的结论,同时分析指出:目前我国陶器的主要出口国为欧盟、美国;其次,以日本、俄罗斯等为代表的中国周边市场,同样在陶器出口中占据较大比例。此外,受与中东迪拜建立陶器合作伙伴的影响,中东市场将得以进一步扩大。与此同时,东盟、非洲等一直是中国陶器出口较为稳定的战略合作伙伴。通过团队的市场调查和分析可以看出,中国陶器具有较为广阔的国际市场。

本次策划中对于市场的调研,由于时间和区域的限制,受调查人群主要集中在学生的亲朋好友、家人方面,受众人群比较单一。且主要是面对国内市场,对国际市场的需求调查尚欠缺,结论来源主要通过文献资料获得。

（二）参展厂商介绍

在本次策划中,参赛团队负责介绍参展厂商山东省德州梁子黑陶有限公司;同时策划公司产品的发布会，在展位中摆放的产品选择了梁子黑陶有限公司具有代表性的创新硬刻陶系列如玉凤鸟、圣人孔子瓶，漆陶系列如美女瓶型嵌丝牡丹、漆陶荷花中盘、金丝漆陶牡丹中盘，传统软刻陶系列如象耳笔筒，中国印如龙形印章七件。

（三）SWOT 分析

SWOT 分析即强弱机危综合分析法，是市场营销的基础分析方法之一，通过评价企业的优势（Strengths）、劣势（Weaknesses）、竞争市场上的机会（Opportunities）和威胁（Threats），用以对企业进行深入、全面地分析以及竞争优势的定位。

本策划案中，"开拓者"团队对梁子黑陶的优势、劣势、机会和威胁进行了详细的分析。

优势为：①历史悠久；②原料优质；③与时俱进；④销售地人文气息浓厚，政府支持。

劣势为：①对外宣传力度不够；②实用型产品缺乏；③营销网络狭窄。

机会为：①中国外贸发展态势良好，国家政策支持外贸；②充分抓住广交会良好时机；③旅游业带动地方性文化产业发展。

威胁为：①替代品较多，市场竞争激烈；②成本较高，竞争力较小。

通过以上分析可以看出，本策划案对梁子黑陶的 SWOT 分析较为符合实际，能够认识到企业本身的不足和面临的威胁。同时，对梁子黑陶的优势和机遇较为准确地把握，为后期策划产品发布会提供了依据，找到了应该突出的产品优势和应该弥补的产品不足，提出了梁子黑陶现阶段存在的问题，对企业的发展提出了战略性的建议。

四、参展策略规划完整，分步实施，思路清晰

本策划案制定了清晰明确的参展目的，通过分析目标市场选定了参展产品，并从展前行销规划、展中行销规划和展后整理与客户追踪三个阶段，全方位、全角度、全时段地对公司产品进行外销推广。参展策略合理有效，具有很强的操作性和一定的可行性，而且参展策略规划较为完整、全面。

（一）策划案提出了明确的参展活动目的

本策划案将参展活动目的定为：整个展场活动以认识国内外厂商、收集商品资讯及寻找国内外区域代理商为主。同时，扩大企业品牌知名度，提高购买对象群对梁子黑陶产品的认知度。根据梁子黑陶企业的发展现状和战略目标，该方案的参展活动目的是比较清晰明确、切实可行的。

（二）策划案提出了周密的参展策略

（1）本策划案在确定目标市场时首先细分产品系列，将目标市场消费者需求与产品系列合理对应，以此实现产品出口适销对路，广开销路。本方案将梁子黑陶七大类

特色产品从顾客需求角度和产品性质角度划分装饰型、工艺收藏型、实用型、复古型、创新型、传统型六大系列。

（2）本策划案在细分产品系列的基础上，将六大系列产品融入目标市场。根据不同目标市场消费者对产品的不同需求，本方案将欧美、日韩、中东、非洲等主要目标市场进行了更加详细地分析。

（3）本策划案在此基础上，对本次展销活动制定了初步的促销策略。

（三）策划案提供了准备充分的展前、展中行销规划

本策划案根据梁子黑陶企业目前具备的资源，对此次模拟展销进行了比较全面的展前行销规划。

在产品推广方面，本策划案主要采取的方式是以梁子黑陶网站为主的网络推广和博览会等形式的参展推广。

在产品宣传方面，本策划案主要采取新闻媒体报道和广告宣传的方式。

在参展宣传方面，本方案中设计制作并发放了邀请函，向前来参加展销会的采购商提供参展地点交通路线和方位图。

本策划案在展中也制定了详细的行销规划策略。

首先是摊位布置规则。本策划案根据 3×3 米正方形半闭合展位，设计了梁子黑陶的展位图，既有产品的展示台，能够突出产品的特色和优势，又布置了谈判桌椅，供采购商与谈判人员进行现场交易的磋商。展位设计合理，结构布局紧凑，功能分区清晰，整体看来，本策划案在展位设计方面较为突出。

其次是展品陈列方式。本策划案将产品的摆放以单件单列为主，下以纸箱搭建的展台加以支撑，衬以深色绒布，镶嵌射灯。本策划案的展品陈列体现了团队成员的创新性和创造力，既节约了成本又凸显了产品的特色，这也是本次策划方案的亮点之一。

在展场活动规则、展场活动节目表、访客接待规则方面，本策划案也做出了详细的安排。

（四）策划案提供了较为完善的展后处理与买主追踪计划

本策划案通过对产品检讨和展览检讨进行了展后的检讨，总结了经验教训，对以后的同类展销活动提供了参考意见。同时，对于客户关系的处理也比较恰当，通过整理资料信息，发现重要客户要及时跟进服务和营销。

与此同时，本策划案通过展前、展中和展后工作安排相应地规划了合理有序的参展进度。该方案结合参展过程中的商务接洽、产品介绍、商务谈判、合同签订等工作环节，能够对参展工作人员合理分工，并分别对人员设计了相应培训课程。具体包括产品与展场认识、国际商务礼仪、语言训练、国贸专业知识训练、谈判模拟训练五项课程。

通过上述分析可以看出，梁子黑陶参展策划案虽然存在市场调查和产品分析较为

粗略的不足之处，但方案比较切实可行，基本能够实现德州梁子黑陶有限公司的产品宣传、品牌推广和销售拓展的目标，进而促使中国黑陶产业与国际市场接轨。同时，通过此次模拟展销策划案的撰写，团队成员对于国际贸易展销会有了更为直观和深刻的认知，并能够将所学的理论与实际业务相结合，锻炼了参赛学生的动手和实践能力，实现了学生走出课堂、学以致用的专业技能的应用和提高，对同学们将来从事相应的外贸工作提供了非常好的操作机会和实践平台。

参考文献

1. 陈旭光. 21 世纪素质教育系列教材——艺术的意蕴 [M]. 北京：中国人民大学出版社，2001.

2. 邝邦洪，曾峥. 当代大学生素质教育的理论与探索 [M]. 广州：广东高等教育出版社，2000.

3. 刘泽雨，董金明. 创新素质教育论 [M]. 北京：人民交通出版社，2002.

4. 周绍森. 科技创新论 [M]. 北京：高等教育出版社，2002.

5. 肖云龙. 脱颖而出——创新教育论 [M]. 长沙：湖南大学出版社，2000.

6. 同济大学教务处. 大学生创新教育的研究与实践 [M]. 上海：同济大学出版社，2007.

7. 黄中益，杨昌江. 创新教育论纲 [M]. 长沙：湖南科学技术出版社，2003.

附录1 德州学院大学生科技文化竞赛管理办法（修订稿）

德院字 [**2011**] 7 号

为贯彻落实《国家中长期教育改革和发展规划纲要（2010—2020年）》和《山东省中长期教育改革和发展规划纲要（2010—2020年）》，进一步深化教学改革，培养创新性应用型人才，支持广大学生和教师参与各类科技文化竞赛活动，开创我校学生科技文化创新活动的新局面，根据《德州学院"十二五"事业发展规划》文件精神，特制定本办法。

一、适用范围

本办法适用于学校全日制学生参加各级主管部门组织的各类科技文化竞赛，如全国大学生数学建模竞赛、全国大学生电子设计竞赛、全国大学生机械创新设计竞赛、全国大学生"挑战杯"竞赛和全国大学生英语竞赛等竞赛活动。

二、组织领导与管理

1. 成立分管学校领导任主任，教务处、团委、学生处等部门主要负责人任副主任，相关职能部门和各教学单位主要负责人为成员的大学生科技文化竞赛指导委员会（名单见附件一），负责我校大学生科技文化竞赛活动的整体规划和宏观领导，大学生科技文化竞赛项目的认定、资金的使用审批等，协调有关机构的工作。

2. 大学生科技文化竞赛指导委员会下设办公室，办公室设在教务处，由教务处处长任办公室主任，教务处副处长、团委副书记、学生工作处副处长任办公室副主任，负责大学生科技文化竞赛活动的日常工作。

3. 团委、学生工作处负责大学生"挑战杯"竞赛以及相关的校内大学生科技文化竞赛事项的联络、组织和经费筹措等工作。

4. 教务处负责全国大学生数学建模竞赛、全国大学生电子设计竞赛、全国大学生机械创新设计竞赛、全国大学生英语竞赛及其他大学生科技文化竞赛，相关的校内大学生科技文化竞赛事项的联络、组织和经费筹措等工作。

三、竞赛等级认定

1. 国家级A类。教育部发文公布列入质量工程资助项目的大学生科技文化竞赛活动；共青团中央组织的"挑战杯"等竞赛活动。

2. 国家级B类。教育部委托专业教学指导委员主办的大学生科技文化竞赛活动；

中共中央宣传部组织的竞赛活动；文化部组织的音乐类、美术类竞赛活动；国家体育总局组织的体育类竞赛活动。

3. 省部级 A 类。由山东省教育厅组织，与教育部发文公布列入质量工程资助项目相对应的山东省大学生科技文化竞赛活动；共青团山东省委组织的"挑战杯"等竞赛活动。

4. 省部级 B 类。国家部委、行业协会、教育学会主办的大学生科技竞赛活动；音乐、体育、美术类专业山东省大学生教学基本功竞赛活动；中共山东省委宣传部组织的竞赛活动；山东省教育厅、山东省体育局组织的体育类竞赛活动。

5. 市厅级。山东省教育厅职能部门主办的大学生科技文化竞赛活动；山东省教育厅外其他厅局组织的大学生科技文化竞赛活动；共青团德州市委组织的竞赛活动；德州市职能部门主办的竞赛活动。

6. 校级。学校组织的大学生科技文化竞赛活动。

7. 由教育部、团中央，山东省教育厅、共青团山东省委组织的新赛事，大学生科技文化竞赛指导委员会根据主办单位确定竞赛等级。

四、竞赛项目管理

1. 学科竞赛的组织采取竞赛项目管理方式，由承办单位组织实施，竞赛项目负责人负责（承办单位见附件 2）。承办单位负责相关学科竞赛的组织发动、培训、参赛等具体工作，单位负责人要对竞赛项目的具体工作负责，安排竞赛项目负责人；竞赛项目负责人落实竞赛的组织、报名与参赛工作，为参赛学生提供赛前训练和参赛所需的必要设备、仪器、材料和场地。需要指导教师的学科竞赛，应指派教师具体负责竞赛指导工作。

2. 参赛申报。承办单位填写德州学院大学生科技文化竞赛活动参赛申请表（附件 3），于每年 3 月 15 日前送交大学生科技文化竞赛指导委员会办公室，经办公室审核后，报大学生科技文化竞赛指导委员会审批。

3. 方案申报。经大学生科技文化竞赛指导委员会批准后，竞赛负责人在单位负责人的指导、协调下，选定和指派指导教师或带队教师，制定参加竞赛的具体工作方案（明确组织方式、选拔形式与时间、条件的准备、培训方式、培训时间、培训内容、培训教师、指导教师等），并于比赛前一个月报送到大学生科技文化竞赛指导委员会办公室。由办公室根据审批的工作方案下达指导教师或带队教师的工作任务，公布参赛教师和学生名单。由教育部、团中央，山东省教育厅、共青团山东省委组织的新赛事，按比赛时间要求申报方案。

4. 组织参赛。承办单位依据参赛条件和要求确定参赛学生人数，按时组织学生参赛。

5. 成绩统计。比赛结束后，承办单位依据比赛成绩公布文件或在比赛网站上公示的成绩信息，及时将比赛成绩填写在德州学院大学生科技文化竞赛成绩统计表上（见附件 4）并报大学生科技文化竞赛指导委员会办公室，且将相关信息及时报道，上传大学生科技竞赛网。

6. 竞赛经费。按第五条"经费管理"的有关条款执行。

7. 教师课时量和成果认定。文件公布前，学校已同意组织的大学生科技文化竞赛活动，根据竞赛指导委员会批准的竞赛工作方案计算指导教师工作量。新组织的大学生科技文化竞赛活动，按奖项的类别和等级计算工作量（详见附件5）。

8. 指导教师数量和指导项目数限定。参赛项目仅有一名学生的，指导教师限为一人；参赛项目由学生组队参加的，原则上指导教师限为一人，最多不超过两人。每一年度一名指导教师指导的项目数，原则上不超过5项；近三年内指导学生获得2项国家级奖的教师，指导学生项目数最多不超过8项。

9. 学生参赛数量限定。每一年度一名学生参加竞赛项目数不超过3项。

五、经费管理

1. 学校每年在预算内安排专项经费资助大学生科技文化竞赛活动，用于参加全国、省和组织学院大学生科技文化竞赛活动有关的调研、资料、复印、交通、食宿、耗材及小型设备购置、试验、参赛报名、教师培训、学生奖励等。

2. 基金实行项目管理。参加全国大学生数学建模竞赛、全国大学生电子设计竞赛、全国大学生机械创新设计竞赛、全国大学生英语竞赛、市厅级以上举办的其他大学生课外科技文化竞赛及校内相关大学生科技文化竞赛活动经费由教务处负责管理。参加"挑战杯"及校内相关大学生科技文化竞赛活动经费由院团委、学生工作处负责管理。

3. 经费分配办法。大学生科技文化竞赛指导委员会，根据各教学单位申请参加的竞赛数量及规模，确定教学单位的竞赛经费额度。其中用于学校团委组织的"挑战杯"及校内相关大学生科技文化竞赛活动经费8万元。艺术、体育类专业竞赛经费由学校专项经费中列支。

4. 各承办单位可向社会、校内组织和个人募捐资助。活动费用由大学生科技文化竞赛指导委员会管理使用，专款专用，各项开支均按学校财务规定执行。

六、奖励

1. 学校对在大学生科技文化竞赛活动中取得优异成绩的在校学生及其指导教师给予一定的奖励，学生获得学分，教师按教学成果计分（见附件2）。同一项目在不同的竞赛中获奖，只按最高等级奖励一次，不重复计算。

2. 对获得省级以上大学生科技文化竞赛奖励的学生，可授予"德州学院大学生优秀科技文化人才"荣誉称号；对指导学生获得国家级大学生科技文化竞赛奖励的教师，可授予"德州学院大学生科技文化创新优秀指导教师"荣誉称号。

3. 同一学生四年内参加大学生科技文化竞赛所得学分达到15学分后，不再增加学分。

七、本办法自公布之日起施行，由大学生科技文化竞赛指导委员会负责解释。原《德州学院大学生科技文化竞赛管理办法》自行废止。

附件：

1. 德州学院大学生科技文化竞赛指导委员会
2. 德州学院大学生科技文化竞赛级别认定、承办单位汇总表
3. 德州学院大学生科技文化竞赛活动参赛申请表
4. 德州学院大学生科技文化竞赛成绩统计表
5. 德州学院大学生科技文化竞赛类别等级、奖励规定一览表

中共德州学院委员会
德州学院
2011 年 3 月 17 日

附录 2　德州学院综合教育学分管理办法

德院教字〔2010〕16 号

　　第一条　为全面贯彻党的教育方针，践行科学发展观，认真落实《中共中央、国务院关于进一步加强和改进大学生思想政治教育的意见》、《教育部、财政部关于实施高等学校本科教学质量与教学改革工程的意见》、《国家中长期教育改革和发展规划纲要（2010-2020 年）》等文件精神，进一步加强人才培养工作，提高第二课堂教学水平，激发和培养大学生的创新意识和实践能力，提高大学生人文素养和科学素质，特制定本管理办法。

　　第二条　综合教育学分管理办法是我校人才培养方案的组成部分。根据德州学院人才培养方案规定，学生必须修满人才培养方案规定的综合教育学分方可毕业。

　　第三条　综合教育学分包括教育管理、文化科技创新、社会实践、职业技能及自选活动五个方面，分为必修和选修两种类型。本科学生在校期间修满 19 个必修学分和 8 个选修学分方可毕业，其中修满 20 个以上选修学分为优秀，修满 12 个以上选修学分为良好，修满 8 个以上选修学分为及格；专科学生在校期间修满 15 个必修学分和 6 个选修学分方可毕业，其中修满 15 个以上选修学分为优秀，修满 9 个选修学分为良好，修满 6 个以上选修学分为及格；专升本学生在校期间修满 10 个必修学分和 4 个选修学分方可毕业，其中修满 10 个以上选修学分为优秀，修满 6 个选修学分为良好，修满 4 个以上选修学分为及格。

　　第四条　综合教育学分作为学生评优的重要依据之一，未修满当学年必修学分者，取消该学年各种评优、评奖、评助学金资格。依据学生每学年获得综合教育学分计算学生综合素质测评成绩，具体计算办法参见《德州学院学生个人素质综合测评办法》。

　　第五条　综合教育学分每学期审定一次，由所在系的学生工作领导小组负责评定审核，各系党总支书记为本系综合教育学分评定工作第一责任人，院学生工作委员会最终审核确定，审核结果报教务处备案。考核成绩利用德州学院学生综合教育学分管理系统管理。学生考核成绩记入德州学院学生综合教育学分成绩册并归入学生本人档案，

　　第六条　综合教育学分各个单项的折算标准见附表。同一申报加分的获奖等项目只按最高得分计分一次。获得 1 学分以上的科技竞赛项目冲抵学分依据《德州学院大学生科技文化竞赛管理办法》执行。

第七条   各单位和相关部门依据本办法，制定本单位综合教育学分实施方案，建立相应管理档案。凡本办法中未涉及、但需要予以确认学分的项目可由所在系学生工作领导小组认定并报院学生工作委员会审核，评定为自选活动中的选修学分，但不能超过 4 个学分。

第八条   学生应在每学期开学后两周内向所在系提交上一学期获取综合教育学分的申报单，并附相关证明材料的原件。各系学生工作领导小组在每学期开学一个月内，对学生提交的材料进行审核，评定学分。应届毕业生的综合教育学分评定工作在 5 月份开始，6 月中旬之前结束。学生在校期间的综合教育学分成绩评定结果放入毕业生个人档案。

第九条   经考核或其他原因未取得综合教育学分必修学分的，在下学期给予补考或重学。公民素质教育课、职业生涯规划课未取得必修综合教育学分的，在下学期开学后两周内给予一次补考；日常管理、学生在校期间文明素养与表现未取得必修综合教育学分的，或公民素质教育课、职业生涯规划课允许补考一次后仍不合格的，学生在下学期开学后两周内向所在系提交重学申请，在学期末进行成绩评定。补考、重学工作由学生所在院系负责组织安排，具体形式和成绩评定可由各院系自行确定。

第十条   评定综合教育学分时，应公平公正，不得弄虚作假。凡在评定过程中弄虚作假者，追究相关责任人的责任。

第十一条   学生在申请综合教育学分存在作弊行为的，按《德州学院学生违纪处分条例》的相关规定给予纪律处分，并取消该项目学分。

第十二条   本办法由德州学院学生工作委员会负责解释。

第十三条   本办法自 2010—2011 学年起开始实施。

附：德州学院学生个人素质综合测评办法

附：德州学院综合教育学分评定标准表

德州学院   德州学院   德州学院

教务处   学生工作部   团委

2010 年 7 月 16 日

附录3 德州学院创新学分和技能学分认定办法（试行）

德院教字 [2007] 19号

为鼓励学生积极参与各类科技文化创新和技能培训活动，培养学生的创新精神和实践能力，根据《德州学院学生管理规定》、《德州学院学分制学籍管理规定》和《德州学院大学生科技文化竞赛管理办法》，学校决定设立创新学分和技能学分。对学生在第一课堂外实施的一系列创新和技能活动中取得的创新或技能成果给予一定的学分。

一、认定范围及内容

创新活动一般包括：第一课堂外的一系列具有创新性的活动。如各类学科竞赛，"挑战杯"科技竞赛等各类大学生科技竞赛活动；文化、艺术、体育竞赛活动；进行与专业相关学科科学研究并发表相关学术论文或取得一定标志性的科技成果；作品、调查研究成果等。

技能活动一般包括：第一课堂以外可获得各类技能等级证书的一系列具有技能性的活动。

二、认定对象

奖励学分、技能学分获得的对象是在校本专科生。

三、认定标准和学分计算

1. 各类科技竞赛活动

主要包括：国际级、国家级、省部级、校级的各类竞赛。

国际级特等奖或第1名计7学分，一等奖或第2~5名计6学分，二等奖或第6~10名计5学分，三等奖、单项奖或第11~18名计4学分，鼓励奖或优胜奖计3学分。国家级第1名或一等奖及以上计6学分，第2~3名或二等奖计4学分，第4~8名或三等奖、单项奖计3学分，优胜奖、鼓励奖、参赛奖计2学分。省级第1名或一等奖及以上计4学分，第2~3名或二等奖计3学分，省级第4~8名或三等奖、单项奖计2学分。校级一、二等奖分别计1.5学分、1学分。

2. 各类专业学术论文、作品

必须是公开发表的学术论文。分A、B、C、D、E五类，分别计6学分、5学分、4学分、3学分、2学分。文学性、学术性译文按论文相应级别的一半计分。期刊级别按《德州学院学术期刊分类目录》确定。

文学作品、美术作品、音乐作品、服装作品等，按发表的刊物级别或活动级别高低给予相应的学分。相关教学单位根据学生发表刊物或参加活动的情况按相应的级别制定相应的学分认定实施细则并报教务处批准备案，学分值为 0~4 学分。

3. 科技成果及发明创造

（1）科研成果通过科技主管部门鉴定：省部级计 5 学分，市厅级计 4 学分；技术转让或开发转让计 3 学分。

（2）取得发明专利计 5 学分，取得实用新型专利计 3 学分，取得外观设计专利计 2 学分；专利转让计 3 学分。

（3）承担纵向课题并完成：国家级计 5 学分；省级计 4 学分；市厅级计 3 学分；校级计 2 学分。

（4）完成横向课题并得到校科研处确认，课题经费在：10 万元及以上计 5 学分；5~10 万元（含 5 万元）计 4 学分；2~5 万元（含 2 万元）计 2 学分；5000 元~2 万元（含 5000 元）计 1 学分；5000~3000 元计 0.5 学分。

课题级别按《德州学院科学研究计划管理条例》确定。

4. 文化、艺术，体育竞赛活动

参照本办法第三条第一款执行。

5. 调研报告

被省部级部门采用计 4 个学分，市地级部门采用计 3 个学分。

6. 技能学分

经主管部门组织考核并获得技能等级证书者，按级别高低给予相应的学分。各教学单位根据学生参加技能培训活动的时间跨度、难易程度、技能证书等级等情况按相应的级别制定相应的学分认定实施细则并报教务处批准，技能证书的学分值为 0~2 学分。

以上 1、4 两项，个人项目和集体项目竞赛排名前三位的个人均按相应级别计满学分，第 3 名以后均按相关项目减 1 学分计算。2、3、5、6 四项，独立承担或完成的得基本分；合作承担或完成的，第一位按基本分的 80% 计分，第二位及以后按其前一位的 50% 计分。计算时，保留小数点后一位数字。

同一成果累次获奖，一般只以最高奖项计算一次；集体奖项与个人奖项有重复的，取最高值计学分，不重复计分。创新学分和技能学分可累计，同一项目只计最高分值。

四、认定程序和学分记载

1. 学校每学期末最后四周受理创新学分和技能学分的申报工作。具体程序为：学生本人填写德州学院创新、技能学分认定表并附上必要的证明材料，向所在教学单位提出申请；教学单位审核公示；教务处审批并将审批结果反馈给教学单位；教学单位将相关材料（可用复印件）归档管理。

2. 经批准后教学单位分别按"创新成果"、"技能证书"记入学生成绩档案，创新学分成绩一律记为"优秀","技能证书"成绩一律记为"良好"。创新学分和技能学分不纳入课程绩点计算。

3. 创新学分和技能学分可取代相应选修课的学分，但所取代的课程学分不得超过6学分。教学单位审核学生的申请后，在学期末报教务处审批。教学单位在成绩登记表上记载时应明确创新学分和技能学分的项目内容、获得学分、可代替科目（课程或实践环节）的类别。所取代的课程均按80分计分并纳入课程绩点计算。

五、检查与监督

1. 各教学单位成立创新学分和技能学分审查领导小组，负责创新学分和技能学分的初审工作。经认定后的创新学分和技能学分应在本单位公布，以便监督。

2. 凡经查实弄虚作假者，取消该项目所得分值，由相关教学单位报学校教务处以作弊处理，有关责任人按学校有关规章制度处理。

六、附则

本办法自颁布之日起执行，由教务处负责解释。

德州学院教务处

2007 年 10 月 16 日

附录4　德州学院大学生科技文化创新训练与成果管理暂行办法

德院政字〔2011〕24号

为鼓励教师指导学生参与科学研究，更好地开展大学生科技文化创新训练，根据《德州学院"十二五"事业发展规划》和《德州学院关于培养创新性应用型人才的实施意见》文件精神，制订本办法。

第一条　每年11月份，各院（系、部）组织二年级学生，通过为教师当科研助手、加入教师研究团队、接受学术型人才培养导师指导等形式，结合实验实习、课程设计、毕业论文、学科竞赛、课外学术活动、社会实践等教学环节，进行科技文化创新训练。12月份，各院（系、部）填写德州学院大学生参加科技文化创新训练统计表（见附件1），按做科研助手、加入教师研究团队、导师制等形式将学生参加科技文化创新训练情况进行统计，并附相关材料，报送教务处。如有人员变动，应及时报教务处备案。

第二条　学生参加科技文化创新训练的成果，以第一作者、德州学院为第一单位在国内外正式出版刊物上发表与专业相关的学术论文、作品，按刊物A、B、C、D类，分别给予2000元、1000元、600元、300元的资助经费；在报纸上发表与专业相关的作品，按国家级、省部级、市厅级报纸级别，分别给予1000元、500元、200元的资助经费；申报发明、实用新型、外观设计等专利，在相关部门受理后，分别给予1500元、1000元、300元的资助经费。

第三条　学生参加科技文化创新训练的成果，如产生较大学术影响或获得实际经济社会效益，将视具体情况，参照校内科研奖励办法给予适当奖励。

第四条　资助经费在大学生创新基金中列支。学生在收到学术论文和作品录用通知、专利受理通知后，填写德州学院大学生科技文化创新训练成果申报表（见附件2），按程序批准后，发放资助经费。

第五条　教师指导学生科技文化创新训练，学生以第一作者、德州学院为第一单位发表学术论文、作品和申报专利，学生按《德州学院创新学分和技能学分认定办法（暂行）》给予创新学分；指导教师按《德州学院教学质量建设奖励暂行办法》给予奖励，并按教学成果计分。

第六条 教务处和教学单位要做好大学生科技文化创新成果及相关信息的收集、整理与档案管理工作。

本办法自公布之日起试行，由教务处负责解释。

附件 1. 德州学院大学生参加科技文化创新训练统计表（略）

附件 2. 德州学院大学生科技文化创新训练成果申报表（略）

德州学院

2011 年 5 月 20 日

附录5　德州学院关于促进大学生创业工作的实施意见（讨论稿）

德院党办字 [2009] 2 号

为培养大学生的科技创新精神和社会实践能力，根据国务院办公厅《关于加强普通高校毕业生就业工作的通知》（国办发 [2009] 3 号）、团中央《关于建立共青团"青年创业见习基地"的指导意见（试行）》等文件有关要求，学校决定筹建大学生创业园，建立创业培育服务综合体系，以创业带动就业，促进大学生就业创业工作。

一、重要意义

促进大学生创业工作是在新形势下落实学校办学指导思想的重要举措，是学校素质教育的重要组成部分，是适应学校理论教学与实践训练相结合的人才培养模式的需要，是提高人才培养质量、培育创新性人才的需要。

二、指导思想

以邓小平理论和"三个代表"重要思想为指导，以科学发展观为统领，加强大学生创业教育与指导，切实提高大学生的创业创新能力，优化大学生创业的条件和环境，构建具有我校特色的大学生创业工作体系。

二、基本目标

促进大学生创业工作以培养创业意识，塑造创业能力，优化创业条件为工作目标，以激励大学生自主创业，培养创造型人才为工作方向，以建立大学生创业园为工作主线，遵循培育服务基本原则，实施促进创业的重要举措，充分发挥创业的就业倍增效应，以创业带动就业，形成学校促进创业、学生参与创业与社会支持创业的三位一体创业格局。

四、基本原则

1. 注重继承性，建立创业培育服务体系长效机制，促进创业工作机制化、长期化。

2. 凸显创新性，整合各方资源，实现创业理论教学与实践并举。

3. 强调专业性，围绕专业特色，打造通识与精英相结合的优秀创业人才。

4. 突出市场性，充分尊重市场合作主体的利益诉求，促进青年创业的市场化运行模式。

5. 强化规范性，以项目化管理方式运作创业工作，确保创业工作的持久性。

6. 明晰职能性，处理好创业培育与服务的关系，学生创业与学业的关系，创业盈利与风险的关系，鼓励学生通过参与创业促进学业。

五、基本举措

（一）加强创业教育，培养创业精神，开拓大学生创业意识

注重企业精神培养，拓展创业创新意识，加大创业宣传力度，强化思想引领，促进典型引导，推进多角度、各方面的创业意识教育。

开展大学生创业教育项目（Know About Business，KAB）和大学生职业生涯规划，引导合理的创业意愿。结合我校实际，积极拓展我校大学生创业教育的空间，开设"大学生 KAB 创业教育"课程，纳入综合教育学分制管理，组建 KAB 创业俱乐部，激发学生创业意识，增加创业知识。开展大学生职业生涯规划，按照"自我认知、职业认知、职业规划设计"三个步骤来进行职业生涯规划设计，树立正确的成长观和职业意识。

开展"德州学院年度十大创业者"、"大学生青春创业论坛"活动，加强创业典型引导。通过评选"德州学院年度十大创业者"，在我校毕业生、在校生中培育发掘创业典型，宣传成功创业者的创业事迹、创业方法和奋斗经历，以成功的典型事迹感染学生的创业激情。通过定期举办"创业论坛"、"创业沙龙"，聘请经验丰富的企业家、创业成功人士、投资专家、管理学专家、教育专家，开展研讨、辩论等方式丰富创业知识，交流创业经验，激发创业智慧，用实践经验教育学生，拓宽学生的视野和思维空间。

（二）强化创业政策支持，增强创业师资力量，完善优化创业条件

成立创业指导委员会，促进创业机制建设。创业指导委员会由校领导、相关部门负责人和有关人员组成。指导委员会主任由分管领导担任，委员由校团委、学工部、资产处、教务处、科研处、后勤处、财务处、校产办、社科部创业教育研究所等部门负责人及各系分管学生工作的负责人组成。

指导委员会负责领导、统筹和协调全院的创业工作，负责创业活动的整体规划、年度预决算、创业团队的考核奖惩、创业活动的监督管理等重大事项的决策。指导委员会下设综合办公室、创业园管理办公室、创业基金管理办公室等部门。综合办公室设在校团委，负责指导委员会日常工作的组织协调监督事务。团委增设科技创新部，由部长负责创业园的具体管理工作。各系根据本系专业特色，自行组织大学生创业教育，合理引导学生的创业意愿，依托本系教学实习基地、青年就业创业见习基地，培养学生的创业能力。

建立青春创业导师制，强化创业师资力量。积极聘请优秀企业家、优秀校友、我校专业人才为创业导师，充分发挥在大学生创业过程中的咨询、参谋、辅导作用，提供观念引导、政策指导、技能辅导和典型带动四类指导。接受创业导师培训的学生作为创业就业第一梯队，根据专业特色、个性兴趣、创业意愿等差别，有选择地对低年级学生进行创业就业引导，培养创业第二梯队乃至第三梯队，形成一对多、多对面的

金字塔形的创业团队培养模式。

（三）筹建大学生创业园，组织创业竞赛，大力塑造创业能力

筹建大学生创业园，高效运作创业项目。大学生创业园是依托我校人才和技术优势兴办的大学生创业孵化基地，选择有一定科技含量和市场需求潜力的创业项目入园"孵化"。创业园凸显大学生的科技创新能力，实施操作性强的创业项目，形成合理的创业模式。创业园在场地租赁、吸引投资等方面为创业学生提供优惠政策，在创业资金、创业辅导、人才推荐、技术咨询、财税咨询、法律咨询、市场开发等提供全方位的创业服务，加速科技成果转化，实现政府、高校、企业和大学生之间互动与资源的有机整合。

组织挑战杯科技作品竞赛、创业计划竞赛，增强创业能力。发挥我校组织参加"挑战杯"大学生创业计划竞赛所积累的资源优势，以项目化管理将创业计划由创意转变为创业运作，由理论转化为实践。通过启动创业项目，鼓励广大同学利用周末及业余时间创立一些投资少、见效快、风险小的实体项目，让学生的创业活动与企业之间形成良好的互动，推动学生的创业成果尽快向产业化转化。

实施人才技能培训，提升创业竞争力。积极联系省有关部门，申请在我校设立心理咨询师、理财规划师等劳动技能认证培训点，积极争取市劳动局免费技能培训，创新培训模式，探索实施"创办你的企业"（SYB）、"改善你的企业"（SIYB）创业培训项目，积极开展创业实训活动，组织有创业意向的学生参加模拟创业和见习活动，通过系列培训提升学生的职业能力和核心竞争力。

中共德州学院委员会

2009 年 5 月 26 日

图书在版编目(CIP)数据

大学生科技创新教育／郑晓燕主编.—2版.—成都:西南财经大学出版社,2014.8(2017.8重印)

ISBN 978-7-5504-1563-8

Ⅰ.①大… Ⅱ.①郑… Ⅲ.①大学生—创新教育 Ⅳ.①G640

中国版本图书馆 CIP 数据核字(2014)第 190732 号

大学生科技创新教育(第二版)

主编:郑晓燕

责任编辑:张明星

助理编辑:涂洪波 赵 琴

封面设计:何东琳设计工作室

责任印制:封俊川

出版发行	西南财经大学出版社(四川省成都市光华村街55号)
网 址	http://www.bookcj.com
电子邮件	bookcj@foxmail.com
邮政编码	610074
电 话	028-87353785 87352368
照 排	四川胜翔数码印务设计有限公司
印 刷	郫县犀浦印刷厂
成品尺寸	185mm×260mm
印 张	16
字 数	355 千字
版 次	2014 年 8 月第 2 版
印 次	2017 年 8 月第 2 次印刷
印 数	3001—5000 册
书 号	ISBN 978-7-5504-1563-8
定 价	32.00 元